조선의 페미니스트

식민지 일상에 맞선 여성들의 이야기

조선의 페미니스트

식민지 일상에 맞선 여성들의 이야기

제1판 제1쇄 발행일 2019년 3월 8일
제1판 제2쇄 발행일 2019년 9월 23일

글 _ 이임하
기획 _ 책도둑(박정훈, 박정식, 김민호)
디자인 _ 토가 김선태
펴낸이 _ 김은지
펴낸곳 _ 철수와영희
등록번호 _ 제319-2005-42호
주소 _ 서울 마포구 월드컵로 65, 302호(망원동, 양경회관)
전화 _ (02)332-0815
팩스 _ (02)6091-0815
전자우편 _ chulsu815@hanmail.net

ISBN 979-11-88215-20-1 93910

철수와영희 출판사는 '어린이' 철수와 영희, '어른' 철수와 영희에게 도움 되는 책을 펴내기 위해 노력하고 있습니다.

이임하 지음

조선의 페미니스트

식민지 일상에 맞선 여성들의 이야기

철수와영희

설치고 떠들고 생각하고 행동했던 **조선의 페미니스트들**

'경제적 자주성을 획득하라!'

'문맹을 퇴치하자!'

'미신을 타파하자!'

'일제 잔재를 깨끗이 쓸자!'

1945년 12월 22일, 서울 안국동 풍문여고 담벼락에 현수막과 전단이 나부꼈다. 강당 안은 젖먹이를 품에 안은 젊은 어머니, 머리 희끗희끗한 할머니, 중년의 부인, 단발한 여학생 들로 발 디딜 틈이 없었다. 이날 458명의 대의원을 포함하여 1,000여 명의 여성이 참석한 가운데 조선부녀총동맹 결성식이 열렸다. 대회는 이틀 예정이었으나 전국에서 모여든 여성들의 성원으로 사흘 동안 열렸다.

조선부녀총동맹은 선언문에서 "어머니는! 아내는! 딸 된 사람은! 부엌에서! 농촌에서! 거리에서! 우리들이 받아온 모든 부면에서의 차별은 세계 어느 나라를 찾아보아도 유례없는 비분(悲憤)한 것이었다." 라며 여성 차별에 대한 분노를 터뜨렸다. 그리고 "오랫동안 대외적 대내적으로 양성된 사회적 편견과 자신들의 과소평가 사상을 타파하자!" 고 주문하면서 "과거 조선에 건설적인 우수한 조선 여성의 전통을 존중하며 앞날의 조선에 창조적인 적극적 여성이 되자!"고 선언했다.

조선부녀총동맹은 건국부녀동맹을 기반으로 조직되었다. 건국부녀동맹은 1945년 8월 17일 오전 10시 종로 중앙기독교청년회관에서 결성되었다. 해방된 지 불과 이틀 만에 건국부녀동맹이 결성된 까닭은 일제강점기에 '설치고 떠들고 생각하고 행동했던' 여성들의 경험이 있었기 때문이다.

건국부녀동맹은 4개월 만에 148개 단체를 결집하고 458명의 대의원을 뽑아 조선부녀총동맹을 결성했다. 1931년 근우회 전국 대회가 중단되어 해체된 뒤 15년 만에 전국의 여성들이 다시 적극적인 행동에 나선 것이다.

한국의 페미니즘이란?

2019년 현재, 한국에서는 '페미니즘, 그게 뭐야?'라고 반응하지 않는다. '페미니즘'이란 용어는 여러 번 실시간 검색어에 올라왔다. 이때 페미니즘은 '혜화동 시위 참가 행위'이기도 하고, '워마드'이기도 하고, '미투(Mee Too) 운동'이기도 하고, '#나는페미니스트이다' 또는

‘#GirlsCanDoAnything’이라는 해시태그이기도 하다. 페미니즘은 남성과 무관한 것, 남성을 혐오하는 여성 우월주의로 이해되기도 하고, 여성의 권익이 향상된 지금은 오히려 남성이 역차별을 겪게 되는 여성운동으로 이야기되기도 한다.[1]

페미니즘이 무엇인지는 명확하지 않다. 왜 명쾌하고 분명하지 않은가?

> 페미니즘은 복수 명사로 그 안에 다양한 페미니즘이 공존할 수 있다. 각자 지지하는 페미니즘을 존중하고 우리 사이의 균열을 최소화하는 데 충분히 신경을 쓰기만 하면 된다.[2]

> 페미니즘은 고정된 내용을 갖고 있는 강령이 아닌 하나의 태도라고 보아야 한다. (…) 왜냐하면 하나의 페미니즘은 존재하지 않으며 언제나 새로운 제안, 연구 결과 그리고 지식만이 있을 뿐이기 때문이다.[3]

> 급진적이란 깊숙이 자리잡은 믿음과 행동을 뿌리 뽑기 위해 그 토대를 철저히 검사하는 것을 의미한다. (…) 생생한 경험이 그들을 분노케 만들었다.[4]

> 다르게 해석하는 것 자체가 세상을 변혁시키는 실천이다. (…) 각 개인이 겪는 고통은 역사적 사회적 맥락에 따라 다르다. (…) 여성주의는 기존의 객관성이 틀렸다는 것이 아니라 남성의 객관성을 부분화 맥락화하자는 것이다.[5]

이를 종합하면 페미니즘은 세상을 바꾸고 싶은 마음, 생생한 경험에서 나온 분노, 역사적·현실적 맥락 살피기, 복수 명사로서의 이론과 실천 따위로 정리할 수 있다.

페미니즘은 불온하고 불편하다. 게다가 정답도 없다. 페미니즘은 완벽을 추구하지도 않으며, 정해진 틀도 없는 이론이자 실천이다. 일상생활에서 제기되고 유동적이기 때문에 대표하는 이론가도, 이를 재생산하는 후계자도 없다. 그래서 이론을 진리로 주장하기 위해 권력의 장악과 권위가 필요 없다. 그렇기 때문에 공격받기도 쉽다. 그러나 이러한 단점은 장점이기도 하다. 역사에는 끊임없이 새로운 문제를 제기하는 집단이 나오고, 그것이 또 다른 페미니즘을 낳기 때문이다.

페미니즘은 "성차별주의와 그에 근거한 착취와 억압을 끝내려는 운동"이라 정의한 벨 훅스는 "페미니즘 정치의 취지와 방향에 대해서는 확고한 믿음을 바탕으로 하더라도 페미니즘적 변화를 이끌어내는 전략만큼은 다양해야 한다. 페미니즘으로 가는 길은 하나가 아니다. 사람마다 살아온 배경이 천차만별이므로 각자의 삶에 곧장 말을 건네는 페미니즘 이론이 필요하다."고 주장한다.[6] 여성이 처해 있는 사회적 상황은 언제나 변화하며, 그에 따른 차별의 양상도 달라진다. 또한 여성은 모든 계급과 지역에 존재하고, 모든 연령을 경험하며, 각기 다른 방식으로 파트너를 선택하고 가족을 구성한다. 여성은 어디에나 있다. 그렇기 때문에 페미니즘은 언제나 변한다. 실제로 페미니즘은 그 어떤 사상보다 활발하게 내부를 비판하고 논쟁해왔다. 페미니즘은 질문과 논쟁의 역사라는 사실을 기억할 필요가 있다.[7]

페미니즘의 역사는 지속적인 모순을 해결하고자 하는 반복된 노력이다. 따라서 어떤 여성들이 시대적 요구에 부응하여 개인의 욕망이나 가부장제를 허무는 활동을 했는지를 추적하는 것이 곧 페미니즘의 역사이다. 자신이 있는 장소에서 문제를 제기하고 이슈화하는 것, 이것이 페미니즘이다. 그런 측면에서 페미니즘은 언제나 앞장서서 역사를 변화시켰다.

페미니즘은 페미니스트들에 의해 끊임없이 새롭게 쓰인다. 페미니스트들이 추구하는 길은 저마다 다르다. 그렇기 때문에 항상 명료하지 않고 흐릿하며 정답이 없다. 페미니즘은 역사의 한 과정으로 길 위에 있다. 이런 면에서 페미니즘은 근대적 범주이지만 근대를 넘어설 수 있는 탈근대의 힘을 지닌다. 따라서 페미니스트를 만나는 길은 페미니즘의 역사를 쓰는 작업이다.

해방공간의 페미니스트들

여성학자들은 한국 페미니즘의 출발점을 대개 이렇게 이야기한다.

> 한국에서는 1977년 이화여자대학교에서 처음으로 여성학 강좌가 만들어졌고 현재는 전국 60여 개의 대학에서 다양한 여성학 과목을 들을 수 있다. 한국의 여성학은 서구와 달리 아래로부터의 개혁이 아니라 선구적인 여성 지도자들에 의해 도입되었으나 1990년대 이후 등장한 대학 내 여성운동가들의 요구를 통해 확장되고 강화되었다고 볼 수 있다.[8]

대중적으로 여성운동이 각인된 것은 1990년대 성폭력특별법 제정과 대학가에서 확산된 반성폭력운동입니다. 성폭력에 대한 문제 제기는 여성이 처한 현실을 드러내고 여성을 성적 대상화하는 문화에 대한 성찰을 촉구하는 계기가 되었습니다. 성폭력특별법과 각 대학에서의 학칙 제정 운동 이후 여성운동은 일상의 정치를 강조하며 다양한 문화적 실천과 캠페인을 벌입니다.[9]

나도 여성학의 도입이 곧 한국 페미니즘의 출발이라고 생각했다. 그러나 역사를 되돌아보면 여성학을 공부하지 않았더라도 현장에서, 생활 속에서, 사회운동 속에서 수많은 페미니스트들이 현실을 바꾸고자 했다. 그들이 한국의 페미니즘을 만들어낸 주인공이다.

아디치에가 "할머니는 결혼하기 싫은 남자의 집에서 달아나 자신이 선택한 남자와 결혼했습니다. 할머니는 자신이 여성이기 때문에 토지에 대한 소유권과 접근권을 박탈당한다고 느끼자 그에 대해 거부했고, 항의했고, 나서서 이의를 제기했습니다. 할머니는 페미니스트라는 단어를 몰랐습니다. 하지만 그렇다고 해서 페미니스트가 아니었던 것은 아닙니다."[10]라고 말하는 지점은 한국 역사에도 넘친다. 그래서 현장에서 살았던 역사적 존재인 페미니스트들의 삶과 언어를 모으고 발굴하고 알리는 일은 페미니즘의 역사를 쓰는 첫 작업이다.

조앤 W. 스콧은 전기적 접근이 아닌 역사적으로 규정된 주체 형성 과정의 결과로서 페미니스트들의 행위를 다음과 같이 정의했다.

전기적인 접근은 행위를 역사적으로 규정된 주체 형성 과정의 결과

> 로 보지 않고 자율적인 개인 의지의 표현으로 치부한다. 나는 행위를 천부적인 인간 의지에서 비롯된 것으로 가정하지 않을 것 (…) 페미니스트 행위에는 역사가 있다는 것이다. 행위는 일련의 고정된 행동도 아니고 본질적인 속성도 아니다. 특정한 인식론들 안에서 일어난 모호함, 불일치, 모순의 결과다. 이 논의를 위해 나는 페미니스트 주체들이 구체화하고 실천하고 드러낸, 역사적으로 특수한 역설을 읽어내고 이로써 페미니즘의 역사를 다시 쓰고자 한다. (…) 페미니즘의 역사는 (…) 직면한 딜레마를 해결하기 위해 근본적인 문제점과 여러 차례 씨름해온 여성들의 역사다.[11]

페미니스트들은 가장 불온한 방식으로 각 세대의 기본 상식에 맞섰다. "페미니스트들이 사용하는 개념은 당대에 뿌리박고 있어서 결국은 그 특수성 아래에서만 이해될 수 있다. 역사는 페미니스트의 저술에서 발견되는 입장의 다양함뿐만 아니라 여성이라는 사회적이고 개인적인 정체성이 인식되는 여러 방식도 설명된다."[12] 현실의 딜레마를 해결하기 위해 씨름해온 역사가 페미니즘의 역사이다.

한국의 여성해방과 페미니즘은 결코 수입품이 아니다. 한국의 여성해방과 그것이 탄생하는 데에는 충분한 그 나름의 문맥과 사상이 있다.[13] 그것을 알고자 나는 조선의 페미니스트들을 찾아다니려 한다. 한국적 맥락과 탄생 그리고 역사성은 한국의 현실을 분명하게 인식시킬 것이다.

초기 여성해방운동의 주역은 학생운동 속에서 탄생했다. 한국도 그와 다르지 않다고 본다. 하지만 한국 여성해방운동의 주역은 학생들이 아니다. 과부들이었고, 자활하고자 하는 여성들이었다. 이것이 한국의 역사적 맥락이다. 근우회, 조선여자고학생상조회가 그런 곳이었다. 이론은 구체적 현실을 바탕으로 생산된다. 그런 면에서 나는 오히려 지난한 삶을 살았던 여성들에게서 페미니즘을 찾고자 한다. 간극, 균열, 감정이 넘쳐나는 현실에서 말이다. 페미니스트를 찾아내고 그들이 지향했던 페미니즘을 말하는 일이 한국 페미니즘의 역사라고 생각하기 때문이다.

내가 페미니스트들이 만든 페미니즘의 역사를 쓰지 못했던 데에는 몇 가지 이유가 있었다. 먼저 인물사에 대한 부담 때문이었다. 한 인물에 대해 글을 쓰려면 그 인물을 낱낱이 알아야 한다고 생각했다. 혹시라도 잘못 평가하면 어쩌나 하는 불안이 컸다. 그런데 이런 태도는 조앤 W. 스콧이 지적했듯이 페미니즘을 제대로 이해하지 못하고 오해한 데에서 비롯된 것이다. 페미니즘은 현실의 모순을 제기했지만 그것이 완전하다고 단 한번도 강조하지 않았다. 불완전한 자체로 이슈를 만들었다. 따라서 역사적 맥락에서 페미니스트들의 주장이 어떤 이슈를 만들어냈는지 그 의미를 추적하면 되는 것이다.

나는 성차별이 가득 찬 세상에서 여성들은 어떻게 일상을 바꾸려 했는지, 그들이 중요하게 생각한 가치와 삶의 방식은 무엇이었는지, 왜 그렇게 오랫동안 그녀들이 잊혔는지 따위를 질문한다. 그리고 동아시아의 페미니스트들이 걸었던 길이 유럽 또는 미국의 페미니스트들이 걸었던 길과 어떻게 다른지, 식민지 경험이 얼마나 험난한 여정이었는지, 민족해방운동을 하면서 페미니스트로서 남성 중심 사회에 어떻게 개입하고자 했는지도 짚어보고자 한다.

『조선의 페미니스트』(1권)는 조선부녀총동맹에서 활동했던 여성들을 출발점으로 삼았다. 해방공간은 연구의 출발점이었으며 다른 시기보다 생각과 고민이 깊다. 자료가 부족한 데다가 제대로 정리되어 있지 않은 상태에서 조금이라도 남아 있는 자료를 구성하고 싶었다. 또 페미니스트들이 남긴 짧은 글을 소개하고 싶은 바람도 컸다. 그리고 해방공간의 식민지 일상을 바꾸고자 했던 여성들의 삶을 알고 싶었다.

근대는 '정상성'이란 단어로 현실의 모순과 불행을 체계적으로 가리고 덮어온 시대이다. 즉, 일정한 선 안에 머무는 한 불행을 보지 않아도 되고 죽음을 보지 않아도 되는 안전한 사회를 만들려고 했다.[14] 광화문 거리가 너무 좁았던 그녀들의 시공간, 숨 쉬는 것도 힘겹던 시간들과 날개 꺾인 그녀들의 목소리를 들을 수 있다면 숨 막히는 2019년, 한국 근대 정상성이 여성들에게 빈껍데기라는 것을 알려주리라.

3·1운동 100주년을 맞이하며

이임하

차 례

여성들이여! 분노하라 그리고 경제적 독립을 쟁취하라!

정종명(鄭鍾鳴 1896~?)

사람이 있고 운동이 있다

정칠성(丁七星, 1897~1958?)

우리 자신의 해방은 우리의 힘으로

고명자(高明子, 1904~1950?)

부인 노동자에게 해방의 혜택이 무엇인가

허균(許均, 1904 - ?)

십 년 감옥살이를 빼면 이제 겨우 스물세 살이라니까요

박진홍(朴鎭洪 1914~?)

여성 대중은 민족해방운동을 위해 열심히 싸웠다

이순금(李順今 1912 - ?)

여남평등 이룩하여
평등조선 건설하자!

유영준

劉英俊

1890~?

여남평등 이룩하여 평등조선 건설하자!

유영준(劉英俊, 1890~?)

부총 위원장의 주머니

해방공간에서 건국부녀동맹 · 조선부녀총동맹(부총) · 남조선민주여성동맹(여맹) 위원장으로 활동할 무렵 유영준은 50대 후반이었다. 그때 그녀는 언제나 큰 주머니를 메고 다니면서 주머니 속에 든 돈을 배고픈 청년들에게 나눠주었다고 한다. 이를 부총 재정부원 홍종희는 "위대한 혁명가가 가지는 여유 있는 인간미를 젊은이들에게 맛보게 하는 한 개의 자랑거리가 되는 것을 나는 언제든지 선생의 옆에서 이것을 볼 때마다 느끼었다."라고 썼다.[15] 이런 모습은 〈독립신보〉에도 소개되어 있다.

> 먼지투성이 전찻길에서 겨우 몇 걸음을 골목 안으로 들어서니까 호젓이 가을 맛을 느낄 수 있는 종묘 앞. 먼저 '유영준 산원(産院)'의 현판이 너무 좁고 나지막한데 놀랐다. 산원 원장 같은 점은 조금도 없

> 고 주머니를 느직이 찬 모양이 일찍이 '동우회' '근우회'를 거쳐 이젠 조선 여성해방을 진두에서 지휘하는 여류 투사의 지도자라기보다는 오히려 후덕한 시골 할머니 같은 인상을 주면서도 부드러운 가운데 칼날 같은 판단성을 내포한 여사의 어조는 쉴 사이 없이 듣는 자의 긴장을 요구한다.[16]

유영준의 따듯한 마음은 20대에도 나타났다. 1921년 유영준은 박순천과 함께 도쿄 유학생 강연단의 일행으로 조선에 들어왔다. 부산 부두에 내리자마자 그녀는 곧장 부산경찰서로 연행되었다. 이들이 양근환의 딸들을 데리고 온 탓이었다. 양근환은 국민협회 회장으로, 조선총독부 중추원 부참의 민원식이 중의원 선거법 시행을 청원하러 도쿄에 왔을 때 그를 단도로 찔러 실해했다. 이 사건으로 양근환은 1921년 6월

해방공간 유영준의 모습

도쿄지방법원 재판소에서 무기징역을 선고받았다. 그는 어린 두 딸을 키울 수 없게 되자 고향 친구에게 아이들을 형에게 데려다 달라고 부탁했는데 그 친구가 하루 일찍 떠나는 유영준에게 맡겼던 것이다.

이 사건이 있은 뒤 10년이 지난 1931년 『삼천리』 기자가 양근환을 만났다. 양근환은 기자에게 "동경 있을 때에 일본 부인의 몸에서 난 딸 정자(올해 14세)가 경성 유영준 씨 댁에 있을 터인데 너무 공부하느라고 몸을 상하는 일이 없이 잘 자라다가 내가 후일 옥에서 나가거든 만나게 하여 달라."고 부탁했다.[17]

고향 친구가 "형에게 맡긴 후 나는 곧 귀성하려 하오. 그러나 형의 가정은 대단히 빈한한 생활을 하는 고로 어찌 될지 아직까지 별로 최후의 방책이 나지 아니합니다."라고 말했듯이[18] 아마도 양근환의 형이 아이들을 데려다 키우기 어려운 형편이었던 듯하다. 그래서 유영준이 양근환의 큰딸을 계속 보살펴주었을 게다. 친분이 없을지라도 주변 사람의 어려움을 모른 체하지 않고 책임지는 그녀의 마음 씀씀이를 확인할 수 있는 사례이다.

안창호의 친구

흥사단 사건과 동우회 사건으로 서대문형무소에 수감되었던 안창호는 1937년 12월 병보석으로 출소했다. 그리고 이듬해 지병이 악화되어 사망했다. 1938년 3월 14일 삼우제가 치러졌다. 「안창호의 사망에 관한 건 - 경고특비(京高特秘) 제512호의 3」에 따르면, 이날 치러진 삼우제의 모습은 다음과 같다.

지난 3월 14일은 매장한 지 3일째 되는 소위 삼우제에 상당하기에 금일 오후 2시부터 4시경까지의 사이에 아래에 기록한 7명의 묘참자(墓參者)가 있고 그들은 누구나 묘전(墓前)에 참예한 것뿐으로 그동안에 특이점을 인식하지 못하였다.

유영준은 안창호의 친구 자격으로 삼우제에 참석했다. 가족 외에 삼우제에 참가한 사람은 7명이었다. 안창호와 유영준은 나이 차이가 10년이 넘어 친구 관계는 아니었지만 그 인연은 꽤 돈독했다. 『1948년 조선연감』 인물 소개에 따르면 유영준이 민족운동에 참가한 계기가 안창호의 지도라고 기록되어 있다.[19] 유영준은 10대 후반부터 20대 초반까지 안창호의 도움과 영향을 받았던 듯하다.

유영준은 1890년 평안남도 평양에서 출생했고, 1905년(또는 1906년) 정신여학교에 들어갔다. 1908년 정신여학교를 졸업한 유영준은 여느 여성들과 마찬가지로 애국계몽과 부국강병 사상에 동조했다. 1908년 4월에 발간된 여성 계몽 잡지 『여자지남(女子指南)』을 찬송한 시 「여자지남 찬송」을 읽어보면 계몽과 부국강병을 강조했던 개화기 교육운동의 방향이 그대로 드러난다.

여자지남 계신분들
(…)

애국사상 품에품고
학문배양 하게되면

국민의무 완연하고
국권회복 기초로다

놀지말고 공부하며
강국인민 되어보세

태국기와 애국사상
잊지말고 담임하며

(…)

부국강병 절로되어
세계제국 부럴쏜가[20]

여학교를 갓 졸업한 학생의 정열이 느껴지는 이 시에서 그녀는 애국사상을 배우면 여성도 국민으로 인정받고, 그것이 국권 회복의 기초이며 부국강병의 길이라고 말한다. 이런 생각 속에서 유영준은 1910년 한일 병합 조약 뒤 베이징으로 갔고, 그곳에서 안창호 등 민족운동가를 만났다. 「이갑이 안창호에게 보낸 편지」(1911년 4월 3일)에 이갑이 유영준을 베이징 모정서원에 입학시켰다는 내용이 나온다. 중국에서 공부하면서 유영준은 안창호에게 두 차례 편지를 보냈다. 항일운동가 조성환 등이 일본 경찰에 체포되었다는 내용(1911년 8월 10일)과 자신의 처지를 토로하며 안창호의 노고를 잊지 못한다는 내용(1915년 6월 7일)이었다. 1919년 3·1운동 뒤, 유영준이 도쿄여자의학전문학교(도쿄여의전)에 가게 된 계기도 안창호의 조언에 따른 것이었다. 유영준이 중요한 결정을 할 때마다 안창호가 도움말을 할 정도로 '친구'의 인연은 깊었다.

도쿄여의전 시절

도쿄여의전은 일본 최초의 여성 의학 교육기관으로, 1910년대 조선 여성이 의사가 될 수 있는 유일한 곳이었다. 그때만 해도 여성이 의학을 선택하기는 쉽지 않았는데, 그만큼 사명감과 선각자 의식이 뚜렷했다.

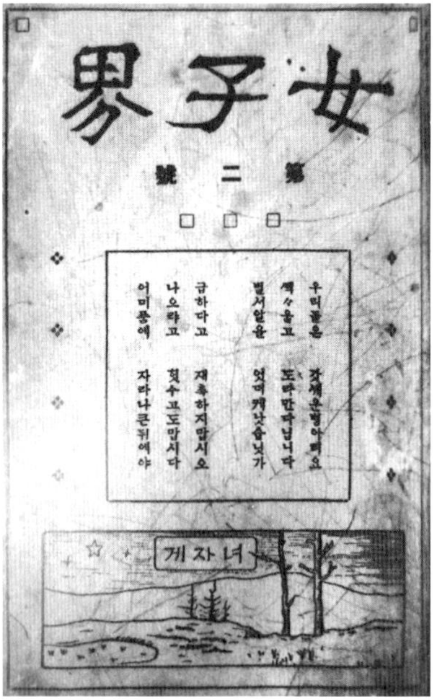

『여자계』 표지

도쿄여의전 출신들은 재일 유학생들의 독립운동뿐만 아니라 여성운동에서 중심 역할을 했다.

도쿄의 조선 유학생은 두 파로 나뉘어 있었다. 교육 사업으로 조선 여성을 계몽하자는, 여자고등사범학교에 다니는 여성들과 남성들과 같이 정치적 권리를 주장해서 '정열파'로 불리는 여성들이었다. 유영준은 후자에 속했다. 그녀는 1920년 3월 조선여자유학생친목회를 바탕으로 조선여자흥학회를 조직하여 3년 동안 회장을 맡았고, 기관지 『여자계』를 발간했다.

1921년 〈매일신보〉 도쿄지부 기자가 방문했을 때 유영준은 일본에 유학 온 조선의 여학생들을 소개한 다음 여성에게 불리한 조선의 현실을 비판했다.

> 육첩의 방에 조그마한 책상을 놓고 (…) 눈에 미소를 잠깐 띠며 말을 하되 "조선으로부터 유학하러 오는 여학생은 (…) 50명에 불과하오. (…) 조선에서는 요사이 신 현상으로 평양 등지에서는 이혼이 비상히 횡행하여지는 모양이나 나는 이혼에 대하여 일부 찬성하는 동시에 또한 반대하오며 반대하는 이유는 현재의 조선에는 비상히 조혼 성행하여 부인의 교육이라는 것은 전혀 무시되어 있으므로 (…) 헌신짝같이 버리는 것은 남자가 (…) 부인을 학대함이 심하므로 찬성할 수 없다."라고 말하더라.[21]

그녀는 「반도 청년 여자에게」라는 글에서도 여성들이 여성 단체를 조직하여 소박맞은 부인과 창기(娼妓)를 구제하는 수용소를 설치해야

覺醒한 婦人의 將來
劉英俊女史談

務安梅花島의
住民離散

'각성한 부인'이라고 소개된 유영준

한다고 주장했다. 이러한 관심은 강연 활동으로 이어졌다.

조선여자흥학회는 방학을 이용해 조선 전 지역에서 강연을 했다. 강연은 활동 자금이 없을 때 자금을 모금하는 주요한 방법 가운데 하나였다. 유영준은 『여자계』를 발간하기 위해 도쿄에서 강연을 기획하여 상당한 기부금을 거둬들였다. 1920년 6월 도쿄 여성 유학생들은 지방 순회 강연단을 조직하여 부산, 마산, 대구, 경성, 황주, 평양 등지를 돌아다니며 강연했다. 유영준을 비롯하여 황신덕, 김량, 강순자, 임정식, 한소제, 김혜덕, 박아영, 김명순 등이 주요 연사였다.[22]

이듬해에도 유학생들은 여름방학을 이용해 부산, 동래, 통영, 마산, 대구, 발안, 광주 등지에서 강연했다. 이들은 가는 곳마다 청중의 환호를 받았다. 특히 1921년 8월 17~18일 이틀 동안 열린 대구 강연회 때에는 열기가 더욱 뜨거웠다. 유영준, 박순천, 김선 등이 연사로 나선 첫째 날 강연회는 장내가 비좁아 사람들이 더는 들어오지 못하게 문을 닫을 정도였고, 둘째 날에는 청중이 너무 많이 몰려들어 건물이 무너질 위험이 있자 아예 강연이 중단되기도 했다.[23] 9월 6일 중앙기독교청년회관에서 유영준이 '부인의 용기와 자선'이라는 주제로 강연할 때에는 장내가 떠나갈 듯이 요란한 환영을 받았다. 이런 활동으로 그녀는 요시찰 인물 갑호로 일제 경찰의 감시 대상이 되었다.

조선총독부의 위생 담론에 개입하기

1922년 도쿄여의전 4학년에 다니던 유영준은 폐결핵으로 잠시 귀국했다가 이듬해 다시 일본으로 건너가 한소제, 길정희와 함께 도쿄여의전을 졸업했다. 졸업 뒤 일본에서 수련을 받다가 1925년에 귀국한 유영준은 이화학당 교의(校醫), 동대문부인병원, 태화진찰소에서 일하면서 위생 강연과 사회 활동을 시작했다. 이 밖에도 사회주의 단체인 '일월회' 발회 기념 강연에서 '무산계급과 교육 문제'로, 경남 안동청년회 주최 강연회에서 '여성의 해방'이라는 주제로 강연했다. 1926년 〈조선일보〉가 후원하고 경성여자청년회가 주최한 신춘 여류 대강연회에서는 일본 사회주의 여성운동가 스미에 요시에와 더불어 강연했다.

유영준은 1927년 근우회 창립 준비위원, 근우회 발기인 및 상무집행위원으로 정치연구부에서 활동했다. 근우회 정치연구부에는 유영준 이외에도 도쿄여의전 선후배인 이덕요와 현덕신이 함께 했다. 이 밖에도 사교 단체 수요구락부 발기인이자 간사, 조선여자유학생친목회 준

조선여자유학생친목회의 모습

비위원이자 발기인, 신간회 동경지회 창립대원, 공산당피고가족위원회와 재만동포옹호동맹 대표위원으로 활동했다.

이러한 단체 활동과 함께 의사로서의 입지를 굳힌 유영준은 조선총독부의 위생 정책에 적극적으로 개입하여 자신의 의견을 피력하는 한편, 태화진찰소가 매년 진행하던 아동 진찰 활동을 펼치면서 '예방에 대하여', '유영과 해수욕' 따위의 주제로 위생 강연을 다니기도 했다. 그리고 「'조선인의 위생관'을 읽고」, 「지리한 장마 때에 주의할 어린이 위생」, 「미균과 병독 잘 붙는 일상 의복에 주의」 등의 글을 쓰고, '가을철과 아동의 포식 해(害)' 등의 방송을 통해 어린이 위생과 어머니의 역할을 강조했다. 그녀는 위생적 환경을 만드는 것이 새해 희망이라고 말했을 정도였다.

> 내가 의학을 배워서 의사인 까닭에 특별히 눈에 띄는 것은 우리나라 가정부인들의 사는 것, 어린아이 기르는 것 모든 것이 비위생적이요

비생리적인 것입니다. (…) 신년에 대한 희망의 가장 큰 것은 어떻게 하면 좀 더 깨끗하게 위생의 조건에 합당하게 살도록 할까.[24]

서구 근대 의학을 전공한 유영준은 예방의학과 위생을 중요하게 여겼다. 위생 담론은 개인에게 계몽과 책임을 묻는 개인위생을 강조하는 방식과 억압적 구조나 정책 집행을 문제 삼는 방식으로 나뉜다. 조선총독부의 위생 담론은 전자의 태도로 일관했다.

조선총독부는 식민지 조선의 민중이 아직도 민간 치료라는 미신에 의지해 질병을 치료하려는 현실을 비난하면서 "오늘날 위생상의 관점에서 보면 완연한 하나의 적국(敵國)의 모습이기 때문에 결코 두고 볼 수 없다."며 이의 개량을 강조했다.[25] 결국 조선총독부는 1915년 전염병예방령을 발포했다. 전염병예방령의 주체는 경무부장이었다. 경무부장은 청결과 소독 방법을 시행하거나 그 시행을 명령하고, 우물·상수·하수·쓰레기통·변소의 신설, 개조 변경, 폐지를 명령하거나 그 사용을 정지하는 것 등의 조치를 취할 수 있었다. 식민지 조선에서 위생 사무는 경찰이 담당했고, 식민지 민중은 위생경찰의 억압적인 행위를 일상에서의 위생으로 받아들였다.

유영준은 조선총독부의 위생 담론에 맞서 조선총독부의 위생 집행 방법과 '식민지 민중 특히 여성은 무식하다'는 담론을 다음과 같이 비판했다.

조선인에 대한 관변 압박은 남자뿐 아니라 여자에게 더욱 심하니 (…) 남자가 외출한 후에 조사 관리가 일인(日人)이 온다면 이같이 어려운 일이 없다. 이런 경우에는 미적미적하고 약자의 행동을 보이면 몰상식한 일인은 몇 마디 말하다가는 욕을 하고 가는 일이 많다. 조선 여자는 무식하니까 할 수 없다고 행용하는 말로 하고 간다. 조선에 와서 관변 사무를 보는 자는 조선어에 부족을 감한다면 그 얼마나 무책임한 관리며 몰상식한 자일까.

필자는 몇 해 전 대청소 당시 일인 순사가 내 집 마루에 앉아서(만일 조선 순사 같으면 그런 대담한 행동을 못 하였을 것이다) '어서! 어서! 우리 어무니는 지금 하는 중이오 어서 해! 어서 해!'하는 꼴을 보았다. 내 동생은 어린 처녀라 무서워서 얼른 부엌으로 뛰어 들어가면서 무슨 일이나 난 듯이 알고 하던 청결도 못 하고 말았다. 일 순사는 동생을 보고 내게로 가까이 와 앉으며 일본어를 할 줄 아는가고 물었다. 나는 할 줄 안다고 하였더니 일 순사는 나는 장가를 아니 들었는데 조선 처녀한테로 들고 싶다고 한다. 나는 벼락같이 올려붙이고서 (…) 그 순사보고 청결 독촉 날이 아니고 장가들 선전 날인 줄 아는가고 물어보았더니 순사는 다른 말을 하며 뒤도 아니 돌아보고 나갔다. 이 순사가 그 옆집에 가서 또 '어서' 소리를 힘껏 질렀다고 한다.[26]

일제 위생경찰의 젠더 폭력적인 집행을 지적하면서 여성들을 '무지'와 '몽매'라고 단정하고 교정하려는 위생 담론뿐만 아니라 성희롱의 대상으로 여기는 위생경찰을 비판하고 있다. 유영준은 여성의 처지에서 위생이 어떻게 전개되어야 하는지 고민하면서 조선인이 열등하다는 것을 전제로 개선을 강조하는 대신에 제도와 환경을 개선하는 데 관심을 두었다.[27]

일상생활에서 위생과 예방이 얼마나 중요한지 알려주는 일화가 있다. 일제강점기에 '장질부사' 또는 '염병'이라 불리던 장티푸스는 매년 5,000명 이상의 환자가 발생하던 전염병이었다. 1927년 4,762명이던 장티푸스 환자가 이듬해 6,557명으로 급격하게 늘었을 정도다. 장티푸스는 대개 물로 전염되기 때문에 그만큼 먹는 물이 중요하다.

1928년 2월 27일 아침, 수송동 164번지 유영준의 집에서 한바탕 난리가 났다. 수돗물에서 5푼 내지 7푼 길이의 이상한 벌레 20여 마리가 수돗물과 함께 나온 것이다. 유영준은 재빨리 수돗물과 벌레를 유리병에 넣고 소관 종로경찰서에 신고했다. 그때의 상황을 유영준에게 들어보자.

> 우리 집에는 어디보다도 수도에 대한 주의를 각별히 하여왔습니다. 그런데 오늘 아침 셋방에 들어 있는 사람이 수도에서 바께쓰에 물을 긷다가 어떤 벌레가 나왔다고 떠들기에 나가보니까 물이 반밖에 아니 되는 곳에 그 같은 벌레가 이십여 마리나 나왔기에 그를 종로서에 신고한 것입니다. 그것이 만일 수원지에서 발생된 것이었거나 또는 수도 열관의 불완전한 곳으로 침입된 것이라 하면 큰일입니다. 더구나 장질부사의 발생 원인과 계통이 수도에 있다는 말이 유력한 이때에 그 같은 벌레가 수돗물에 섞이어 나온다면 어찌 그 물을 안심하고 마실 수 있습니까?[28]

한창 장티푸스가 번지고 있었고, 특히 경성 사람들은 발병이 수도 시설의 문제 때문이라는 소문을 믿고 있던 때였다. 이를 의식했음인지 경성부 수도과장은 그런 벌레는 수도관에서 나온 것이 아니라 배수구에서 들어온 것이라고 주장했다. 조사 결과, 수도관이 깨져 벌레가 올라온 것으로 판명되었다. 말로만 위생과 예방의학을 강조했다면 그녀가 이런 소동을 벌일 수 있었을까? 일상생활에서 끊임없는 관심을 갖고 실행 방법을 고민했기에 그런 행정상의 문제를 제기할 수 있었으리라.

머리가 다르냐! 학식이 다르냐!

1926년 1월 새해 희망과 포부를 듣는 자리에서 〈동아일보〉 기자는 유영준을 이렇게 평가했다.

> 나는 여자 가운데 이렇게도 행상심이 많고 지식욕이 많은 이는 보지 못하였다. 여자뿐 아니라 남자 가운데도 이러한 역사를 가진 이는 썩 드문 일이라고 생각한다. 씨의 의지는 돌과 같이 강하여 한번 하려고 생각한 일은 어떠한 일이 있든지 기어이 하고야 마는 분이다. 그러면서도 그는 정이 많고 눈물이 많은 썩 다정한 분이다.[29]

지적 욕망이 많고, 의지는 돌과 같이 강하지만 눈물 많고 정이 많은 사람이라는 평가는 그녀를 정확하게 이해한 듯하다. 유영준은 자신을 편견과 신경질이 있고, 두뇌 회전은 빠르지 않지만 지적 갈망이 있다고 소개했다.

> 첫째 나는 편심이오. 만일 두 사람 이상을 대하면 나는 그중에 좀 더 좋은 사람과 싫은 사람이 있소. 둘째 과하지 않은 신경질이오. 셋째는 지식이 박약한 것을 괴로워하오. 넷째 뇌가 퍽 둔하오. 다섯째 모르면서도 체면상 아는 체하오.[30]

너무나 솔직하고 겸손한 평가이다. 그녀의 지적 열망은 폐결핵에 걸렸는데도 포기하지 않고 도쿄여의전을 우등으로 졸업한 끈기에서도 드러난다. 유영준은 정신여학교를 졸업한 뒤 베이징 모정서원을 거쳐 도쿄여의전으로 학업을 이어가면서 사회단체 활동도 게을리 하지 않았다. 중국에서는 임시정부 연락원으로, 일본에서는 조선여자흥학회 회장이자 『여자계』 편집위원으로, 귀국 후에는 이화학당 교의, 동대문부인병원과 태화진찰소의 의사로 활동하면서 근우회에 관여하기도 했다. 1928년 근우회 평양지회 창립에 힘썼으며, 1929년 경성여자소비조합 감사장으로 선임되었다. 이러한 그녀의 활동을 두고 사람들은 '여걸(女傑)'이라고 불렀을 정도였다.

1928년 호남 부호로 알려진 김종필과 결혼한 뒤로는 근우회 활동을 그만두었다. 『별건곤』 기자가 "첫날밤에 무엇을 말했는가?"라고 묻자 결혼 소식은 부끄러워 남에게 알리지 않았다며 "나는 무엇보다도 우리 장래를 위해서는 어린 사람을 잘 키워야 될 터인즉 (…) 유년 교육기관을 찬조 후원하고 또 장래에 미성(未成)한 기관을 성립하라고 하였습니다. 이것이 제일 큰 부탁이었습니다."라고 대답했다.[31] 딸을 하나 두었지만 결혼 생활은 오래 지속되지 못했다.

유영준은 성향이 다른 여러 여성들과 친밀한 관계를 유지했는데 단체 활동에서도 마찬가지였다. 사람들이 자신을 '중간파' 여자라고 말하면서 박쥐라고 비난하는 것에 대해서 그녀는 조선의 현실 탓이라며 이렇게 말했다.

> 구(舊) 가정부인을 보면 그와도 손을 잡고 싶고 신진 여자를 보면 그와도 손을 잡고 싶고 이렇게 말하면 나를 박쥐 행세 하는 사람이라고 할는지도 알 수 없다. 그러나 나는 결코 그런 사람은 아니다. 우리 조선의 사정이 특수한 까닭에 그리하지 않으면 아니 될 것을 간파한 까닭에 그러하다.[32]

그녀는 신여성과 구여성이 서로 비판하기보다 보완의 길을 모색하여 여성운동에 나서야 한다고 강조했다. 단체 활동에서 그녀는 유연했지만 자신이 부당한 대우를 받았을 때에는 곧바로 항의하고 문제를 제기할 정도로 자존감이 높았다. 이화학당 교의로 있을 때의 일화는 호락호락하지 않았던 그녀의 성격을 짐작하게 한다.

어느 날 밤 12시쯤 급하게 의사를 부르기에 왕진 가방을 챙겨 자동차를 타고 어느 서양인 집 문 앞에 내렸다. 그런데 이미 해산했다며 집주인에게 문전박대를 당했다. 그래도 의사로서 뒤처리를 해주었는데 왕진비는커녕 고맙다는 말 한마디 듣지 못했다. 얼마 뒤 그녀는 세브란스병원 소아과에서 연구 활동을 했는데 알고 지내는 의사에게 그때의 분한 사정을 말하고 고소할 생각이라고 말했다. 그 의사가 '고소하지 말라'고 부탁하자 대신에 그녀는 편지를 써서 전달했다.

이화학교 여의 선생님이 말씀하기를 내가 머리가 다르냐! 학식이 다르냐! 또 오장이 다르냐! 다르다면 빛과 피가 다른 것뿐이다. 학문으로 말해도 너희 나라에서 가져온 학문이다. 기술은 왜 차별하느냐! 인종을 차별함은 더욱더 선교하는 자로서 못할 일이 아니냐! 이렇게 한 의미로 써서 보내달라고 했지요.[33]

편지를 전달한 다음 날 아침 '그때에는 너무 정신이 없어 실례했다며 용서해 달라'는 회신과 함께 왕진료를 보내왔다. 작은 일이지만 결코 쉽게 넘어가지 않았던 그녀의 기질이 충분히 느껴진다.

경성여자의학전문학교 설립 활동

경성여자의학전문학교는 일제강점기인 1938년에 문을 열었다. 그전에는 '학교'가 아닌 '강습소'였다.

경성여자의학강습소는 1926년 미국의 여성 선교사이자 의사인 로제타 홀의 회갑연 때 구체화되었다. 홀은 이 자리에서 조선에도 여의사가 필요하다며 여자의학전문학교 설립을 촉구했다. 1926년 12월 현덕신의 「조선에 여병원이 필요한 이유」라는 글에 이어 유영준은 〈기독신보〉에 「조선의 여의학교」를 기고하고 여자의학교의 필요성을 다음과 같이 주장했다.

현하 조선에 있어서 반드시 여의학교가 있어야 하는 이유는 1)남자에게는 필사하고 진찰을 받지 않으려는 여성들 2)반개하여 중간에 고립한 여성들 3)소아에 관한 모든 것과 위생 및 그 신체 고장을 잘 헤아릴 사람은 부모인 여성들 4)여자의 사정은 여자라야만 그 아는 바 (…) 과부의 설움은 동네집 과부가 안다는 것과 같이 날마다 당하고 보는 우리 여의사라야 더욱 절통할 것이다. 현하 조선에 있어서 무엇보다 급한 것은 여의사를 양성하는 것이고 무엇보다 위대한 사업은 여의학교 그것이다.[34]

1929년 9월 마침내 조선여자의학강습소가 설립되었다. 소장은 홀, 부소장은 길정희였다. 1933년 정년을 맞은 홀이 미국으로 돌아가자 의사 부부인 김탁원과 길정희가 경영을 맡았다. 이때 '경성여자의학강습소'로 개명하고, 장소도 창신동에서 관철동으로 이전했다.

1934년 김탁원을 중심으로 재단법인 조선여자의학전문학교 설립 준비회가 조직되었다. 중등학교를 졸업한 여성들에게 의학 전문 교육기관이 필요했고, 의사 검정 시험 제도가 폐지되기 때문이었다. 강습소 출신들은 총독부에서 시행한 의사 검정 시험을 통과해야 의사 자격을 취득할 수 있었다. 그해 4월 강습소를 여자의학전문학교로 승격시키기 위한 움직임이 적극적으로 추진되어 위원장 박영효, 위원 유영준, 길정희, 김탁원 등 71명의 준비위원이 선임되었다.[35] 하지만 재단법인 창립은 투자자를 구하지 못해 더는 진척되지 않았다.

1937년 전라도 부호이며 조선제사주식회사 사장인 김종익이 경성여자의학강습소를 인수했다. 김탁원은 김성수의 도움을 얻어 김종익을 소개받았다. 김종익은 유영준의 남편 김종필의 형이다. 1937년 김종익이 사망하면서 여자의학전문학교 승격에 30만 원, 결핵요양원 신설 비용으로 35만 원을 기탁하라는 유언을 남겼다. 유영준은 이사 직책을 맡아 일을 추진했다.

유영준, 김탁원, 정구충, 이인 등이 중심이 되어 진행된 여자의학전문학교는 1938년 5월 3일부터 3일 동안 입학 시험을 치러 비로소 문을 열었다.[36] 경성의학전문학교 병리학 교실을 사용하다가 그해 12월 명륜동 교사가 일부 완공되어 이전했다. 유영준은 1938년까지 이사로 활동했다.

경성여자의학전문학교 초대 교장은 경성의학전문학교 교장 사토 고조였다. 이 과정에서 유영준, 길정희 등 경성여자의학전문학교를 설립하기 위해 이리 뛰고 저리 뛰었던 여의사들은 더는 참여하기 어려웠다. 경성여자의학전문학교 기성회 발기 운동은 일제강점기 도쿄여의전 출신 여의사들이 힘을 합쳤지만 결국은 이름조차 남기지 못한 마지막 사회 활동이었다.[37]

여자의학전문학교 창립에 적극적으로 개입했던 유영준은 장래 조선 여의사를 어떻게 보느냐는 질문에 "두 가지로 생각할 수 있는데 첫째로 여의사가 왕성해집니다. 그것은 여성들의 머리가 깨어갈 것이고 또 고상해진다는 의미에서. 그리고 둘째로 조선 사람들의 재래로 가졌던 아들만 공부시키고 딸은 공부 안 시킨다는 습관이 달라졌으니까요. (…) 문학이나 음악을 3년 하는 것보다 의학을 4년이나 5년 하는 편이 무엇으로 보든지 유익하니까 장차론 의학에 들어가는 사람이 많을 줄 믿습니다."라고 대답했다.[38] 여성들의 교육 수준이 높아지면서 의사를 지망하는 여성들이 많아질 것이라고 전망한 것이다. 그녀는 이러한 생각을 상당히 일찍부터 펼쳤다. 결혼할 때도, 1931년 새해의 바람도 여성 교육기관의 설립이었다. 그리고 탁아소 설립과 여성과 아동 무료 진찰도 여기에 포함시켰다.

> 경성 안에도 여의사가 상당히 있는데 이 동무들이 모여서 탁아소를 만들었으면 하지마는 이것은 경비 때문에 도저히 곤란한 문제입니다. 특히 부인과 소아들에게 무료 진찰을 하여주는 기관이 꼭 필요하게 생각하지마는 이것 역시 경비 문제 때문에 실현이 잘 되지를 않습니다. (…) 이것이 나의 복안에 그치지 않기를 바라지만 신년에 새 계획에 넣기는 주저된다며 여성들이 학비를 벌어 공부할 수 있는 기관을 만들어주었으면 하는 신년 바람을 말한다.[39]

신여성 혐오에 말 걸기

1920년대 초반 신여성의 등장은 근대의 아이콘으로 찬미 대상이었다. 그러나 후반에 들어서면서 신여성은 비난의 대상이었으며 혐오로 이어졌다. 1927년 〈동아일보〉는 부인란 현상 당선 논문 기획의 하나로 9회에 걸친(1월 10~19일) 연재 기사 「나의 혼인관」을 실어 남성들의 혼인관을 다루었다.

유영준은 1927년 1월 22~23일 〈중외일보〉에 「'나의 혼인관'을 읽고」를 투고한다. 글의 내용은 대략 다음과 같다.

첫째, 신여성 비난을 문제 삼았다. "동아일보에 연일 게재된 '나의 혼인관'을 자세히 읽었다. 그 일문은 우리 여성에게 많은 자재를 주었고 참고할 점도 또한 많았다. (…) 나는 그 논문 중에서 '현대 여성들이

유영준의 모습

유영준의 서명

신사조를 맛보면서도 금전의 노예성은 갈수록 풍부하다'는 말에는 크게 반대한다."라고 하면서 "적어도 신여성의 심리를 알기 전에 극소수인 일부에서 생긴 현상만 가지고 그러한 속단을 하는 것은 신여성을 모욕했다는 것보다도 여성 문제를 경홀히 취급"한 것이라고 지적했다. 그러면서 지금까지 이른바 신여성이 "금전에만 노예가 되어 결혼하는 이를 보지 못했다"고 강력하게 주장했다.

둘째, '허영녀'로 낙인 찍기에 앞서 조선의 현실을 제대로 파악하라고 제안했다. 그렇다면 어떤 현실인가?

> 현재 여성으로서 가령 사랑하는 사람들이 둘이 있다 하고 그중의 하나는 먹을 것이 있고 한 사람은 먹을 것이 없다고 하면 아마 먹을 것이 있는 사람을 택하는 이가 많을 것이다. 이것을 가리켜 단순한 허

영이라 하고 남성의 경제에 살려 하는 기생충의 심리라 반박하는 사람이 있다 하면 너무도 현실을 무시하는 사람이다. 현 사회제도는 특히 현재 조선의 형편으로는 여자가 날고뛴다 해도 경제적으로 남자와 경쟁을 하기는 고사하고 호구지책을 하기도 어려울 만큼 되어 있지 않는가?[40]

유영준은 전자를 선택한 여성들의 행위는 오히려 현실을 똑바로 관찰한 여성이라고 치켜세웠다. 여성이 전문 지식을 갖추었다고 하더라도 남성과 경쟁할 수도, 직업을 구할 수도 없는 현실이었기 때문이다.

이러한 현실 인식을 바탕으로 유영준은 여성해방을 이렇게 말했다. 남녀평등은 경제적 자립과 사회적 관념의 변화를 필요로 하며, 여성도 사회 활동을 하는 인간이어야 한다는 것이다. 그리고 여성이 경제적 독립을 하려면 직업을 가져야 하고, 남성들이 활동하는 사회로 들어가면 자연 이성과 접촉이 잦아질 것이라고 예견하면서 잦은 이성 접촉은 이성에 대한 관념이 평범해지고 신체적 결합도 잦아져 정조가 문제가 될 것이라고 진단했다. 그렇다고 해도 세계 여성들의 사회 활동은 멈추지 않을 것이며, 이 흐름이 세계적 현실이라고 강조했다.

셋째, 구체적 현실을 바탕으로 추상적 개념과 사회현상을 파악하라고 주문했다. '정조가 파괴되면 처녀라고 하지 말라, 혼전 순결을 지키지 못한 사람은 결혼식을 하지 말라'는 최활의 의견은 습관과 진보의 동시성을 이해하지 못한 것이라고 지적하면서 일상생활이 진보했다고 해서 이전의 습관이 한꺼번에 사라지지 않는 것처럼 습관과 진보는 시간적 개념으로 파악할 수 없다는 점을 강조했다. 그리고 "조선 사회에서 설혹 결혼식 전에 이성의 접촉이 있었다 하더라도 자신하여 나는 동남(童男)이 아니니 예식을 아니 하오 하고 나설 사람이 몇이나 되느냐?"고 반문하면서 여성도 마찬가지라고 주장했다.

'구체적 현실을 직시하라'는 생각과 말은 아마도 경험에서 나온 듯하다. 그녀는 오랫동안 의사가 되려고 공부하고 돌아왔지만 조국의 현실은 그렇게 녹록하지 않았다.

> 공부를 하고 실습하고 할 때도 무엇이든지 남학생이 먼저 보고 먼저 한 후에야 보게 하니 표본 같은 것도 다 망가지고 참 눈물 날 지경이지요. (…) 내가 동대문부인병원에 가서 일을 보는데 나를 데려다 놓고 병원 자체가 시인 안 하고 부인들이 안 알아주고 (…) 의사들끼리 의사로 알아주우. 살아가려니까 그렇게 구박을 받으면서 얼마쯤 다녔으나 (…) 내가 들어가니까 현덕신 씨가 '형님 여기 못 있어' 하거던. 그래서 왜 그러느냐고 하니까 간호부로부터 전부가 의사로 알아주어야지요.[41]

그녀는 공부할 때도, 의사가 되어서도 언제나 '남성 먼저'의 환경에서 지냈고, 여성이라서 전문성을 인정받지 못했던 환경을 견뎌내야 했다. 그런 구체적 현실의 경험이 객관적이라고 말해지는 사회와 개념에 대해 문제를 제기할 수 있었던 것이다.

넷째, 정조 문제를 제기했다. "정조에 대한 근본적 관념의 표준이 달라진 것이 큰 원인이겠다. 이것을 성도덕의 부패라고 탄식하는 이가 있으나 이것은 부패도 아니요 타락도 아니다. 편협 무쌍하던 남성 본위의 성도덕으로부터 인간을 본위로 한 공평하고 순리적인 성도덕으로 진보하는 것이다."라고 하면서 정조는 고정된 것이 아닌 유동하는 개념이고 정조 개념의 화석화는 남성 본위의 성도덕에서 비롯된 것이라고 보았다.[42] 따라서 다소간 혼동이 있더라도 인간 본위의 공평한 성도덕으로 전환할 필요성을 제기했다.

광산의 반격, 유영준을 가르치다

유영준의 글이 실리고 3개월 뒤 1927년 4월 2일부터 9일까지 〈동아일보〉에 광산이 「신여성과 정조 문제」라는 글을 실었다.

광산은 유영준이 제기한 혐오, 남녀평등, 습관과 진보의 동시성, 정조 개념 등의 다양한 논점은 모두 일축하고 오직 하나 '정조'만을 문제 삼았다. 광산은 "정조 문제인 까닭으로 일반의 주의를 많이 끌게 되었다. 일반 독자가 문제 삼느니만큼 그 문제가 흥미도 있을 뿐 아니라 사실상 그것은 우리의 사회사상과 성적 도덕에 대하여 막대한 영향을 미칠 문제이므로" 글을 썼다고 밝혔다.[43] 그리고 "유영준 씨는 그 논박의 요점도 잘 지적하였을 뿐 아니라 비교적 조리 있게 잘 논박해가다가 그 말단에 가까이 이르러서 별안간 독자들의 동공을 크게 만들고 입을 벌리게 한 까닭"이라면서 "현대에 있어서 여자가 종래와 같이 안방구석에만 앉아서 먹고살 수 없는 이상 남성을 많이 접촉하지 않으면 안 될 것도 사실이요 이성의 접촉이 많으면 자연히 정조 파멸이 늘어갈 것은 단순히 생리적 요구에만 의할 뿐 아니라 정조에 대한 근본적 관념의 표준이 달라진 것이 큰 원인이겠다."라고 말한 것에 놀라움을 표시했다.[44] 이어서 여성계 중진인 유영준이 그렇게 말하는 것을 보니 "현금 여성계의 풍기가 비상히 문란해진 사실을 확인하면서도 설마 여자들의 정조에 대한 관념이 일반이 개탄하는 바와 같이 그렇게까지 타락하였으리라고는 생각지 안했는데" 떠도는 말이 사실이라며 개탄하면서 논란이 되는 부분을 다음과 같이 교정하며 가르쳤다.

> 만일 '정조에 대한 근본적 관념의 표준'이 그렇게 달라지지 않았더라면 유영준 씨는 이렇게 썼을지는 모를 것이다. 즉 '원래 성욕이라는 것은 강한 생리적 요구인 까닭으로 청춘 남녀의 접촉이 많으면 부지중에 정조 파멸이 되는 사실도 전연 없다고 할 수 없다. 그러나 일부분의 사실을 가지고 전체를 비평하는 것을 넘어 편협한 근시안적 악평이다'라고[45]

유영준이 두루뭉실하게 기술하여 논란을 일으키지 말고 실체를 정확히 알고 써야 한다는 것이다. 광산은 정조의 역사성을 이렇게 말했다.

> 성적 도덕의 최고 극치가 두 인격의 전적 합치인 까닭으로 일부일부(一夫一婦)의 원칙이 확인된다고 하면 따라서 필연적으로 이와 불리의 관계를 가지고 나서는 것은 정조 관념이다. 즉 남녀가 서로 정조를 확보하며 엄수하여만 일부일부제가 실현될 수 있으며 또 의미도 있는 것이다. 정조라는 것은 신성한 연애의 옹호자임과 동시에 또 순진한 연애에는 반드시 정조가 반행하지 않을 수 없는 것이다.[46]

> 간단하게 말하면 자유평등의 두 인격이 있은 후 거기에 순진한 연애가 있으며 순진한 연애가 있어야 비로소 일부일부의 원칙이 확립되며 따라서 합리적 정조 관념이 성립하게 된다.[47]

광산은 자유평등한 두 인격이 있다는 전제에서 출발한다. 자유평등한 인격들의 연애와 결혼은 일부일처제를 확립하는데 이 과정에서 정조는 가장 중요한 고리라는 것이다. 반면에 유영준은 자유평등한 두 인격이라는 추상적 개념이 아니라 불평등하고 구체적인 현실에서 출발한다. 그녀에게 두 인격 사이의 자유평등한 조건은 애초부터 없었다.

이어서 광산은 여성들이 남성의 간음을 방지하는 수단과 운동을 하라고 주문하면서 "남자가 마음대로 간음하니까 여자도 마음대로 간음한다는 것은 사회를 매음굴로" 만드는 행위라며 이 행위가 순리적인 성도덕이고 진보적 사회냐고 묻고, 이는 남녀 관계가 개와 고양이와 같다며 누구든지 부패하고 타락하라는 메시지라고 경고했다.

조앤 W. 스콧은 페미니즘의 실패는 동일성에 근거한 평등을 전제했던 정치 이론의 논리라고 지적했다. 동일성은 추상화로서 획득되는데 추상화는 여성을 그 성과 분리하려고 하지 않았다는 것이다.[48] 광산이 정조의 중요성을 언급할 때 전제한 평등한 두 인격이라는 추상화를 배격하고 현실의 구체적 조건에서 출발했다는 점에서 유영준은 다른 전망을 제출했던 것이다. 혐오, 습관과 진보의 동시성, 추상성과 구체성, 정조 따위의 개념 가운데 광산이 정조만을 강조한 까닭이 무엇인지 명백해졌다.

마지막으로 광산은 "유영준 씨가 그 논문을 쓸 때에 그 심리가 흥분

되고 안 된 것은 일 개인의 사사에 불과한 것이요 적어도 그 논문이 한 번 신문 지상에 발표되고 또 그 주장이 틀린 것도 사실인 이상 아마 비평 없이 그대로 착과하면 아직 비판적 의지가 미숙한 청년들에게 의외의 악영향을 더 파급시킬까 봐 다소 염려한 까닭이다."라며 심리적으로 불안정한 상태에서 함부로 글을 쓰지 말라는 모욕적인 경고까지 던졌다.[49]

유영준의 재반격, 우리가 세상의 주인이다

유영준은 모욕적인 광산의 경고를 듣고 잠자코 있지 않았다. 〈동아일보〉에 1927년 4월 14일부터 17일까지 4회에 걸쳐 「광산 씨의 신여성 정조관」을 연재해 대답했다.

먼저 "최활 씨에 대한 나의 반박의 요령을 광산 씨는 크게 오해한 듯하다"면서 최활의 논점은 "첫째 정조 파멸을 당한 처녀는 처녀라는 명칭을 박탈할 것, 둘째 형식을 경과 연후에 부부가 될 것"이라는 두 가지 점으로, 이는 남성 본위의 관점이라는 것이다. 또 최활은 "미혼 전에 정조를 잃고 결혼식을 하는 것"을 기괴하게 보고 비웃었다고 지적했다.

이어서 "정조는 금이요 생명이라 하여 극도에 달하면 정조 파멸을 당하면 자살하는 데까지 이르는 일도 있다. 이는 포악한 남성의 요구로 파멸을 당하고도 자아를 회상한다는 것은 편협 무쌍한 육적(肉的) 남성 본위의 어리석은 희생이라고 할 수 있다."라고 말하면서 이 같은 현상으로 풍기 문란의 비방을 듣게 되는 것은 '왜 여성만인가', '여성의 책임이라 할 수 있는가'라고 물었다. 또 "금전만 있으면" 가정은 돌보지 않고 "요릿집으로 기생집으로" 돌아다니며 이들 여성들에게 "호기심을 끌게 하는 것도 남자에게서 나오는 죄악"이라며 여성은 유흥의 대상이 아니라 반박하고, "남성이 견묘(犬猫)이면 여성도 개와 고양이가 될 것"이라고 응답했다. 광산이 여성들을 기생이라 부른 것을 두고는 기생들도 "일남일녀의 이상적 남녀 결합을 동경하는 것을 보면 결코 견묘의 남성을 좇는 것 아니다. 또 반드시 보수를 받는 것을 보면 일시적 성교를 일대 모욕으로 아는 까닭이다. 내가 보기에 그들은 생활고에 빠진 가련한 여성으로밖에 보이지를 아니한다."라며 인식의 오류를 지적하고, "여성아 다시 분발하여 손에 손을 잡고 남성의 유흥을 떠나 인간 본위 공평 순리적으로 우리가 세상의 주인공이 되어야 한다."라고 주장했다.[50]

> 약자의 지위로 속박에 속박을 가하며 모든 파멸을 가져오는 원인을 근절하여버릴 것이다. 남성은 여성의 향상에 성의가 없다. (…) 이론만 가지고 견묘니 추악이니 동물적이니 그러나 두렵지는 않다. 나는 천만인이 철추를 가한다 할지라도 이렇게 주장하고 싶다. (…) 나의 원하는 여성은 피동적 성의 파멸을 당한 여성일지라도 또는 동정이 없는 처녀일지라도 그 기운이 씩씩하며 고(苦)를 능히 참고 시대를 잘 알며 유복자를 업고 태산을 넘는 여성을 요구한다.[51]

그녀는 성폭력을 당한 여성일지라도, 혹은 동정이 없는 처녀일지라도 태산을 넘을 씩씩한 여성이 될 것을 요구했다. 그들이 여성운동의 주인이라고 보았으며, 불합리한 남성 본위의 모든 장애를 여성의 힘으로 끊을 때까지 '견묘'라는 불공평한 비난을 받을 수밖에 없음을 강조했다. 그리고 남성들에게 "남성이 기녀 집에 가듯 여자도 남자 집을 기녀 집 가듯 할까" 두려워하지 말고, 현실은 "아직도 과부가 많고 소박맞은 부인이 많다"며 "우리 여성은 견묘까지 갈 위험은 단연코 없으니" 걱정하지 말라는 부탁도 잊지 않았다. 그러고 나서 "후일 어떠한 남성이 더러운 견묘의 칭을 줄지라도 나는 조금도 까닥하지 않고 실지에 탈선이 없는 논법으로만 갈 것이다."라고 끝맺었다.[52]

다른 개념으로 말하기

유영준의 「연전 최활 씨의 '나의 혼인관'을 읽고」와 「광산 씨의 신여성 정조관」은 섹슈얼리티와 관련해 자신의 생각을 솔직하고 단호하게 밝힌 글로, 일제강점기 페미니스트들의 다양한 경향을 확인할 수 있다. 아쉬운 점은 그녀의 논의가 한국 사회로 이어지지 못했다는 것이다.

첫째, 그녀는 다른 개념으로 말하기를 시도했다. 신여성 혐오는 남성 우월주의에서 비롯되었다고 지적하면서 '돈만 있으면 결혼한다'는 남성 지식인의 단정과 달리 신여성은 '사랑'하지 않는데 금전만으로 배우자를 선택하지 않는다고 말했다. '신여성'과 언제나 짝을 이루었던 '정조'라는 단어는 그녀가 관심을 둔 핵심 개념이 아니었다. 오히려 남성 지식인들이 정조를 여성 문제의 중심으로 가져왔다. 그녀는 '정조'라는 호명은 옛 관념이자 썩은 도덕관념이라면서 여성들은 거기에 벗어나지 못했고 사회가 요구한다고 정리했다. 그런데 한국 사회에서 '정조'

의 호명은 여성들을 집요하게 물고 늘어져 '여성다움'으로 담론화했다.

둘째, 이론과 실천을 어떻게 이해해야 하는지 보여주었다. 그녀는 정조 담론과 결혼식이라는 절차에 대해 의문을 품었고, 부모들의 체면치레에 지나지 않을 뿐인 결혼식은 앞으로 사라져야 할 형식이라고 보았다. 그러나 이 논의는 대한민국 정부 수립 뒤로 이어지지 못했고, 남성 지식인이 강조했던 정조 담론만 남게 되었다. 그리고 결혼의 형식은 더 화려해졌다.

셋째, 그녀가 제기한 주요한 개념은 이성과 감정, 추상과 구체, 객관과 주관이라는 이분법적 구분이 아니라 유동성, 불완전성, 동시성, 맥락의 중시였다. 이 개념들이 섹슈얼리티를 풀 열쇠였는데 광산은 이분법적 세계관으로 오직 정조만을 제기했다.

섹슈얼리티와 관련한 그녀의 인식은 그 뒤에도 이어진다. '15년 형을 받은 수감자 남편을 둔 아내가 수절해야 하는가'라는 질문에 그녀는 '수절 못 하는 것이 당연하다'고 대답했다.[53] 육체의 접촉이 없는 사랑은 식어갈 것이고, 옥중의 남편에게는 고통이지만 마음에 없는 인내는 과부에게 정조를 강요하던 봉건사상이라고 보았던 것이다.

여학생의 풍기 문란에 관한 토론에서도 유영준은 적극적인 태도와 경험의 중요성을 강조했다.

> 나는 여학생의 이성 교제라든지 연애결혼 같은 것은 절대로 자유에 맡기고 싶습니다. 그러한 문제를 간섭하든지 제재할 필요도 없거니와 제재하는 것이 아무러한 효과를 얻지 못합니다. (…) 누구든지 하고 싶은 일이 있거든 소극적으로 회피하지 말고 직접 체험해보아야

합니다. 나는 우리나라 여학생들의 남성 교제가 풍기 문란에 이르렀다고까지 보지 아니하지마는 그렇다고 가정하더라도 나는 '부대껴보아야 한다'라고 말하고 싶습니다.[54]

여성 혐오, 섹슈얼리티와 관련한 편견과 위협에도 유영준은 여학생들에게 적극적으로 경험하고 현실을 부딪쳐보라고 권하면서 '풍기 문란'이라는 편향된 언론 보도가 문제라고 지적했다. 〈중외일보〉가 창간될 때 그녀는 여성에 대한 선입견을 벗고 편견 없이 보도해 달라고 요구했다. "어떤 여자가 자살을 하였다 하면 그 사실을 알아보기 전부터 벌서 첫말이 '아량 없는 여자니까 옹졸한 생각을 가진 여자니까' 합니다. 농담 같은 그러한 말이 실상은 여성에게 대한 사실을 그릇 처리하기 쉬운 심정의 발로라 합니다. 그러한 선입견을 버리고 좀 더 친절하게 좀 더 힘있게 여성에게 임하여주기를 바랍니다."라고 말하면서 여성 혐오나 여성을 규정하는 언론의 태도와 보도 방식을 문제 삼았다.[55]

먼저 사회제도에 항의할 일

위생 문제를 제기할 때에도 유영준은 개인의 무지 탓으로 돌리지 않고 사회제도와 운용의 문제점을 지적하면서 사회제도와 법률에 항의하라고 요구했다. 법률을 제정하고 현 사회를 지배하는 사람이 여성이 아닌 이상 일반 남성이 여성보다 우월한 위치에 있으며 입법 정신에서 여성은 무시되었기 때문이었다.[56] 남녀의 풍기는 법률로 제지할 수 없거니와 그 근본 문제도 남녀를 동등한 처지에 놓고 논의해야 하지만 현 사회의 법률, 사회, 교육, 섹슈얼리티는 남성 중심으로 운영된다는 것이다. 그러나 결국 "만사는 시일의 지연은 있을망정 언제든지 될 대로 되고야 마는 법입니다만 그 과정을 걸어갈 때에 단 평평하지 못한 길을 용맹스럽게 지나가야만 되겠지요."라며 더디지만 언제가 반드시 이루어낼 희망의 끈을 놓지 않았다.[57]

이러한 유영준의 생각은 정치적 다양성이 공존했던 해방공간에서 활짝 피었다. 그녀의 주장과 실행은 직접적이고 강렬했다. 부총에 뒤이어 여맹 위원장으로서 여성운동의 방향을 제시하고 법률 제정을 언급한 유영준의 정치 행보는 우익 여성 단체의 견제를 받기도 했다.

유영준은 여성운동의 목적과 행동 방법은 이미 부총의 강령에 나타나 있다며 이 목표가 조선 여성을 남성과 평등한 지위에 올려놓을 것이라고 말했다. 그리고 이를 수행하려면 철저한 민주개혁이 필요한데 이는 조선에 인민정부의 수립으로 이어져야 가능하다고 보았다. 유영준의 정치 참여 목표는 일단 국가 건설에 있었다. 여성들은 "특권계급 여성이나 부르주아 여성이나 다 같이 세계 사조에 발맞추어 새나라 건설에 전진할 것"을 강조했다.[58]

그녀가 국가 건설의 하나로 제안한 것이 사회제도의 개혁이었다. 이는 법률의 제정과 적용이라는 논의로 이어졌다. 그녀는 〈우리신문〉에 1948년 4월 3일부터 5일까지 3회에 걸쳐 「조선임헌 초안은 '인간의 헌법, 여성의 헌법'」이라는 글을 연재하여 법률 제정과 관련한 의견을 제출했다. 이 글은 1948년 2월 7일 북한에서 제정·발표한 「조선임시헌법 초안」과 남한 입법의원의 「조선임시약헌」을 비교한 것이다. 주권을 누가 가질 것인가라는 주권의 규정, 인민위원회인가 대통령인가라는 통치 기구, 그리고 선거법을 비교했다.

유영준은 입법기관과 입법의원 선거를 "나는 민전 의장단의 한 사람으로서 처음부터 이런 현상이 올 것을 예감하고 반대하였더니 오늘의 선거 결과란 중추원의 재현"이라고 비판했다.[59] 입법의원에서 내놓은 「조선임시약헌」도 '주권은 국민이 가졌다'고 규정했으나 사실 정부주석(대통령)이 국가의 모든 권력을 장악하고 전제정치의 가능성을 열어놓았다는 것이다. 정부 주석은 국무총리를 비롯한 모든 행정 관리, 대법원장을 비롯한 모든 사법관의 임명권을 가졌을 뿐 아니라 실질적으로 입법권 행사를 의미하는 법률안 제출권, 입법의원에서 제정한 법률안 거부권, 입법의원의 입법권을 박탈하는 위임명령권, 선전포고권 등을 가져 입법의원을 로봇으로 만들고 있다고 지적했다.[60] 대한민국 헌법이 제정될 때 제헌국회 소장파 국회의원들도 독재정권이 될 가능성 때문에 대통령중심제를 반대했다. 주권 규정과 관련한 유영준의 비판이 타당했던 것이다.

그리고 입법의원의 선거법은 "만 21세 이하의 선거권 제한, 만 25세 이하의 피선거권 제한, 60일 이상으로 거주 제한, 친일파·민족반역자에게 피선거권 부여, 친일파 중 극소수만 피선거권의 형식적 제한, 선거위원회의 관료적 임명 및 친일파로서의 구성 등 파렴치하게도 인민을 기만하고 있다."고 비판했다.[61] 그런가 하면 미 군정의 인신매매폐지법을 환영하면서 북조선 남녀동등권 법령 초안 통과를 "참으로 부러운 일"이라며 "남조선의 여성도 당연 찾아야 할 권리"라고 밝혔다.[62] 전조선 정당사회단체 대표자 연석회의에 참석한 뒤 북한에 머물렀던 유영준은 북한 헌법 축조에 참가했다.

> 현재 북조선에서 실시되고 있는 조선민주주의인민공화국 헌법을 초안으로 하는 헌법 초안의 각 조목을 신중히 수정을 가하여, 전문을 통 수정을 가하여, 전문을 통과시켰다. 평양 6일 밤 방송에 의하면 (…) 허헌 의장 사회하에 속개되었다 한다. (…) 김두봉 위원장의 보고에 대한 토론이 시작되어 이승엽, 이영, 김병욱, 김창준, 유영준 등의 제 대의원들로부터 동 보고를 전적으로 지지 찬성한다는 열렬한 발의가 있은 후 제3일의 회의를 마쳤다.[63]

유영준은 또 해방공간의 우익 여성 단체와 관련된 여러 의견을 제시했다. 임영신이 조직한 여자국민당이 1946년 5월 31일 전국 대회에서 '전국여성총연맹을 조직하고 이승만 박사의 서양 부인을 총재로 추대할 것', '관공서 학교에서 극렬분자를 추방할 것' 따위의 목표를 내세우자 "천오백만 조선 여성의 행복과 자유를 위하여 이따위 친파쇼 분자의 종비(從婢)들을 부녀운동에서 일축"하자는 담화를 발표했다.[64] 그리고 모스크바 삼상 협정과 관련해서는 "그들이 반탁이란 뒷골목에 서서 친일파를 위하는 것만 보아도 누구나 잘 알 수 있습니다. 외국의 간섭이 없는 우리가 다 같이 잘 살 수 있는 임시정부를 세우는 데 옆에서 방해하려는 여자들을 경계하지 아니하면 안 됩니다. (…) 그들은 25세라야 투표권이 있다 하며 정치에서 청년을 거세하고 글 모르는 사람은 투표권이 없다 하여 여자를 제거하는 부대와 모여서 해방 맞을 다 같은 여자면서도 해방을 못 받은 방향으로 가는 가장 옳지 못한 가장 봉건적으로 하고 있습니다."라고 우익 여성 단체를 견제했다.[65]

천오백만의 여성 지도자

해방 뒤, 유영준은 50대 후반이었지만 20대보다 활발한 사회 활동을 벌였다. 1946년과 1947년 유영준의 활동은 매달 신문에 소개될 정도로 분주했다. 이는 그녀가 부총과 여맹의 위원장이었기 때문이다.

건국부녀동맹은 여성운동을 강화하려고 조선부녀단체대표자대회 소집준비위원회를 구성했다. 1945년 12월 22일부터 24일까지 사흘 동안 대회가 열렸고, 부총이 결성되었다. 이날 대회에서 유영준은 어떤 모습이었는가?

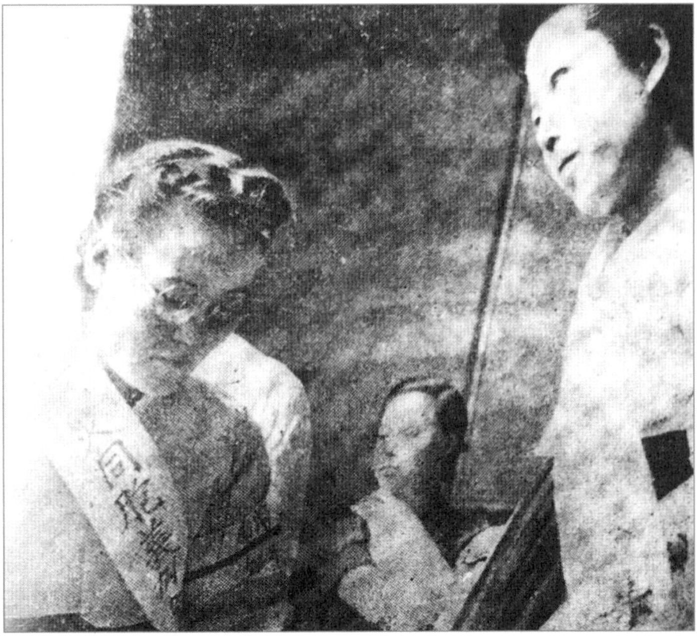

건국부녀동맹의 구호 활동

그녀는 "우리들의 책임이 무엇인지를 규명하여 우리들이 나아갈 정당한 노선을 작정하자는 날이다. 우리들 여성은 언제나 맑은 양심을 가졌기 때문에 판단이 정확하다. 그러므로 우리 여성은 정신적으로 사회적으로 경제적으로 해방되어야 하고 또 성스러운 건국 사업에 이바지하여야 한다. 그리하여 세계 여성과 어깨를 겨누고 후일에 다시 전쟁이 일어나지 못하도록 우리들 여성의 과감한 헌신적 투쟁을 이 자리에서 약속하지 않으면 안 된다."라는 뜻을 전했다.[66] 이날 위원장으로 선출된 그녀는 부총 대표자로서 각종 정치 단체에 참여했고, 각종 행사의 축사, 강연 따위를 수행했다.

민주주의민족전선(민전) 결성 준비위원, 상임위원 그리고 사회정책연구위원, 3·1절 기념행사 전국준비위원회 대회위원, 조선경제고문위원, 남조선노동당 중앙위원으로 활동하면서 일일이 '국제부인데이', '국제청년데이', '이준 열사 추념대회 준비회', '인민당 3주년 기념식', '민족해방의 날 기념대회', '동경진재피학살동포 추도식', '남조선노동당 창립 축하대회' 등의 행사에 참석해 축사를 했다. 그리고 부총과 여맹의 대표자로서 그녀는 모든 행사와 선언서에 이름을 올렸다.

공창(公娼) 폐지와 사회 대책 좌담회에서 유영준은 공창 폐지를 이렇게 주장했다.

> 군정법령 70호는 물론 공창 폐지까지 추진시켜야 한다. 그러자면 우리는 전력을 다하여 군정청을 비롯하여 각계의 여론을 환기하여야 한다. 그리고 범죄의 소굴, 모리배의 소굴, 악성 병균의 소굴, 풍기 문제의 근원지인 유곽을 하루바삐 전부 없애버려야 한다. 이것을 우

리 손에 넘겨준다면 우리는 그것을 전부 공장으로 두들겨 고쳐서 창기들을 위한 기관을 설치하여 그네들의 생활 안전을 도모할 작정이다.[67]

그녀는 또 대구 10월 봉기를 "폭동이라도 좋고 소동이라도 좋지만 정당히 살려고 사는 권리를 주장하는 사람들을 강도나 절도같이 생각할 수" 없다고 반문하면서 "말끝마다 여성의 경제적 독립을 말하"면서도 "방직과 양잠을 해 가지고 미국에 팔아서 돈을 벌어야" 한다는 주장을 비난하고, "농촌에 가면 태반의 여성이 앞을 가릴 치마 하나 없는데 우리가 짠 베를 미국에 바쳐서" 스스로가 잘살겠다는 것은 "노예근성"이라고 신랄하게 비판했다.[68]

1947년 1월 열차에서 미군 성폭행 범죄가 일어나자 부총 대표로서 그녀는 "이번 미군 범인에 대해서는 우리가 볼 수 있는 대중 앞에서 처단할 것과 앞으로는 또다시 이런 일이 없도록 하지 중장이 직접 언약하기를 강경히 요구하고자 온 것"이라며 하지 중장의 회견을 요구했다. 여운형이 테러로 사망했을 때에는 "우수한 지도자를 잃은 것은 조선 민족의 일대 손실이다. 무엇 때문에 그렇게 사람을 죽이는 것으로 '애국'을 하려 하는가. 이런 저열한 짓보다 우리 여성은 일층 조선이 나갈 선을 밝게 바라보고 맹진하여야 한다."라는 내용의 「우리 민족의 대손실」이라는 담화를 발표했다.

이런 정치적인 행보로 그녀는 구속이 잦았다. 1946년 9월 1일 국제청년데이에서 한 축사가 문제 되어 그녀는 종로경찰서에서 조사를 받았고, 1947년 7월 27일 민전 주최 미소공위 경축 인민대회에서 축사를 마친 뒤 경찰에 체포되었다. 같은 해 11월 10일 '8·15사건' 내란죄 혐의로 수도청에서 취조받았으나 불기소 처분으로 석방되었다.

1948년 3월 28일 남북 정치 요인 회담을 제안한 북조선민전은 유영준을 비롯한 15명에게 편지를 보냈다. 4월 9일 유영준을 포함한 10여 명의 여맹 활동가들은 전조선 정당사회단체 대표자 연석회의에 참가하려고 평양으로 출발했다. 그녀는 평양에 머물면서 조선최고인민회의 상임위원회 위원, 1949년 6월 조국통일민주주의전선 중앙상무위원, 1957년 8월 제2기 최고인민회의 대의원으로 뽑혔고, 조선민주여성동맹 부위원장을 역임했다. 이어서 1958년 제2차 내각에서 경공업성 부상, 1960년 4월 적십자회 부위원장을 맡았다.

유영준의 발자취와 글

연도	내용
1890	평양남도 평양 출생
1905	정신여학교 입학(또는 1906년)
1908	정신여학교 졸업
1910	베이징 모정서원 다니면서 안창호의 지도로 민족운동 참여
1914	5월 모정서원 졸업
1919	3·1운동 참여, 임시정부 연락책으로 활동, 도쿄여자의학전문학교 입학, 10월 도쿄 조선여자유학생친목회 참석
1920	3월 조선여자흥학회 결성에 참여, 회장으로 선출 지방 순회 강연단을 조직해 부산, 마산, 대구, 경성 등지를 돌아다니며 강연
1921	지방 순회 강연단을 조직해 강연
1922	폐병으로 일시 귀국
1923	12월 도쿄여자의학전문학교 졸업
1925	1925년 귀국하여 김약수·이여성 등이 도쿄에서 조직한 일월회 발회 기념 강연에서 '무산계급과 교육 문제'로 강연 이화학당 교의, 동대문부인병원, 태화진찰소에서 근무
1927	근우회 창립 준비위원, 40인 발기인단 참여 5월 근우회 결성에 참여하고 중앙집행위원 및 정치연구부 위원으로 선출
1928	근우회 활동 이어짐, 김종필과 결혼
1931	경성여자소비조합 감사장
1934	여자의학전문학교를 설립하기 위한 교섭위원으로 활약
1937	경성여자의학전문학교 설립 추진 재단 이사
1938	경성여자의학전문학교 이사
1944	부인과 병원 개원
1945	건국부녀동맹 위원장, 12월 조선부녀총동맹 결성에 참가하여 중앙집행위원장

1946~1947	조선부녀총동맹 위원장, 2월 민주주의민족전선 결성에 참가하고 의장단 및 중앙위원으로 선출, 12월 남조선민주여성동맹 위원장, 남조선노동당 중앙위원으로 선임
1948	4월 전조선 정당사회단체 대표자연석회의에 참가하여 주석단의 일원으로 선출, 8월 최고인민회의 대의원
1949	6월 조국통일민주주의전선 결성대회에 여맹 대표로 참석하고 중앙상무위원
1956	적십자사 부위원장, 4월 북경에서 열린 국제부인연맹 이사회에 조선 여성대표단 일원으로 참석
1957	8월 제2기 최고인민회의 대의원으로 선출
1958	경공업성 부상 등을 역임하다가 1962년 노령으로 요양소 생활

「연전 최활 씨의 '나의 혼인관'을 읽고(상)」

동아일보에 연일 게재된 '나의 혼인관'을 자세히 읽었다. 그 일문은 우리 여성에게 많은 자재를 주었고 참고할 점도 또한 많았다. 또는 기독교적 성도덕도 많이 들어보고 생각된 바도 있으나 나는 그 논문 중에서 '현대 여성들이 신사조를 맛보면서도 금전의 노예성은 갈수록 풍부하다'는 말에는 크게 반대한다.

이는 너무나 외람(猥濫)한 피상적 관찰이 아닐까? 적어도 신여성의 심리를 알기 전에 극소수인 일부에서 생긴 현상만 가지고 그러한 속단을 하는 것은 신여성을 모욕했다는 것보다도 여성 문제를 경홀히 취급했다고 아니할 수 없다. 최활 씨의 이른바 신여성은 금전에 노예가 되어가는 그러한 한 부류만을 말함인지 혹은 그 사회의 여성들은 그러한 허영배만이 있는지는 알 수 없으나 우리 신여성은 금전에만 팔려 눈이 어두워지지를 아니하였다. 남자는 혹 사랑이 없는 여자에게라도 용모에 취하여 일시적 흥분으로 육교(肉交)를 하는 이가 있는지 몰라도 여자는 지금까지 몇천 년 내려오던 정조라는 관념이 아직까지 머리에 젖어 있어 도저히 그런 것을 허락하지 아니한다. 아무리 신사조를 맛본 여자라도 남성에게 비하여 성문제를 신중하게 취급하는 것이 사실이다. 그러나 금전을 중요시하는 여자가 간혹 없는 것도 아니다. 있다 하더라도 또한 무리한 일이 아니라고 본다. 왜 그런고 하니 현금까지 여자들이 경제에 얼마나 무력하였으며 그로 인하여 불구자 노릇을 하기까지 이르렀은즉 만일 금전이 있다 하면 싫다 하지 않을 것은 그럴듯한 일이다. 그러나 소위 신여자로서 아무러한 사람과 이해가 없이 금전에만 노예가 되어 결혼하는 이를 나는 보지 못했다. 현재 여성으로서 가령 사랑하는 사람들이 둘이 있다 하고 그중의 하나는 먹을 것이 있고 한 사람은 먹을 것이 없다고 하면 아마 먹을 것이 있는 사람을 택하는 이가 많을 것이다. 이것을 가리켜 단순한 허영이라 하고 남성의 경제에 살려 하는 기생충의 심리라 반박하는 사람이 있다 하면 너무도 현실을 무시하는 사람이다. 현 사회제도는 특히 현재 조선의 형편으로는 여자가 날고뛴다 해도 경제적으로 남자와 경쟁을 하기는 고사하고 호구지책을 하기도 어려울 만큼 되어 있지 않는가? 그렇다고 하면 먹어야 사는 사람인 이상 먹을 것을 따라가는 것을 어찌 무리하다 할 수 있을까? 돈을 따라가는 여성을 금전의 노예라고 평하는 이보다 오히려 현실을 똑바로 관찰한 여성이라 하겠다. 철저한 혁명가라 하면 모르거니와 그렇지 못한 보통 여자로서는 그것이야말로 소도 저 누울 자리 본다고 자기가 죽지 않고 살려는 약빠른 생각일지도 모른다.

그러나 내가 말하려 하는 것은 무엇보다도 신여성은 사랑이 전연 없는 곳에 금전만을 보고 결합을 하지 않는다는 것이다. 그것은 여자들의 습관적 정조 관념으로 성문제를 극히 신중하게 취급하는 것 또는 그렇게 하지 않으면 않도록 사회는 여성에게 정조를 요구하는 까닭으로 그렇게 용이하게 금전에만 눈이 어두워지지 않는다는 것이다.

<중외일보>, 1927년 1월 22일

「연전 최활 씨의 '나의 혼인관'을 읽고(하)」

그러나 나는 우리 여성들은 그러한 재래의 불공평한 정조 관념으로부터 스스로 해방하지 아니하면 안 될 것을 말하고 싶다. 그러한 썩은 도덕관념에 구속이 되어 있는 한에 있어서는 도저히 남녀평등을 부르짖지도 못할 것이다. 왜 그런고 하니 남녀가 평등이 되려 하면 첫째로 여자가 경제적으로 독립하여야 하고 둘째로는 여자 자신이나 사회의 여자에게 대한 관념이 새로워야 할 것이다. 즉 같은 사회에서 활동하는 일개 인간으로 볼 수 있어야 하겠다. 그런데 여자가 경제적으로 자립을 하고 남자와 같이 활동하여 상대자가 되려 하면 누구나 직업 부인이 되어야 하고 남자들의 활동하는 사회에까지 들어가지 아니치 못하게 된다. 따라서 이성에게 대한 관념은 훨씬 평범하여질 것도 사실이요 정조 파멸이 지금보다 더욱 심하여질 것도 피치 못할 일이다. 그렇다고 생활

경쟁에 돌진하는 세계 여성들의 진로를 막을 수가 없는 것이 현금의 대세가 아닐까. 그렇다하면 '이성과 육교(肉交)가 있는 여자는 처녀라고 하지 말자 또는 부부의 약속이 있는 남녀가 육교의 허물이 있거든 거룩한 예식을 하지 말라' 하는 최활 씨의 의견은 너무도 고루한 이상론이다. 습관은 언제든지 습관이요 진보는 언제든지 진보이다. 그러나 습관과 진보는 우연히 왔다가 홀연히 가는 것이 아니니만큼 진보가 되었다고 일시에 습관을 모두 내어버리는 것도 아니요 습관이 남아 있다고 진보가 없는 것도 아니다. 물론 철저하게 진보된 일 여성이 여기 있다 하고 그 여자가 만일 예식을 하기 전에 어떠한 이성과 사랑으로 결합되었다 가정하면 구구히 예배당에 가서 식을 거행하는 형식을 밟을 필요가 없이 부부 생활을 할 것이다. 그러나 아직까지 조선의 일반 소위 신여성은 그러한 형식적 습관을 정복할 만큼 진보가 되지 못한 것도 사실이거니와 더구나 완고한 부모가 이것을 허락지 아니하며 사회가 이를 이해하지 못한다. 이러한 조선 사회에서 설혹 결혼식 전에 이성의 접촉이 있었다 하더라도 자진하여 나는 처녀가 아니니 양(孃)이라 부르지 말라고 하냐고 나는 동남(童男)이 아니니 예식을 아니하오 하고 나설 사람이 몇이나 되며 또 제삼자로서 그것을 증명하고 방해할 아무러한 이유도 없다. 또 그리되지도 않는 것이다.

현대에 있어서 여자가 종래와 같이 안방구석에만 앉아서 먹고살 수 없는 이상 남성을 많이 접촉하지 않으면 안 될 것도 사실이요 이성의 접촉이 많으면 자연히 정조파멸이 늘어갈 것은 단순히 생리적 요구에만 의할 뿐이 아니라 정조에 대한 근본적 관념의 표준이 달라진 것이 큰 원인이겠다. 이것을 성도덕의 부패라고 탄식하는 이가 있으나 이것은 부패도 아니요 타락도 아니다. 편협 무쌍하던 남성 본위의 성도덕으로부터 인간을 본위로 한 공평하고 순리적인 성도덕으로 진보하는 것이다. 그 과정에 있어서 다소의 폐해는 진화 원칙상 피치 못할 것이라 한다. 그러나 습관은 일시에 버리지 못한다는 것보다도 주위와 환경이 형식을 강요하는 현재에 있어서 결혼식이라는 것을 반드시 엄중시하여 가지고 예식 전후라는 시기를 운운할 가치가 없다고 생각한다.

<중외일보>, 1927년 1월 23일

「부인의 지침」

우리는 중세기적 반봉건적 유습을 그대로 감수하여왔다. 우리 피압박부대는 전 인류 해방에 크게 굽이치는 연합국 파도에 같이 밀려서 자유의 대안(對岸)까지 배가 닿으려고 하였었다. 여기에 우리는 자력 상륙 용의가 있어야 한다. 무단히 과소평가하고 중문을 나서지 못하여 양반의 속임 속에 자위를 받아가며 뜻 아닌 인간 지옥에서 눈물 없는 신음에 아무런 자극이 없이 그날그날을 지내는 것은 필연 자멸을 불러올 것이다. 아무리 자유를 주는 운명이 올지라도 자신이 그런 준비가 없으면 아무런 효력도 없다.

우리가 일부 소수 계급을 위하여 어떠한 세월을 보내고서야 참정권을 얻을 수는 없다. 힘차고 용감한 판단력을 가지고 정반대 길을 걷지 아니하면 아니 된다. 쨍쨍한 계통과 창조력을 가지고 계몽하여 일편으로는 생활을 개선하며 정치에 적극 참석하여 자력으로 살길을 찾자. 타력 의존은 또다시 우리에 속박을 초래할 것이다. 소위 현모양녀는 우리를 우상화하였다. 즉 무력하게 되었다. 우리 권리를 잃고 비인간으로 자처하여 갖은 모욕과 우롱을 받아오며 이것을 수치로 알지조차 몰랐다. 떳떳한 자리를 못 찾고 암흑의 길로 달음박질하던 왜적의 정치도 물러간 이때에 또 무엇이 꺼리어 아직도 정치운동에 무뢰한이 되는가. 참정권도 대부분의 문맹으로 말미암아 오리무중같이 희미하고 명랑치 못한 가운데 마땅히 받을 우리의 정치경제권도 부지불식중 포기하고 말게 될 터이니 힘써 온 길을 반성하고 중문을 박차고 대문을 나서 대로에 가는 민전을 보라. 허다한 사건이 우리를 기다리고 있다. 여성이 할 일은 남성이 못 하며 또는 분계가 있으니 여성이 할 일을 남성이 그르치는 일도 허다할 것이다. 타방의 여성을 보라. 여성의 한계를 넘어 남성에까지 가는 일이 많다. 우리가 찾고 있을 것은 우리 힘으로 하자. 미완성한 부흥 발전이 우리 여성으로 말미암아 지체되게 하지 말자. 항상 깨고 잠자지 말자. 우리는 우리로 하는 데 타산지석으로 보지 말자. 민족 분열을 우리 힘으로 합하게 못 할까? 신 같은 마력을 내자. 아끼지 마라. 우리 여성은 남성과 같이 졸렬을 말자. 동포애적 입장에서 시원한 회오의 산소를 마시게 하자. 그릇된 자아 중심 편협 독선의 길을 걷지 못하게 하자. 아! 아! 누가 이런 분열을 가지라 하였는가. 망국의 혼을 가졌던 그들이다. 여성아, 양심에 바른 여성아, 옳은 노선으로 합류시키는 자를 획득하기 위하여 우리는 재빨리 맹진하여야 한다. 자기비판을 하여가며 투쟁 전위 약성을 버리자. 한 걸음 더 나가 세계평화전에 우리도 참가하여야 한다. 여기에 합당할 우리 여성을 하루바삐 재교육시켜서 공동 목표에 내세워야 할 의무를 우리는 가졌다. 민중 속에 깊이 뿌리를 박고 광범하게 운동을 전개하면 필연적으로 투사형 여성이 배출될 줄 안다. 안일주의 공포주의 여성을 혁신시키자. 천래의 예민성을 가진 여성으로 능만한 수완을 베풀어 우리 동포를 맹쾌호애의 인민으로 개량시키며 왜곡한 감정과 착잡한 번뇌에서 구출하여야 한다. 영웅적 포옹성과 평민적 기개로 세계적 조선인이 되라 하려면 이것은 우리 여성의 활발한 힘을 빌리지 아니하면 아니 된다. 이는 남자의 교육보다 더 먼저 받는 것은 가정교육이다 그러므로 여성 자각이 국가 백년 계획에 얼마나 중대성이 있는가를 살펴볼 것이다. 귀지는 여성 평론에 더욱 치중하여 지도 감독하여주기를 바란다.

『인민평론』 제2호, 1946

「무명 치마의 여성운동 이 길을 사수하자」

울며 8·15를 맞았다. 그래서 곧 여성 동지들이 모여와서 금후 조선의 발전에 대한 여러 가지 의론이 있었고 이에 계속해서 곧 실천에 옮겨가기를 결의하였다. 이 결의에 따라 17일에는 전국 부인을 총망라한 부녀동맹을 발기하였다. 우리의 목적과 행동 방법은 부녀동맹 강령에 나타나 있는 바와 같다. 이 목표는 그때나 지금이나 옳은 것이며 조선 여성을 남녀평등의 수준으로 이끌어올리는 동시에 진정한 민주주의의 건설에 중요히 일익을 담당하자는 것이었다. 여성해방은 물론 그렇게 용이한 것이 아니고 조선 해방의 성격 여하에 따라서는 급속히 발전될 희망도 없지 않으니 오랜 전통의 뿌리가 세계 어느 나라보다 가장 농후히 조선에서 다만 사회제도 그것만을 개혁한다 하더라도 정신적으로 완전히 여성의 자립성을 가지자면 장구한 기간에 항×하여 계몽하고 교육하지 않으면 안 된다. 그러나 우선 선결문제로는 사회제도 자체의 철저한 민주개혁이다. 이것만이 금후 조선에 있어서 여성해방운동에 절대한 활로를 열어줄 것이다. 이러한 선에 따라 우리는 그동안 꾸준히 노력하여왔고 또한 어느 정도 성공을 거두었다고 본다. 현재 반동 진영에서는 말로만 남녀동등이니 여성해방이니 하고 떠들고 있으나 사실 과거의 동양 윤리를 그대로 조선 천오백만 여성에게 강요하려고 한다. 그렇지 않으면 화려한 외식으로써 소위 '신여성'을 가장하여 헐벗고 굶주리는 근로대중에게 뽐내보려는 것이 그들의 지향하는 여성운동이다.

이러한 여성운동은 여성운동이 아니요 그 이면에는 근대화한 여성 노예근성이 다른 형태 아래 잠재되어 있음을 우리는 간취할 수 있다. 우리의 건설은 비단 치마보다 무명 치마 밑에서 더 착실히 진행되는 것이다. 이러한 참정신 아래서 전개되는 여성운동이 아니면 참된 인민적 여성운동이 될 수 없다. 우리의 운동이 인민대중으로부터는 절대한 지지를 받고 있는 이유도 여기에 있다. 나는 이상과 같은 여성의 민주운동을 역사적 구체적 노선에서 원조하여줄 조선 인민정부의 수립에 전력을 기울일 것이며 누구 무엇이라고 말하여도 이 길을 절대로 사수할 것이다. 이 길을 꾸준히 걸어가는 것이 곧 8·15 1주년을 맞이하는 나의 포부이며 8·15 1주년 기념일을 기회로 더욱 이 방향으로 전 역량을 집중 추진시키려고 한다. 그러므로 여성운동의 과업은 이 인민정부 수립이라는 일반적 문제에 귀착되는 것이다. 그러므로 모든 것을 인민정부 수립에 경주하자. 이것이 동포에게 보내는 나의 전언이다.

<현대일보>, 1946년 8월 15일

여성들이여! 분노하라
그리고 경제적 독립을 쟁취하라!

정종명

鄭鍾鳴

1896~?

여성들이여! 분노하라 그리고 경제적 독립을 쟁취하라!

정종명(鄭鍾鳴, 1896~?)

압박골의 철쭉꽃과 방울 당나귀

'방울 당나귀'는 정종명의 별명이다. 길을 갈 때 늘 종종걸음으로 활갯짓하며 잘 돌아다닌다 해서 동료들이 지어준 것이다. 1920년대 경성 거리 어디에서든 만날 정도로 그녀는 이리 번쩍 저리 번쩍 했다.

> 어지간히 얽은 얼굴, 뾰족한 입, 그 입으로 쏟아져 나오는 총알같이 퍼붓는 말구절, 무엇 무엇 하는 운동자들의 어느 회합에서나 그의 얼굴을 아니 볼 수 없었고 그의 음성을 아니 들을 수 없었다. 정종명! 그의 이름은 실로 다각형으로 조선 사회에 알리어졌다. 사회운동자로, 산파로, 조선의 콜론타이로.[69]

'조선의 콜론타이'로 불릴 만큼 그녀의 활동은 분주했다. 조선여자고학생상조회 · 조선여성동우회 · 근우회 창립회원, 조선간호사협회 창립위원, 신간회 중앙상무위원으로 활동했고, 사회주의 사상 단체 북풍회와 정우회의 일원이었다. 이런 직함을 가졌으니 그녀가 방 안에 앉아 있을 틈이 없었으리라.

어릴 때 천연두를 앓아 얼굴이 얽어 '곰보'라고 놀림을 당했지만 그녀 앞에서는 아무도 상대할 자가 없었다. 그녀는 "남녀를 물론하고 누구 앞에서든지 조금도 어색한 맛이 없이 그 능란한 구변으로 희언(戲言)도 잘하며 때로는 퍽 센티멘털한 인정미가 그의 입에서 흐르기도 한다. 언제인가 그는 흰 팔뚝을 여러 동무 앞에 내어놓고 자기 손으로 두들기면서, 참 내가 얼굴은 얽었어도 육체미는 있지!"라며 세상의 놀림을 웃음으로 넘겼다.[70] 해학적이기도 한 그녀의 일화 중에는 이런 일도 있었다. 근우회관에서 우봉운과 함께 점심을 먹었는데 이때 김치를 잘못 먹어 두 사람은 채독(菜毒)에 걸렸다. 그러자 정종명은 직접 근우회관 간판에 '우봉운, 정종명 두 사람이 채독이 들었으니 유지자(有志者)는 고기를 좀 사다 주시오'라고 써 붙였다고 한다.[71]

대범한 활동과 토론에서 누구에게도 뒤지지 않았고 강연은 강렬했지만 그녀는 따뜻한 사람이었다. 어려운 일을 당한 동료가 있으면 가장 먼저 달려갔다. 그녀의 따뜻한 마음씨는 1920~1930년대 경성의 추위를 녹일 정도였다.

1930년 3월 28일 서대문형무소에서 만기 출옥한 모스크바 공산학과 조교수 채그레고리(박준호)가 감옥에서 얻은 폐병으로 세브란스병원에 입원했다. 그해 4월 19일 그는 '온돌방에 눕고 싶다'는 마지막 말을 남기고 세상을 떠났다. 정종명은 그의 마지막 모습을 지켜보았다. 채그레고리와 정종명은 오랫동안 알고 지낸 사이는 아니었다. 그럼에도 정종명은 채그레고리가 형무소 생활을 하는 동안, 세브란스병원에 입원해 있는 동안, 임종의 순간, 그리고 그의 장례를 치르는 장소에 언제나 있었다.

> 나는 사이다 한 병을 사다 드렸다. 선생은 그것을 단 모금에 다 마시었다. (…) 나는 다시 오기를 약속하면서 병실을 나오다가 낭하(廊下)를 돌다가 그만 치맛자락에 얼굴을 파묻고 한참 울었다. (…) 나는 채그리고리 선생과 지면(知面)이 없었다. 그가 3년 전 신의주에서 잡혀 서대문형무소에 오느라고 포승을 지닌 몸이 남대문 정차장에 내릴 때 먼발치에서 동지들과 같이 묵례를 교환할 뿐이었다. 그런 뒤 3년을 재감(在監)하는 동안에 나는 3, 4차 면회를 가서 그를 위로하여 드린 일밖에 없다. 그렇지만 부모와 처자를 시베리아에 둔 고단한 선생의 일신을 생각할 때에 나는 동지로서의 친애를 느끼었다. 이 몸이 무슨 도움이 된다면 그의 신변에 수고함을 아끼랴 하는 생각으로 입원 이후 여러 번 가 뵈었으나 오늘같이 진정으로 나오는 가엽어라, 애처로워라 하여 눈물을 흘린 때는 없었다.[72]

제1차 조선공산당 사건으로 복역 중이던 임원근도 정종명을 포함해 마중 나온 동료들을 보고 "오랫동안 그리웠던 지기들을 만나는 순간 나의 마음은 불안과 환희에 떨리었다. 낯익은 서울 땅을 밟는 것이 마치 제2 고향을 찾아온 것같이 느껴졌다."라고 했다.[73] 그만큼 작은 관심이 즐거움과 희망을 낳는 법이다.

> 정 여사는 모든 사회운동자의 보모였다. 누구나 회관에서 앓는다 하면 산파를 하여서 겨우 수입된 1, 2원 돈을 쥐고 가서 약도 사다 달이어주고 미음도 쒀주고 누가 검거되었다면 총총한 걸음을 구류된 곳에 옮기어 의복이고 음식이고 차입하여주기에 분주한다. (…) 그는 붓의 사람은 아니다. 그러나 활(舌)의 인(人)이었다. 더구나 누구를 논격할 때는 적에 간극을 주지 않고 번개같이 집어 세운다. 그 세(勢) 맹렬하여 어지간한 남성들은 물러선다. 그는 의지(意志)의 인(人)이라기보다 정열의 인(人)이다.[74]

> 남이 무어라건 조선 여성운동계에서는 괄세 못 할 인물이요 앞으로도 적지 아니한 활약이 있을 것은 의심 없는 사실이다.[75]

정종명의 마음 씀씀이는 재판장 방청하기, 형무소 방문하기, 입원한 동료 돌보기, 감옥에서 나오는 동료 마중하기, 산파로 번 적은 액수로 살림 보태기 등 '보모'로 불릴 만했다. 돈을 들이지 않더라도 형무소에서 추운 날을 보내는 동료들에게 봄소식을 알려주려 한 유명한 일화가 있다.

제2차 조선공산당 사건으로 서대문형무소에서 복역 중이던 김경재는 1929년 봄 어느 날 형무소 창 밖에서 들려오는 여성의 노랫소리를 들었다.

나는 정신이 번쩍 뜨이는 것 같아서 얼른 뛰어 일어나 똥통 뚜껑에 올라서서 담장 너머 한길을 바라보았다. 거기 벽돌 담장 너머 오솔길에 내가 상상하던 모양으로 어떤 얼굴하고 머리칼이 까만 반질한 젊은 여성이 꽃을(아마 철쭉꽃인 듯 빛이 붉었다) 한 아름 안고서 노래 부르고 있었다. 내 얼굴이 살창 가운데로 쑥 내닫자 그는 나 있는 쪽으로 얼굴을 돌리며 안았던 꽃을 높이 치어 두어 번 내어 흔들면서 더욱 높게 노래를 불렀다.[76]

해가 질 때라서 여성의 얼굴은 볼 수 없었다. 다음 날에도, 그다음 날 저녁에도 철쭉꽃과 노랫소리는 이어졌다.

그때 분홍저고리에 흰 치마를 입은 그 여자,
나는 그 얼굴을 분명히 볼 수 있었다. 그는 지금 감옥에 가 있는 정종명![77]

정종명은 조선공산당 사건 관계자들이 서대문형무소 뒤 압박골을 향하여 있는 방에 복역한다는 말을 듣고 위로하러 가곤 했다. 어떤 날은 조원숙과 함께 갔다. 그런데 간수가 못 하게 해서 그만두었단다. 정종명의 따듯한 마음을 읽을 수 있는 일화이다.

3대로 이어진 항일운동

1931년 만주사변 뒤 일제의 강압은 더욱 심해졌다. 이는 아버지와 딸

이, 어머니와 아들이 함께 형무소에 갇혀 있는 상황을 연출했다. 허헌 부녀와 정종명 모자가 그들이다. 허헌은 전조선 민중운동자대회 사건으로, 그의 딸 허정숙은 근우회 사건으로 수감되었고, 정종명은 조선공산당재건설준비위원회 사건으로, 그녀의 아들 박홍제는 격문 사건으로 수감되어 있었다.

다음은 정종명이 김천 소년형무소에 있는 아들 홍제에게 보낸 편지이다. 출옥일이 얼마 남지 않은 아들에게 지켜야 할 예절을 이르고, 사식을 넣지 말라는 부탁과 엽서 값이 없어 편지를 쓰지 못한 사정, 안부 인사 등 어머니로서의 애달픈 마음이 잘 드러나 있다.

> 홍제 보아라! 네가 출옥일이 7일밖에 아니 남았으니 어찌 세월을 길다고 하겠느냐. 요전 봉함이 없어 쓸 말을 다 못 썼기에 다시 쓴다. 의복은 문택 아저씨가 12월에 보냈다니 받았겠지. 나는 둔일(遁日)도 별고 없으니 안심하고 나오는 길에 김천에 볼일 보고는 대구에 가서 며칠이라도 쉬는 동안 차비가 정 문제이거든 대구서 김해 인동철 씨에게 편지하되 10원만 보내달라고 해라. 그에게 내가 받으려면 30~40원 간이나 있으니 갚을 맘 있는지 모르니 편지해보아라. 그리고 김천서 오석근 씨, 박순병 씨 들이 있거든 네 양복, 양화(洋靴)를 좀 해결해 달라고 직접 상의해보고, 심상민 씨라는 분은 할머님이 전에 교회 전도하실 때 청운동 사돈인가 할머님을 나보다 더 잘 안다. 찾아보고 비용에 부족되는 것은 좀 청해보아라. 그러고 누구에게나 내 차입에 대하여 걱정 마라. 너를 보던 사람 너도 신세를 끼쳤는데 나까지 말아라. (…) 의복이나 네가 와서 찾아두고, 엽서 값이 없어 늘 곤

> 란해서 산지사방에 다 절수(우표)를 얻어 쓰려니 기가 찬다. (…) 서울에 와야 그리 반가운 것도 (원문 불명) 쉬어가라고 잡는 이 있거든 술(원문 불명) 주린 배도 채우고 (…) 필순네 집이나 전태호(원문 불명) 게가 머무르고 (…) 어른이야 누가 그러겠느냐마는 혹 동류의 벗들을 만나거든 술, 담배 권하는 자 있을지도 모르니 절대로 마시지 말아라. 감옥 어머니의 부탁이라고 해라. 룸펜이나 하는 것이다. 서울 와서 전일에 가깝다던 사람 경이원지해라. 있을 곳은 남산 여관에나 우씨에게 대구서 편지하고 상경해보아라. 기호, 두영, 필순, 태호 안부해라. 소격동 86 우 선생 주소 그곳에 계신다.[78]

1930년 5월 1일 메이데이에 경성 시내 배화고보, 배화여학교, 이화학교, 제이고보, 중앙고보 등 다섯 학교에 '친애하는 학생 제군에게 격한다'라는 격문 6,000장이 뿌려졌다. 이날 뿌려진 격문은 한동안 경성을 떠들썩하게 했다. 종로경찰서 고등계는 6월 13일 새벽 6시 시내 공

정종명의 아들 박홍제

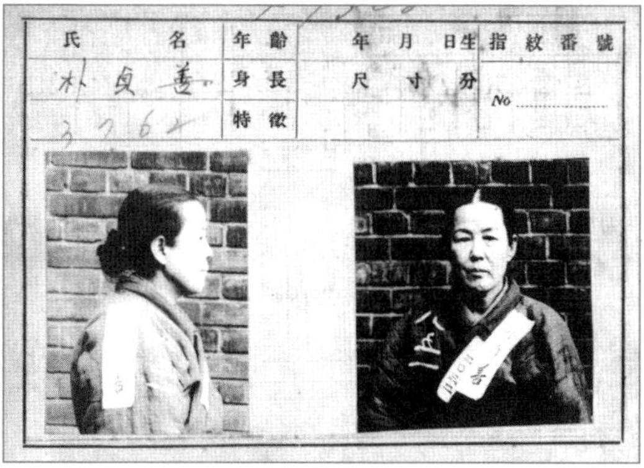

정종명의 어머니 박정선

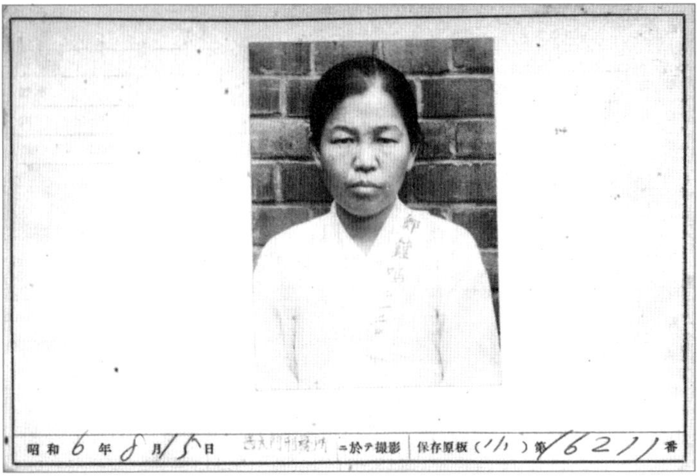

수감된 정종명

평동에 있는 근우회 본부 회관을 습격하여 등사판을 압수하는 한편 근우회 회원 정종명과 우봉운을 검거했다. 두 사람은 곧 풀려났다. 15일 밤에는 정종명의 아들 박홍제를 검거했다. 박문성과 이근배는 근우회의 등사판을 운반했고, 박홍제와 김영윤이 격문 인쇄를 맡았다. 1930년 7월 1일 이들은 치안유지법과 출판법 위반으로 기소되어 경성지방법원 공판에 회부되었다. 이들이 격문을 만든 것은 '국체 변혁을 도모한 의식이 확실하다'고 해서 치안유지법이 적용되었다. 박홍제는 11월 1일 징역 2년을 선고받고 김천 소년형무소에서 복역했다.

정종명은 서대문형무소에서 4년, 박홍제는 김천 소년형무소에서 2년 6개월 복역했다. 그런데 정종명이 수감된 서대문형무소는 그녀의 어머니 박정선이 복역했던 곳이다. 정종명은 자신의 삶을 회고하는 글에서 어머니를 이렇게 소개했다.

> 대동단 일파의 전협 사건에 관계하였다는 혐의로 몸이 괴롭게 될 것 같은 때에 실로 기질이 여장부라 할 나의 어머니 박정선 씨께서 나서서 이럭저럭 하시면서 3년의 징역을 하시고 말았다.[79]

1919년 11월 27일 오후 5시 박정선, 이신애 등은 경성 부내에 선언서를 배포하고 만세운동을 벌이기로 했다. 그러나 단체 시위가 힘들 것을 알고 다음 날인 28일에 만세운동을 전개하기로 약속하고 헤어졌다. 28일 오후 4시 반 이신애, 박정선, 정규식, 박원식은 차례로 안국동 광장에 모였다. 약속된 오후 5시가 되자 이신애와 정규식이 태극기와 '대한 독립 만세'라고 쓴 깃발을 펼쳐 들고 만세를 선창하자 흰 두루마기에 조바위를 쓴 박정선도 관훈동 쪽에서 달려오며 만세를 불렀다.[80] 통행인이 많은 거리이고 학생들이 귀가하는 시간이라서 사람들이 많이 몰려들었지만 모두 현장에서 체포되었다. 박정선은 순종의 친동생 이강을 국외로 망명시켜 옹립하려던 대동단 사건에도 연루되어 1920년 12월 1년 형을 선고받았다.

불의를 참지 못하는 어머니의 성향은 정종명과 그 아들에게로 이어졌다.

자활의 길을 찾아 산파로 거듭나기

일제 감시 대상 인물카드에 따르면, 정종명은 1896년 8월 5일생이고 본적은 경성 연지동 97번지, 남산정 장충단 부근에서 태어났다. 그러나 그의 출생지는 전라남도 목포, 경상북도 경주, 함경북도 등 자료마다 다르고 출생 연도도 1894년, 1895년, 1896년, 1897년 등으로 다양하다.

열한 살에 배화학당에 입학했으나 학비가 없어 4년 만에 학업을 중단했다. 열일곱 살 때 집안의 결정에 따라 대한의원 통역사 박 아무개와 결혼했고, 열아홉 살에 아들 박홍제를 낳았다.[81] 그러나 곧 남편이 병으로 사망해 열아홉 새파란 나이에 아들 하나를 둔 과부가 되었다. 남편과 사별한 뒤 한동안 '전도부인'으로 활동하다가 자신의 힘으로 생활을 유지하겠다는 결심을 하고 1917년 스물한 살 때 세브란스의전 간호부양성소에 입학했다.

1919년 3·1운동이 일어났을 때 세브란스의전 간호부양성소 학생이었던 정종명은 외부 연락책과 중요 서류를 보관하는 일을 맡았다. 3·1운동 때 각 학교 연락책을 맡아 독립선언서를 배부했던 강기덕은 이렇게 증언했다.

> 나는 그때 보성전문학교 법과 3년생으로 은사 신익희 선생의 배후 지도에 의하여 경향 각지의 학생 동지들과 긴밀히 연락하여 일대 강력한 투쟁을 계획했다. 그때 마침 만주에서 활동하던 김사국 동지가 입국하여 별개로 학생 측의 독립선언문을 기초하였고 유학생들이 속속 귀국하여 물심양면으로 눈부신 활동을 전개했다. (…) 나는 2월 25일부터는 일제의 주목을 피하기 위하여 시내 세브란스병원에 입원하고 외부 연락을 주로 이갑성·정종명·김석현 제씨를 통하여 하였다.[82]

1920년 간호부양성소를 졸업하고 간호부가 된 정종명은 곧장 조선총독부의원 조산부과에서 1년 동안 공부한 뒤 이듬해 안국동에 조산원을 개원했다. 조선의 면허 산파는 총 641명이었지만 일본인이 대부분으로 조선인은 25명에 불과했던 시기였다.

간호사이자 산파였던 정종명은 서양 선교사들이 중심이 되어 만든 조선간호부회와 별도로 조선간호부협회를 만들었다. 조선간호부협회는 정종명을 포함해 한신광, 김금옥 등 8명의 간호사가 중심이 돼 1924년 1월 26일 중앙교회에서 창립 총회를 열었다. 이들은 "우리 조선 간호부는 이때까지 병원의 고용살이를 하는 외에 아무것도 사회를 위하여 한 일이 없습니다. 우리도 우리의 천직을 하기 위하여 우리끼리 상당한 기관을 만들어 가지고 사회적으로 활동할 필요가 있다 하여 이번에 간호부협회를 발기한 것이올시다. 우리는 비록 아무 힘도 없으나 다만 크리미아의 여신 나이팅겔의 정신을 본받아 조금이라도 사회를 위하여 일하고자 합니다."라며 사회 활동을 하기 위해 협회를 조직했다고 밝혔다.[83]

정종명은 산파로 일하면서 번 돈으로 여자고학생상조회를 조직하거나 도움이 필요한 동료들에게 썼으며, 형무소에 있을 때에는 산파가 필요하면 언제든지 자기 몫을 수행했다. 어느 곳이든지 전문가로서 자기 직무를 다했던 것이다.

성교육은 불온한가?

정종명은 산파로서 성교육이나 남녀 교제에 관한 좌담회와 토론에 적극 개입하여 제도를 비판하고 미래 교육의 필요성을 역설했다. 그녀는 성교육은 남녀 모두에게 필요한 일이며 모든 여성에게 성교육이 필요하다고 주장했다.

길정희는 고등여학교 시절에 성교육을 가르치는 것은 시기상조라며, 성적 호기심이 많은 시기여서 성교육은 오히려 풍기 문란으로 흐른다며 반대했다. 반면에 정종명은 가정과 학교에서 같이 힘써야 할 문제라고 주장하면서 '성교육은 불온하다'는 말은 성교육을 반대하는 사람들의 공통된 의견이라고 했다. '성교육이 필요한 시기가 어느 때인가' 묻는 질문에 그녀는 이렇게 대답했다.

> 여성은 15~16세를 지나면 여러 가지 공상이 생기기 시작하고 첫 월경이 있을 때에는 정신상으로 감정이 예민하여집니다. 이러한 시기에는 무슨 말을 들어도 잘 잊어지지 않습니다. (…) 그리고 양성 간에 교제 같은 것도 전통적 관념과 인습 가정은 말할 것도 없거니와 학교 당국은 편지를 감독하느니 면회 시간을 존절히 하느니 규칙 규칙 하며 신성을 주창하지마는 고압적으로 지도한다고 신성화한 것이 아닐 줄 압니다. (…) 성적 교육을 못 받고 경험담도 들을 수 없는 우리 여학생계의 장래를 좀 더 철저히 지도하려면 가정에서는 그 어머니가 친절히 경험담으로써 성교육을 줄 것이며 학교에서는 선생이 과정을 두고서라도 가르쳐주면 지금과 같은 곤란이 없으리라 봅니다.[84]

정종명은 편지 감시, 면회 시간 조절하기 따위의 강압적인 지도는 오히려 폐해만을 가져올 것이라며, 여학생들에게 성교육과 성 경험담을 들려주는 것이 올바른 교육이라고 주장했다. 이러한 생각은 1929년 『여성지우』에서 개최한 '성교 문제 좌담회'에서도 그대로 관철되었다.

좌담회 참가자는 학교 당국자, 의사, 여성 단체 회원, 신문 · 잡지 관계자들이었고, 좌담회 주제는 성교육 대상, 연령, 방법, 무교육의 폐해 따위였다.

정종명 : 아니 그 대상을 어째서 여성에게만 한정할 필요가 있을까요?

유광렬 : 남성의 그것은 사회적으로 그렇게 치명상은 별로 없습니다. 그렇지만 여성의 그것에 한해서는 그 파문이 굉장하지 않습니까? 그리고 주최가 여성사(社)이므로 여성을 대상으로 하겠습니다.

김윤걸 : 애초에 출발점이 여성을 상대로 하고 나온 것입니다.

정종명 : 그것이 벌써 주최 측의 기정 방침이라면 다시는 할 수 없지마는 근본 정신으로서의 해석으로는 좀 더 대담하게 남성에게도 성교육을 해라 하고 나아가는 것이 대단히 좋을 줄 압니다. (…) 그러면 여성만 대상으로 합시다그려! 우선 남녀 학생으로 보더라도 남학생의 무책임으로 해서 여학생계를 탁란(濁亂)시키는 것만 보아도 알 것 아니에요.[85]

성교육 대상을 '여성'만으로 한정하자는 주최 측과 다른 참석자들의 주장에 반박하여 정종명은 '남녀' 함께 고려해야 한다고 끈질기게 강조했다. 좌담회에서 성교육의 방법과 폐해와 관련한 주제를 논의할 때 그녀는 반드시 '남녀'를 함께 다루었다.

남학교에서는 여성의 것을 비밀히 하고 여학교에서는 남자의 그것을 절대로 비밀히 하니 그래 가지고서야 언제나 무엇을 알게 되겠습니까? (…) 남녀 학교 간에 성교육에 대한 하등의 정견과 방책이 없는 것은 정말로 한심한 일이올시다. 가령 여성에 있어서는 자궁은 어떠하고 월경은 어떠한 것이며 처녀 시기에는 어떠하고 결혼 후에는 여하하다는 것을 가르칠 용기가 남선생에게도 여선생에게도 없으니 이 일을 어찌합니까. 성교육을 받지 않은 까닭에 사회적으로 폐해가 다대한 것은 사실인데.[86]

정종명은 현재 유치하고 한심할 정도로 성교육을 하고 있지 않기 때문에 "제대로 알지도 못하고 오해를 해" 그 폐해와 파급이 큰 문제라고 했다. 특히 여성과 남성의 성 인식 차이로 여성만 피해를 당하기 때문에 여성들이 잘 알아야 한다고 주장했다.

10년을 한결같이 한반도 구석구석에서 강연하기

일제강점기에 정종명의 강연은 유명했다. 신문에 일부 소개된 강연 횟수만 보아도 1923년 10회, 1924년 26회, 1925년 12회, 1926년 12회, 1927년 9회, 1928년 1회, 1929년 3회, 1930년 5회로 10년 동안 쉬지 않고 한반도 구석구석을 찾아다녔다.

1923년부터 1924년까지의 강연은 대개 여자고학생상조회의 운영자금과 거처를 마련하기 위한 것이었다. 1923년에는 회령 · 길주 · 이원 · 함흥 · 원산 · 철원 · 웅천 · 금릉 등지로, 1924년에는 서흥 · 사리원 · 안악 · 신천 · 해주 · 옹진 · 장연 · 은율 · 진남포 · 평양 · 성천 · 숙천 · 안주 · 정주 · 박천 · 선천 · 신의주 등지로 강연을 다녔다.

1925년부터 1927년까지의 강의는 조선여성동우회 회장 자격으로 지역의 여자청년회 창립과 함께 진행되었다. 1928년 이후의 강연은 근우회 집행위원회 자격으로 근우 지회 강연이 중심을 이루었다. 강연 일자, 주최, 주제 내용은 부록에 정리한 것과 같다. 언론에 소개된 것만 기록한 것인데, 정종명은 아마도 더 많은 강연을 다녔으리라.

강연 내용은 소상히 알 수 없지만 주제는 대개 여성의 역사, 현 시기 여성 문제, 여성해방운동, 자본주의 체제에서의 여성 문제, 무산 여성의 현실, 여성의 눈으로 보는 사회, 남녀평등 따위였다. 적게는 100여 명에서 많게는 1,000여 명에 이르는 청중이 모여드는 등 강연회는 가는 곳마다 성황을 이루었다. 그러나 강연이 언제나 순조롭게 진행된 것은 아니었다.

> 정종명 여사가 등단하여 우리 여성은 현모양처가 되기 위하여 노력하는 것보담은 무산대중과 악수하여 근본적으로 현하 사회제도를 파멸시키어 이상향을 건설하여야 되겠다는 이채 있는 논이 있은 후, 임석 경관이 시간이 없다는 이유로 중지시켰다.[87]

> 강연 중 여자의 지위를 말하는 중 혁명과 기타 수단으로 현 제도를 파괴하여 우리들의 이상을 실현하지 않으면 안 되겠다는 말을 하였다고 두 번이나 주의를 받았으나 종시 고치지 못한다는 사실로 임석 경관에게 주지를 당하고 해산당했다.[88]

정종명은 등장하여 우리는 언론 자유가 없다 주의가 심하므로 만족히 말씀은 드릴 수 없다 하며 장시간을 토하는 중 주의도 연발이 되었다. 결국 경관은 모든 것이 다 불온하다 하여 중지로 해산령을 당하게 되었다.[89]

원시 공산 시대로부터 모권 시대, 현하 자본주의 시대까지의 변천한 동안의 여성에 대한 일절을 무수히 설파하였던바 임석한 사복 경관으로부터 중지를 시키므로 정종명은 사복한 사람이 중지를 부름은 불법이라 하여 말을 계속하니 정복 경관이 불시로 나타나 중지를 시키므로 연사를 비롯하여 청중까지 경관 태도의 불철저함에 수 시간 동안 비난이 있다가 해산당했다.[90]

경남 함안군 가야면 청년구락부에서는 경성 여성동우회 간부 정종명 씨를 청하여 강연회를 개최케 되어 당지 경찰관 주재소에 허가를 얻고 제반 준비가 완성되었던바 5일에 돌연히 사상이 불온타 하여 금지를 시켰으므로 수백 군중은 경찰의 가혹함을 통탄히 여기고 해산된 후 간부 제씨가 영남여관에 모여 좌담을 개최한바 불온한 언사를 하였다고 임석하였던 경관의 중지로 필경 해산을 시키고 정종명 씨를 밤 12시 반에 소환하여 주의를 시키고 그 익일 오전 2시경에 돌려보냈다더라.[91]

정종명은 강연 도중 3·1운동을 언급해서, 시간이 없어서, 불온해서, 까닭 없이, 시국 관계를 말했다 해서 종종 중지당했다. 아무 이유 없이 강연이 중단되는 때도 있었다. 특히 노동자·농민 연합을 강조하거나, 혁명 및 기타 수단으로 현 제도를 파괴하자고 제안하거나, 원시 시대부터 자본주의 체제까지의 여성의 역사를 말할 때 중지의 강도는 더욱 심했다.

1927년 6월 6일 평양 강연에서 정종명의 강의를 중지한 일제 경찰의 행위는 사회 문제로 떠오르기도 했다.

이날 강연은 평양여성동맹이 처음 주최하는 것이고 그동안 평양에서는 여성 강연이 없었던 터라 대만원을 이루었다. 현장에는 10여 명의 정복 경관과 20여 명의 사복 경관이 청중 사이에 끼어 있어 강연장 경계는 실로 삼엄했다. 정종명은 '조선 여성운동의 과거와 현재와 미래'라는 제목으로 강연을 했다. 그녀가 봉건시대에서 자본주의 시대의 금일(今日)과 여성에 대하여 말하려는 차에 임석했던 조선인 형사가 "여보, 주의! 주의! 그것 여성 문제 연설이야? 공산주의 입장 하러 왔나?" 면서 중지시켰다.[92] 청중들은 중지한 이유를 설명하라며 약 한 시간 동안이나 강연장 안팎에 모여 있었다. 이 일로 정종명은 그날 밤 검속되었고 다음 날 개최될 강연회도 금지당했다. 일제 경찰은 정종명을 석방하면서 평안도 안에서의 모든 강연을 금지했다. 그런데 경찰이 밝힌 해산 이유가 터무니없었다. 정종명이 불온한 말을 해서가 아니라 앞으로 불온한 말을 해 치안을 방해할 염려가 있다는 것이었다. 이에 대응하여 일제 경찰의 태도가 너무도 가혹하다며 조선인을 무시하지 말라는 여론이 일었다.

우리의 환경과 처지로서 무엇이 부자유하다고 다시 논할 필요는 없다. 그러나 너무도 몰이해한 압박에는 불평을 말하지 않을 수 없다. (…) 정종명 여사가 등단하여 부인 해방운동의 과거 현재 미래를 말할 때에 자연 인류의 역사를 말하게 되고 따라서 부인의 역사적 사실을 말한 후 현재의 처지를 말하게 되었다. (…) 연사 자신으로서도 극히 주의하여 별로 구애되는 말이 무(無)한데도 불구하고 입장한 경찰은 무의미하게 연사에게 주의를 시키면서 (…) 큰 고함 소리로 도리어 자기가 강설까지 하고 공연히 흥분되어 무의미하게 해산까지 시키니 청중으로서야 어찌 분치 아니할 바리오. 이제 다시 경찰 당국에 간절히 부탁하노니 조선 사람이라고 무시치만 말고 이해성이 있게 모든 것을 간주할지어다.[93]

일제 경찰의 강연회 금지는 1930년 들어 더 심해졌다. 경남 지방 순회 중에는 동래에서 1차 금지를 당하고 다시 진주에서도 퇴거 명령을 받았으며, 하동과 밀양에는 아예 발도 들이지 못했다.

경남 방면 순회 중이던 근우회 집행위원 정종명 씨는 진주에서 검속되어 퇴거 명령을 당하고 6일 밤 차로 입경하였다. 예정지인 하동·밀양은 부득이 들이지 못하겠다고 하며 진주에서 퇴거를 명한 이유에 대하여 동씨의 말에 의하면 '관내 각지를 돌아다니는 것이 귀찮다'는 것이라 한다.[94]

정종명의 강연이 어떠했기에 무엇이 그리 무서워 들어오지도 못하게 했을까?

1920년대, 1930년대 초 강연은 대중들에게 가장 영향력 있는 학습 장소이자 새로운 경험이었다. 정종명 이외에도 사회단체는 강연이나 좌담회 또는 토론회를 열어 대중에게 다가갔고, 거기에서 필요한 정보나 재원을 얻었다. 강연이나 토론이 어떤 효과를 가져왔는지 알 수 있는 한 사례를 살펴보자.

1921년 7월 2일 중앙여자엡윗청년회는 '현금 조선 사회에서 남녀 동등을 실현치 못함은 남자의 결점인가 여자의 결점인가'라는 주제로 강연회를 열었다. 500여 명의 청중이 몰려든 가운데 남녀 대결로 열린 토론에서 여자 측 대표로 김영준, 정종명, 윤지도, 양언경 등이 참가했다. 토론 내용은 다음과 같다.

> 조선 사회는 금일까지 남녀가 여자의 자유를 너무나 속박하였습니다. 그러므로 일어나라 하여도 일어나지 못하고 오늘날 이렇게 우리 조선 여자는 낙오가 되었습니다. 이것이 남자의 결점인가요? 여자의 결점인가요? (…) 여자도 물론 자유와 평등이 있을 것이올시다. 또한 오늘까지 남자는 여자를 약하므로 보호 인도하고 가르쳐왔다 하나 사실이지 우리 조선 남자가 무엇 그같이 우리 여자의 가르칠 밑천이 있으며 보호할 기운이 있는가요. 아무 기운도 밑천도 없을 줄 생각합니다. 또한 보호하고 가르치고 사랑한 일이 없었습니다. 4천 년 동안을 우리 여자의 보호를 도리어 받아왔을 따름이라. 오늘날까지 남자가 여자에게 동등권을 준 일도 없었습니다. 우리 여자는 남자보담 할 일을 많이 하여왔습니다. 남자는 아침 8시나 되도록 금침 속에서 꿈을 깨지 못하는 일이 많은데 우리 여자는 엄동설한에 모진 추위를 무

> 릅쓰고 6, 7월 뜨거운 염서를 돌아보지 않고 노동하고 일하여 남자를 보호하여왔습니다. 무슨 이유로 남녀동등권을 주지 않습니까? 이것이 모두 남자의 결점이라 아니치 못할지라.[95]

이에 대해 남자 측 토론자들은 아직 여성들은 동등을 주장할 실력이 없다며 "남녀동등은 시대와 정도"라고 대답했다.

강연장의 열띤 호응과 추임은 억압된 식민지 대중에게는 작은 자유이자 행복이었다. 그곳에서 벌어지는 토론이나 강연 내용은 현실 사회를 잊게 해주거나 현실과 맞설 수 있는 힘으로 작용했다. 정종명의 강연이 "남성 대 여성에 대한 문제를 조리 있는 어조와 통쾌한 웅변을 해 청중으로 하여금 한순간 무아몽에 이르게 했다"는 논평에서도 강연장의 열기를 짐작하게 한다. 70여 회가 넘는 일간지의 강연 소식은 정종명의 이름을 널리 알렸고, 일제 경찰과의 마찰은 정종명을 항일운동가로서 명성을 갖게 했다. 그녀는 조선을 대표하는 사회주의자이자 페미니스트로 자리 잡았다.

두가지 결심 -
비혼 여성으로 살기, 현실과 맞서기

정종명은 어른들끼리 결정한 짧은 결혼 생활을 끝마쳤다.

> 부모들의 결정에만 좇아서. 그래서 박씨 집 가정에서 인형 노릇을 한 지 3년. 그사이에 우리의 사이는 좋지 못하였다. 이를터이면 당자의

의사와 개성을 무시하고 기적 위에 올라선 우리의 결혼은 조금도 행복스러운 것이 되지 못하였다. 이에 나는 인습을 깨뜨려버리고 모든 비난을 무릅쓰고서 감연히 이혼하여버릴 생각을 가지고 기회를 엿보고 있었다. 지금 생각하여도 꽤 대담한 결심이었다.[96]

남편이 병으로 사망하자 열아홉 살에 과부가 된 그녀는 기독교에 뛰어들어 "맹렬히 성경을 옆에 끼고 다니면서 가정과 가두에서 전도를" 하러 다니는 전도부인이 되었다. 그러다 "여성의 경제 독립을 위하여 간호부가 될 작정으로" 세브란스의전 간호부양성소에 입학했다. 세브란스의전에서도 그녀는 조용한 학생은 아니었다. "대우 개선 문제를 들고 학생 20명을 선동시켜 동맹휴학을 일으켰다. 그러다가 기미운동이 일어나자 이갑성의 모 중대 서류를 맡아두었다는 혐의로 경찰서에 잡혀" 고생하기도 했다.

이러한 경험은 정종명이 새로운 길을 가는 계기였다. 그녀는 이때의 경험을 이렇게 설명했다.

나는 생활의 표준을 이 현실적 투쟁 사실에서 얻어 세우게 되었으니 그것은 즉 몸을 자유자재로 가지기 위하여 즉 가정의 번잡한 계루(係累)를 피하기 위하여 절대로 독신으로 지낼 일과 또 한 가지는 불합리한 현실과 싸우는 큰 일에 몸을 던지자 함이었다. 이 결심은 서른여섯 살 먹는 오늘까지 변한 바 없다.[97]

두 가지 결심은 자유를 얻기 위해 독신이라는 비혼 여성으로 생활하기, 불합리한 현실과 맞서기였다. 이 결심은 일제강점기 내내 변함이 없었다.

정종명을 신철 또는 천두상의 아내라고 소개하는데, 그녀는 그들과 혼인하지 않았다. 그녀는 "나는 조선 운동에 진정으로 몸을 바치는 그런 사람이면 다 좋아한다."라고 밝힌 바 있는데[98] 신철과 천두상은 한때의 연인이었을 뿐이다.

비혼 여성으로 살아가기 위해 간호부양성소를 졸업하고 산파 면허를 취득한 뒤 정종명은 사회운동에 발 벗고 나섰다. 조선여자고학생상조회, 조선여성동우회, 근우회, 북풍회, 정우회, 조선간호부협회의 창립 멤버이자 주요 직책을 맡았고, 신간회에서도 활동했다.

> 10년간에 한 일이라면 가짓수로는 상당히 많습니다. 기미운동이 일어난 그 이듬해에 이대로 있어서는 아니 되리라고 생각하고 우선 여자고학생상조회를 창립하였지요. 그러고는 조선 사회운동 사상에서 중요한 역할을 하여오던 북풍회의 창립위원이 되어 일하였으며 또 그 뒤는 근우회의 창립, 정우회의 창립과 또 신간회에도 내 딴은 애를 쓰노라고 하였습니다. 이 밖에 조선 최초인 간호부협회도 발기 조직하였고 13도에 강연과 가끔 콩밥 먹으러도 많이 들어갔었소이다.[99]

남자 고학생에게는 '고학생갈돕회'와 '고학생구제회' 등 서로 돕고 구제해주는 기관이 있었다. 정종명은 여자에게는 이러한 기관이 없음을 유감으로 생각했다. 1922년 4월 1일 10여 명의 여성이 중앙교회에서 모여 여자 고학생을 서로 도와주고, 구제하고, 동정하자는 목적의 여자고학생상조회 창립 총회를 열었다. 처음에는 재봉틀 2대를 기부받아 모자와 통학복, 운동복, 간호부복, 천막 등을 만들었다. 정종명은 부족한 경비와 거처를 마련하고자 순회강연단을 만들어 전국으로 강연을 다녔다. 10여 명에 불과하던 회원은 1926년 300여명으로 늘었고, 순회강연에서 모은 기금으로 안국동 5번지에 여자고학생상조회 주거지가 마련되었다.[100]

정종명은 1923년 6월경 고려국 국내부의 고려공산청년회(공청)에 들어갔다. 고려국 국내부는 조선공산당을 조직하려고 1922년 12월 블라디보스토크에 설치된 코민테른 극동총국 밑에 있는 조직이다. 고려국은 조선에 전위당을 결성하고자 김재봉, 신철 등을 파견했다. 이들

활동 당시의 정종명

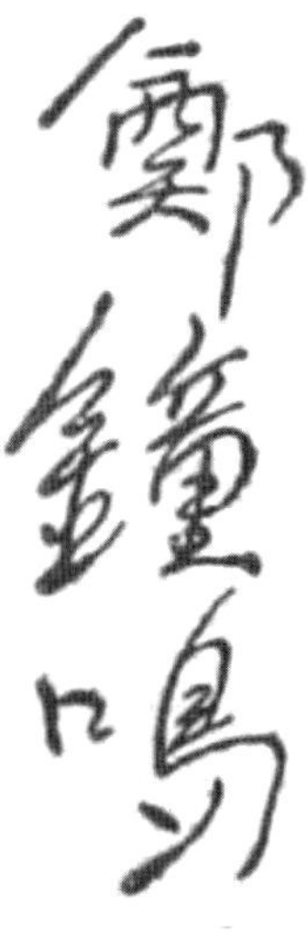

정종명의 서명

은 김찬, 신백우, 원우관, 김약수 등과 함께 국내부를 조직하고 각각 당과 공청의 책임비서로 활동했다. 정종명은 공청 회원으로 서울과 지방에 조직을 꾸렸다. 이때 정종명은 사회주의 이론을 공부한 듯하다.[101] 1923년 8월 사회주의 사상 단체인 서울청년회와 함께 주최할 예정이던 부인 문제 강연회의 선전 전단 문구가 과격하다는 이유로 강연회가 금지되고, 8월 20일 열린 여자고학생상조회 주최의 부인 문제 강연회에 송봉우 등 청년 사회주의자들이 연사로 참여한 사실 등이 이를 반증한다. 사회주의 청년들과의 교류는 그녀의 인생에 또 하나의 전환점을 마련해주었다. 그곳에서 연인 신철을 만난 것이다. 1923년 4월 귀국한 신철이 국내부 공청 책임비서가 되고 정종명이 공청 회원이 되면서 이들의 만남이 시작되었다. 신철은 1901년 경남 통영에서 태어나 소련의 이르쿠츠크 군정대학을 졸업하고 조선에 공산청년회를 조직하기 위한 임무를 띠고 국내에 파견되었다.[102]

정종명은 '여자는 항상 유약하였으나 장래에는 결단코 남자에게 속될 것이 아니다'를 주장하면서 조선여성동우회 창립에 나섰다. 1924년 5월 정종명은 박원희, 김필애, 정칠성, 허정숙, 주세죽, 오수덕 등 20여 명의 여성 사회주의자들과 조선여성동우회를 조직하고 집행위원으로 참여했다. 종교적 활동이나 친목·봉사 활동에 치중하던 종래의 여성 단체와 달리 여성해방론을 처음으로 부르짖었던 여성동우회는 1927년 해체될 때까지 3년여 동안 40여 곳에 여자청년회를 조직하고 순회 강연과 토론 강좌를 열어 여성운동을 알렸다. 여성동우회는 국내 사상운동 단체 가운데 유일한 여성 조직으로 자리 잡으며 회원이 70여 명으로 늘어났는데, 학생이 가장 많았고 간호부도 많이 참가했다. 정종명은 여성동우회 조직에 참여하면서 공장 여성 노동자에 주목했고 본격적으로 사회주의운동에 나섰다.

정종명은 기관지 『해방운동』 기자로도 활동했다. 1926년 1월 30일 경성 사상 단체 신년 간친회에서 그녀는 여성운동 경과를 보고했다. 1926년 화요회, 북풍회, 조선노동당, 무산자동맹 등 4개 단체가 연합하여 조직한 정우회의 상무집행위원으로 선출되었고, 1926년 12월 YWCA계열의 여성과 사회주의 계열의 여성이 함께 직업 여성의 친선도모를 목적으로 조직한 망월구락부, 1927년 4월 여자외국유학생회 발기회에도 참여했다.

1927년 5월 근우회 창립 대회에서 정종명은 중앙집행위원으로 선전조직부를 맡았다. 7월 제1회 근우 하기 강연회와 8월 근우회 전주지회 창립 축하 대회에서 기념 강연을 했으며, 10월 교양부와 합동으로 여성 문제 토론회를 개최하고 선전대를 만들어 전국의 주요 도시를 돌면서 선전과 조직 작업을 벌였다. 1928년 2월 경성지회가 설치되면서 서무부 위원, 같은 해 5월 허정숙과 함께 근우회 창립 1주년 기념식 교섭위원으로 활동했다. 근우회는 전국 대회를 개최하려 했지만 일제 경찰은 대회 소집을 금지했다. 대회 준비위원이었던 정종명은 그 처사를 다음과 같이 지적했다.

> 금지라고 하니 부득이 금지하는 수밖에 우리들에게 별 재간 있습니까. 이유는 결의안이 불온하다고 합니다. 그래서 결의안을 고치겠다고 하였으나 벌써 고친다 하여도 모이는 인물이 또한 불온하다고 하니 어찌합니까. 다만 각지의 회원에게 금지되었다는 이유나 통지하

근우회 전국 임시 대회 모습

고 각 회 조선 여성을 위하여 배전의 힘을 쓰라고 서로 격려하는 수밖에 없겠습니다.[103]

전국 대회가 금지되었지만 근우회 여성들은 여기에서 멈추지 않았다. 7월 14일 근우회 전국 임시 대회가 경운동 천도교기념관에서 열렸다. 전국에서 방청객이 몰려들어 송곳 하나 꽂을 틈 없이 만원이었다. 미처 들어가지 못한 대중들은 대회장 밖으로 열겹 스무겹 성을 쌓고 유리창마다 수십 명씩 매달렸다. 전국에서 모인 50여 명의 대의원이 환호를 받으며 입장하면서 대회가 시작되었다. 임시의장은 사회를 맡은 정종명이었다. 정종명의 사회로 오후 8시 반에 시작한 대회는 12시 반에 끝났다. 이날 정종명은 근우회 중앙집행위원장으로 선출되었다.

신간회 경성지회 집행위원으로도 참여하고 있던 정종명은 1929년 6월 신간회 복대표대회에서 중앙집행위원으로 선출되는 등 신간회 활동도 병행했다. 1929년 1월 19일 신간회 경성지회 임시 대회가 천도교 기념관에서 열렸는데 여기에서 정종명이 축사를 했다. 1930년에는 신간회 해소위원으로 활동했다. 이 밖에도 1930년 7월 28일 수해구제회의 서무부장을 맡아 활동했고, 만주 돈화 지역의 재만동포 학살 사건 조사를 맡기도 했다.

일상이 된 체포와 구금

이러한 조직 활동으로 그녀는 밤낮으로 체포와 구금을 당했다. 1920년대 내내 강연 도중에 체포되었고, 때때로 가택수색을 당했으며, 수시로 불려가 조사를 받았다. 1928년 사기 행위로 알려진 한 사건은 일제의 감시 대상 인물들이 감시망 속에서 어떻게 생활했는지 알려준다. 1928년 10월 17일 새벽 6시 황해도 경찰부는 경기도 경찰부의 지원을 받아 10여 명의 사복경찰대가 광화문통 85번지를 비롯하여 이 번지 일대의 집을 모두 수색했다. 이유는 '공산혁명단을 조직해 끔직한 계획을 하였다'는 것인데, 이 사건과 관련된 혐의로 근우회 집행위원장 정종명을 시내에서 검거했다.[104] 그러나 이 사건은 사기로 밝혀졌고, 정종명은 23일에야 풀려났다.[105]

● 체포와 구금

연도	일자	내용
1923년	9월 22일	지방 순회 강연 중 종로경찰서 출장원에게 체포, 경성에 올라와 풀려남
1924년	2월 27일	구금, 다음 날 풀려남
	5월	경성지방법원 검사국 경찰법 위반으로 고소, 순회 강연 때 생긴 것으로 추정
	9월 26일	취조
1926년	6월 5일	소환, 주의
	6월 23일	아침 8시부터 불러다 놓고 오후 1시까지 되도록 아무 취조를 하지도 않고 가둠. 신의주지방법원 예심판사는 작년 4월 조선기자대회 일을 취조
1927년	6월 7일	취조, 강연 중지
1928년	10월 17일	근우회 집행위원장 정종명 검거
	11월 30일	평양경찰서와 평안도 경찰부 고등과, 경기도경찰부 및 시내 각서와 연락 활동, 종로경찰서는 우봉운, 정종명 등을 불러 평양 사건 취조
	12월 28	가택수색, 정종명을 비롯한 근우회 간부 소환
1929년	12월 3일	정종명을 비롯한 근우회 회원 격문 사건으로 조사
	12월 13일	경기도경찰부 , 학생 사건과 관련 정종명을 포함한 중요 인물 검속
	12월 18일	종로경찰서 고등계, 근우회 확대위원회에서 정종명 검거하여 유치, 이유는 회의할 때 벽에 걸린 행동 강령 중 불온한 것이 있다는 것
	12월 19일	석방
1930년	2월 25일	경기도경찰부 특고과, 인치, 취조
	3월 4일	신문, 석방
	6월 13일	새벽 3시 근우회 본부 습격, 검거
	6월 27일	검사, 호출 심문
	10월 31일	경찰 금속
1931년	1월 26일	서울 여학생 동맹휴교 사건으로 증인 심문
	4월 23일	검거, 취조

조선공산당재건설준비위원회, 3년간의 취조와 구금

1931년 서울 여학생 동맹휴교 사건 때 증인 심문 조사에서 "신간회 중앙상무위원이다. 그러나 이것도 사표는 제출하고 있으나 본부에서는 수리해주지 않는다. 대회 이전은 근우회 중앙집행위원장이었으나 그 후도 중앙집행위원에 당선되었지만 나로서는 전연 손을 끊을 생각이다. 그러나 이것도 본부는 수리하지 않고 공중에 떠돌고 있다."라고 언급한 것으로 보아 정종명은 신간회와 근우회 활동을 정리하고 있었다.[106]

정종명은 1930년 8월 오성세와 연결되면서 조선공산당재건설준비위원회(당재건위)에 가담했다. 이들의 만남은 오성세의 고향 친구 신창균을 통해 이루어졌다. 1930년 8월부터 1931년 초까지 정종명은 지역에 탄탄한 기반을 가지고 있던 지역 운동가들을 오성세와 연결해주었다. 정종명의 소개로 당재건위에 가담한 이들은 지역에서 당재건운동과 함께 세포를 조직하는 활동을 벌였다. 당재건위는 혁명적 노동조합을 지하에 결성하고 각 공장과 직장에 세포를 조직해 당원을 획득하여 당을 건설한다는 계획을 세웠다.

1931년 3월 당재건위는 해제되고 조선좌익노동조합전국평의회 조직준비회(전평준비회)가 결성되었다. 전평준비회는 산업별로 혁명적 노동조합을 지하에 결성하고 기존의 혁명적 노동조합과 연계를 맺으면서 전국평의회 결성의 방침을 세웠다. 정종명은 중앙상무위원으로 부인부 책임을 맡았다. 정종명의 임무는 혁명적 노동조합 안에 부인부를

조선공산당재건위를 다룬 호외

건설하고 활동을 지도하는 일이었다. 이어서 조직된 조선적색구원회(모플)의 서울 지역 책임자였다.[107]

전평준비회는 결성 한 달 만에 조직이 드러나 조직원 대다수가 검거되었다. 용산경찰서는 1931년 4월 23일부터 26일까지 신간회 해소 위원 정희찬, 신철, 정종명 등을 검거해 취조했다. 일제 경찰은 "오는 5월 1일의 어린이날을 메이데이로 삼아서 신간회 해소 운동에 합류하여 종래의 미지근한 소년운동에서 노동무산소년동맹이란 비밀결사를 조직하려고" 했기 때문에 미리 방지했다고 밝혔다.[108] 검거는 여기서 그치지 않았다. 용산경찰서 고등계는 이 일을 계기로 무려 156명을 검거했다. 유치장이 만원이어서 2층 훈계실에도 수용하여 취조가 진행되었다. 4월 23일 새벽부터 시작된 검거와 취조는 6월 1일 40일 만에야 조서를 끝냈다. 신문에 보도된 사건의 내용은 다음과 같다.

> 지난 4월 23일 (…) 조선공산당재건설준비위원회의 후신인 조선공작위원회 사건은 그 외 신분 구속 기소가 45명, 불기소 3명, 기소유예의 의견 12명, 기소중지 의견 34명, 합계 94명을 경성지방법원에 송국하여 조덕진 등 45명은 동 법원 예심에 회부하였고 동 사건의 연루자로 함남경찰부의 손에 검거된 오성세 외 37명은 용산서에서 엄중한 취조를 받던 중이었는데 19일 오전 8시에 여러 대의 자동차에 나누어 검사국으로 압송하였다. 실로 이 사건은 제1차 공산당 사건의 관계자 101명에 비하여 세 곱에 가까운 308명에 달하였고 사건 발생 이래 달수로 5개월, 신분 구속 송국자가 187명이라는 전에 없던 대사건이었다.[109]

3개월 동안 전국에서 200여 명이 검거되었고, 수배자만 해도 100여 명에 달했다. 1931년 7월 22일까지 신문 보도도 통제되었다. 그런 까닭에 언론은 '용산 사건'이라는 아리송한 이름을 붙여 뜬구름 잡는 식으로 보도했다. 1932년 10월 26일 경성지방법원 제2예심판사는 사건을 취조하기 시작했다. 전평준비회 사건으로 구속된 103명의 최종 심문은 1933년 3월에야 끝났다.

경찰 - 검찰 - 예심을 거치는 지리한 수사가 끝나 예심이 종결된 때는 체포된 지 2년 만인 1933년 4월이었다. 이 과정에서 오성세 등 5명이 일제의 잔혹한 고문으로 사망했다. 1933년 4월 28일 당재건위 사건의 면소자들은 서대문형무소에서 풀려났다. 이 사건은 경찰 - 검찰 - 예심을 거치는 과정이 식민지 대중을 어떻게 움츠러들게 하고 무력화했는지 짐작하게 한다.

정종명이 취조를 받기 시작한 1931년 4월 23일부터 만기 출옥한 1935년 7월 26일까지의 취조, 구금, 재판, 행형의 과정을 살펴보면 다음과 같다.

정종명은 1931년 4월에 검거된 지 3년 만인 1934년에 경성지방법원 공판장에 나왔다. 지루하고 힘겨운 취조와 구금의 시간을 드디어 벗어나게 된 것이다.

정종명의 죄는 1930년 오성세를 만나 의견을 교환하고 당재건위에 가입하여 활동했으며, 1931년 적색구원회의 조직을 준비하고 부인부 간부에 응했으나 조직 결성은 하지 못했다는 것이다. 조직이 결성된 것도 아니고 계획된 일을 실행도 하기 전에 검거되었지만 그녀는 예심에서 4년 3개월의 징역형을 받았다. 1934년 6월 25일 선고 공판에서 전평준비회 관련자들은 무죄부터 최고 6년 형까지의 판결을 받았다.

정종명은 3년 형을 선고받았다. 검거된 지 3년 2개월 만의 일이었

다. 미결 통산 700일을 빼면 꼬박 450여 일의 헛된 감방살이를 더 하게 된 셈이다.

전향의 유언비어

정종명을 비롯한 대부분 관련자들은 살인적인 고문을 견뎌냈다. 예심을 마치고 공판에 회부된 지 1년 만인 1934년 4월 23일, 정종명은 동지 16명과 함께 공판정에 나왔다. 출정한 피고들은 대개 병을 앓았고 창백한 얼굴들이었다. 재판장은 이들에게 두 가지 주의를 말했다.

1. 피고들을 미결구류에 오래 둔 것은 재판소의 사정에 의한 것인즉 이는 피고에게 만약 유죄판결이 내린다면 통산할 것인즉 안심하

고 심리를 받으라.

2. 피고들이 옥중에 있는 동안 만주사변이 일어나 이것을 기회로 전향을 표명한 피고도 있은즉 이 점은 심리받을 때 기탄없이 진술하라.[110]

재판장의 말이 끝나자 김병구와 김이홍은 70명의 피고 가운데 17명만 출정한 것은 무슨 까닭이냐고 물었다. 재판장이 분리 심리하는 까닭이라고 대답하자 김병구는 다시 소리를 높여 어찌해서 분리 심리하느냐고 물었다. 재판장은 형편에 따라 분리했다며, 검거된 지 3년이 지났으므로 서로 인사를 나누겠다는 피고들의 의견도 묵살했다. 그리고 심리 내용이 치안을 방해할 염려가 있다며 방청을 금지시켰다. 피고들이 공개를 요구했으나 재판은 그대로 비밀리에 진행되었다.

참으로 절묘하다. 300여이 구금되어 취조를 받았고, 80여 명의 판결이 3년이나 미뤄졌다. 3년 동안 서대문형무소 구금실에 있었던 피고들이 재판 지연을 문제 삼을 것임을 재판장은 인지하고 있었다. 그런데 재판장의 첫마디가 그것을 미결구금 통산에 넣겠다고 한 것이다. 그리고 만주사변 뒤 사상 전향자가 많이 늘었다고 강조하면서 심리 과정에서 전향 의사를 밝히라고 요구했다.

비밀리에 진행된 재판 소식은 더는 알려지지 않았다. 다만 1934년 5월 2일자 〈매일신보〉에 강문수, 정종명 등이 전향했다는 기사가 실렸다.

정종명은 조선 여자 사회운동자의 대표인데 그는 자기가 과거에 행한 여성운동이 전부 허영심에 관한 것임을 자백하고 참된 한 개의 여성으로 돌아가 살 것을 언명하였다.

"나는 과거 10여 년간 사회운동에 종사하였는데 지금 와서 생각하면 이것은 여성의 심중에 언제나 있는 허영심의 발작이다. 규중에 들어앉았던 여성이 신시대에 해방되어 연단에 올라서면 천하가 다 눈 아래 드는 것 같고 동시에 일종 영웅적 심리의 감격을 느껴 이 길에 발을 들여놓게 된 것이다. 여자는 가정에서 남편을 돕고 가사를 주관하는 것이 천직인 것을 깨달았다. 나는 금후는 조선의 진실한 여성의 한 사람으로 돈을 벌어 가정을 거느리겠다. 근우회 신간회 여성동맹 등 모든 단체와는 손을 끊겠다. 이로써 나는 한 개의 참된 여성이 될 것을 서약한다."[111]

야마시타 재판장은 이를 두고 다음과 같이 말했다.

피고들이 전향한 것은 사실입니다. 그러나 나로서는 내용을 발표할 수 없습니다. 강문수나 정종명 등이 전향한 내용의 고백은 조선 사회운동에 과거를 반영하는 것이라고 볼 수 있습니다. 과거의 잘못을 청산하고 새로운 깨달음 이래 새로운 길을 걸어나간다면 이는 기꺼운 일일 것입니다. 이러한 피고들에게는 사회인은 세밀한 관심을 갖고 이들을 선도하여야 할 것입니다.[112]

어떻게 해석해야 하는가? 사실 전평준비회 사건은 조직이 완성되고 계획했던 일을 벌이기도 전에 관련자들이 모두 검거되었다. 그런데도 3년여의 시간을 서대문형무소에서 보냈다. 5명이 취조 과정에서 사망했으며 많은 이들이 병들었다. 판결이 나기 전이므로 피고들은 답답하고 초조한 시간을 보냈으리라. 무엇을 준비하기도 애매한 시간, 장기간에 걸친 취조와 구금은 그들의 무력감을 증폭시켰다.

또 하나는 만주사변을 전후로 일제의 억압이 일상에서 어떻게 다가왔는지 짐작하게 한다. 전향의 바람이 불기 시작한 것이다. 전향은 그것이 사실인지 아닌지가 중요하지 않다. 사실이 아닐지라도 신문에 보도되면 진실로 바뀌었고, 이는 사람들에게 상당한 영향력을 발휘했다. 이것이 유언비어의 효과이다.

재판장은 정종명의 전향서 내용을 발표할 수 없다고 했다. 그녀가 전향서를 썼다면 그것을 발표하지 않을 까닭이 없다. 〈매일신보〉에 실린 그녀의 전향서는 '정말! 정종명이 썼구나!'라고 짐작할 만한 대목이 한 구절도 없다. 그녀는 10대 후반에 남편과 사별한 뒤 줄곧 비혼 여성으로 지냈으며, 평생 독신으로 살고자 결심했다. 아들 박홍제도 20대 중후반에 들어서 돌봄이 필요한 나이가 아니었다. 전향서에서 말하는 '여성의 천직'이라는 가정이 그녀에게는 없었던 것이다. 그리고 허영심과 영웅 심리로 여성운동을 했다면 그녀는 1920년대 내내 그런 행보를 보이지 않았으리라. 정종명은 검거되기 전까지 한반도 구석구석을 다니며 강연 활동을 펼쳤고, 체포와 구금이 일상다반사였던 삶을 살았다. 전문직 여성으로서 마음만 먹으면 다른 삶을 살 수 있는 기회가 있었지만 그런 선택을 하지 않았다.

전평준비회 사건은 만주사변을 시작으로 일제가 파시즘 체제를 강화하는 출발점에서 장기 구금과 전향의 효과로 식민지 대중을 무기력하게 만드는 기제로서 큰 역할을 했다. 그런 효과를 가져왔다면 너무도 잘 짜여진 각본이다.

1935년 7월 26일 형기를 마치고 나온 정종명은 지칠 대로 지쳐 있었다.

조선 여성운동계의 효장으로 소화 6년에 조선공산당 공작위원회 사건에 관련되어 이래 4년 3개월 동안을 서대문형무소에서 복역 중이던 정종명은 작보한 바와 같이 금 26일 오전 9시에 다수한 동지 출영리에 만기 출옥이 되어 (…) 기자가 그를 방문하매 그는 겸손한 태도로 다음과 같이 말하였다.

"출옥 후에 감상이라고 별로 없습니다. 내가 문인이라면 혹 센티멘털한 감상도 있겠습니다마는 나는 범인(凡人)이라 별로 이렇다고 지적해 말씀드릴 것을 하나도 갖지 못했습니다. 오직 밖에 계신 여러분이 염려해주신 덕택으로 건강하게 나왔을 따름입니다. 내가 배운 재주가 산파인 만큼 앞으로 이 길로 나갈까 합니다. 가족이 지금 만주 가 있으니까 그곳에 가서 개업을 할는지 또는 경성에서 할는지 그것은 아직 알 수 없습니다."[113]

옥중에서도 매번 해산바라지를 했다는 그녀였다. 사람들은 그녀가 "몸을 회복한 뒤 올가을 추풍이 건들건들 불 적에 다시 한양으로 쾌활다변한 그 얼굴을" 다시 보기를 바랐다.[114]

그 뒤 경성에서는 '방울 당나귀'의 활기찬 걸음걸이를 볼 수 없었다. 예리한 질문과 토의도, 대담하면서도 열정적인 강연도 들을 수 없었다. 형무소에 갇힌 동료들을 위로하려 철쭉꽃을 한 아름 안고서 노래를 들려주었던 다정다감한 흔적 또한 찾을 수 없었다.

해방 뒤 대부분의 근우회 관계자들이 조선부녀총동맹에 결집했다. 조선부녀총동맹 함경남도 대표로, 북조선민주여성동맹 집행위원으로 이름이 올라가 있었지만 정종명의 공식적인 모습은 볼 수 없었다. 『1948년 조선연감』 인물소개란에 1947년 함흥에서 부인운동을 하고, 북조선민주여성동맹 간부로 활동했다고 서술되어 있지만 북조선최고인민회의 1기 대의원에는 들어가지 못했다. 함경남도 인사들에 대한 숙청 과정에서 그도 숙청된 것으로 짐작된다.[115] 10년 뒤의 모습을 묻는 질문에 "나는 이 뒤에 내가 어찌 될 것을 모른다. 그러나 이 한 가지 사실만은 정확한 것이리다. 평안하게 와석종신은 못 하리라."고 답한 그녀의 바람은 너무 일찍 끝났다.[116]

여성들이여! 분노하라 그리고 경제적 독립을 쟁취하라!

유영준이 남성 지식인의 신여성 혐오 감정에 반론을 제기했다면, 정종명은 사회주의자를 포함한 남성 운동가들의 여성 혐오 감정에 분노를 드러내고 남성의 단점을 제기했다.

1925년 신년에 쓴 정종명의 글은 불평과 비애 그리고 분노로 가득 차 있다. 조선여자고학생상조회, 조선여성동우회 등 사상 단체에서 활동하던 때였다. 이 글에서 정종명은 이전과 달라진 자신의 모습을 이렇게 설명했다.

> 아무 철없이 지냈던 옛날 같으면 몰라도 그렇지 아니하고 조금이라도 자기의 사회상 지위를 이해하고 남이야 무엇이라든지 자기 딴으로는 흔들리지 아니하는 인생관이 있다고 한 후부터는 어제나 오늘이나 전 생애를 통하여 불평과 비분밖에는 아무것도 없습니다.[117]

이어서 그녀는 여성으로서의 불평과 비애를 토로하면서 여성들만이 여성들의 문제를 풀 수 있다는 확신을 새해 다짐으로 내걸었다.

> 봉건시대에 노예가 되었던 여자는 자본주의 시대에 이르러 가정에서 쫓기어 시장으로 달리는 상품이 되어버렸으며 더한층 재래의 기반을 굳게 하여 가지고 경제적 조건에 목을 매여 영원한 남성의 노예가 되어버렸습니다. 나는 우리 부녀들과 함께 울음을 같이하고 우리의 생명을 찾고자 합니다. 이제 낡은 옛 해를 보내고 새해를 맡게 되매 오직 작년에 실패하였던 우리의 사업을 금년에 이루려는 것과 또 한해가 거듭함과 함께 새로운 많은 동지를 얻고자 하는 기쁨과 희망이 있을 뿐이올시다. 아픈 놈의 설움은 아픈 것뿐이고 돈 없는 놈의 설움은 돈 없는 놈이 알 터이지요.[118]

여성들이 자본주의 체제에서 상품화되었다는 그녀의 현실 인식은 사회주의 여성운동가들의 인식에서 출발한 것이다. 여기에서 더 나아가 그녀는 여성을 성적 대상화하고 타자화하는 것에 분노를 터뜨렸다. 또한 "여자는 집에 있어서 밥을 짓고 옷을 짓고 빨래를 하고 아이를 기르며 기타 모든 노력을 다 들이되 남자는 그것을 조금도 생각지 않고 그저 남자 자기 혼자가 벌어서 다 먹이는 것처럼 생각하여 압박을 하고 구속을 준다."라며 재생산 노동의 중요성도 놓치지 않고 지적했다. 그리고 여성 타자화의 대표적 속담인 '암탉이 울면 집안이 망한다'는 말을 끄집어내면서 "입때까지 여자를 정치상에나 경제상에나 모든 방면에 간섭치 못하게 하고 남자 자기네만 만반의 권리를 차지하여왔지마는 유사 이래 지금까지 망국패가의 못된 짓은 모두 남자들이 한 것이 아니냐. 과거는 그만두고 현재에도 남자가 모두 이 세상에 평화를 파괴하고 질서를 문란케 하는 것이 아니냐."며 "남자는 야심뿐이요, 죄악의 덩어리"라고 비난했다.[119]

정종명이 『별건곤』 지면을 통해 이렇게 강력하게 마음속에 두었던 말을 쏟아낸 까닭은 아마도 1929년 신여성 혐오가 광범위하게 퍼졌고 『별건곤』이 여성 혐오를 조장하고 있다는 판단 때문이리라. 『별건곤』이 여성 혐오를 조장하자 근우회는 불매운동을 벌일 정도였다.

1930년 3월 15일 근우회 경성지회 제3회 정기 대회에서 『별건곤』 불매운동이 결정되었다. 이 대회에서 『별건곤』이 "대중의 여론과 또는 초기에 있는 여성운동을 무시하는 동시에 각 방면으로 중상적 기사를 기재하였을 뿐 아니라 개인 공격을 일삼는 등 야비한 수단으로 자기네의 판매 부수만 늘리기에 급급함에 있어서는 단연히 비매동맹을 하는 동시에 시일을 정하여 탄핵 연설과 또는 문제를 여성 문제에만 국한하지 말고 전 조선 각 사회단체의 여론을 환기하자고 만장일치로 가결하였고 실행 방법에 있어서는 위원회에 일임하였다."[120]

정종명은 〈중외일보〉 창간을 "조선에 언론기관이 늘어간다는 것은 우리가 자라간다는 것을 의미"한다며 즐겁고 반가운 일이라고 했다. 그렇지만 과거 조선 언론계가 처음에 가졌던 이상과 사명을 다하지 못했다며 〈중외일보〉는 충실하게 성장하여 그 사명을 다하기를 바란다고 했다. 그리고 단지 여성 기사를 많이 써달라는 것이 아니라 여성운동을 방해하는 기사를 쓰지 말라며, 여성도 대중이므로 거기에 맞추어 작성하라고 요구했다.

> 지금까지의 언론기관이 전부가 남성의 기관인 만치 여성에 대한 기사의 취급이 소홀하였습니다. 남성의 지덕 계발에 힘을 덜어서 여성에게 써달라는 요구는 아닙니다마는 도리어 여성운동에 방해되는 기사까지 쓰는 수가 있는 과거의 언론기관은 찬양할 수 없습니다. 어떻든 금일에는 여성도 대중의 일부인 줄 긍정하시고 대중을 표준한 기사를 많이 취급하여주십시오.[121]

정열적인 실천가였던 정종명은 페미니즘의 이론과 실천의 문제에 대해서도 깊이 고민했다. 그녀는 실천에서 길을 찾아가는 것이 자신을 포함한 여성운동가들의 의무라고 말했다.

그리고 실천가로서 동지인 남성 운동가들의 태도를 문제 삼으면서 여성들이 남성들의 태도에 분노할 것을 주문했다.

> 나는 실제 운동의 경험에 의하여 한 가지 중대한 분노를 느낍니다. 그것은 일반이 여성 문제를 경시하는 것입니다. 어느 회합을 물론하고 무슨 문제 무슨 문제가 엄숙하게 토의되다가 여성 문제의 토론이 상정되면 장내 공기는 대개 긴장을 잃게 됩니다. 그들은 그 문제에

> 대하여서는 신중한 토의를 하고자 하지도 않게 됩니다. 이것이 일반 남자 운동자들의 태도입니다. 그런데 여성 자신들도 자신의 문제에 대하여 강한 정열을 갖지 아니하는 경향이 있으니 남자들이 여성 문제를 그와 같이 경시하는 데 대하여서도 분개하지 아니하는 것 같습니다. 금후에 우리는 이 점에 대하여 크게 싸워야 할 줄 압니다. 일방으로 일반 사회와 싸우는 동시에 또 일방으로 우리 자신들 의무 정열에 대하여 싸워야 합니다.[122]

벨 훅스는 일이 여성해방의 필요조건은 아니지만, 해방되기를 원한다면 경제적 자립이 꼭 필요하다는 현실은 바뀌지 않는다고 했다.[123] 정종명은 1920년대에 이미 여성해방의 첫걸음으로 '경제 독립' 곧 경제적 자립을 제안했다.

> 남성이 늘 경제권을 가지고 있기 때문에 여성이 남성에게 지배를 받는다고 해도 과언이 아닐 것입니다. (…) 현대 이러한 경제조직하에서는 여성을 인간으로도 여기지 않는 남성이 많이 있습니다. (…) 그러나 여성해방을 하려도 경제문제로부터 자기가 해결한 때에야만 되겠습니다. 다시 말하면 경제 독립을 하여야겠다는 말입니다.[124]

여성해방론과 여성운동론

페미니스트들은 페미니즘의 독자성을 주장하는 한편 '따로 또 같이'라는 유연성을 발휘할 필요가 있다고 제기한다. 정종명도 여성운동에서 협동전선의 필요성을 이렇게 주장했다.

> 협동전선에 있어서는 교인이면 교인, 사회주의자면 사회주의자 등 각 개인의 특수점은 각 개인의 문제로 부치고 같이 할 일에 대하여서는 모두가 최대의 노력을 바치는 것이 우리의 의무일 줄 압니다.[125]

개인의 성격과 자질을 인정하면서 협동하자는 정종명의 제안은 근우회 회장이자 중앙집행위원으로서 누구보다도 성실하고 정열적으로 활동했던 근우회를 염두에 둔 것이다. 이러한 시각은 1929년에 가서 조금 변화하기 시작한다. 바로 신간회와 근우회 해소론의 제기이다. 1931년 신간회 해소론이 제기되면서 해소 찬성과 반대, 찬성하지만 시기상조, 진정한 의미의 협동전선으로의 재전화 따위로 한동안 논란이 일었다. 근우회 해소론을 주장했던 정종명은 이렇게 말했다고 한다.

> "과거에 있어서 여성 따로의 조직으로만이 능히 조선 여성을 유력하게 지도할 수 있다고 근우회의 조직을 규정한 것은 부녀운동 조직상 중대한 과오이었었다. (…) 종래까지 노력대중운동 단체와 조직적 합류가 규정되지 아니하고 각 계급의 부녀들만을 합동하여 구성한 전민족적 단일 여성 단체 근우회는 조직상 성별 대립의 중대한 결함으로 인하여 조선의 노력 부녀의 모든 차별과 학사(虐使)에 대한 자기적 해결을 수행할 수 없는 단체가 되어 있다."
> 이것은 근우회의 중요 간부의 일인(一人)인 정종명 씨의 의견이다.(『군기(群旗)』 2월호)[126]

정종명의 근우회 해소론이 1931년에 갑자기 제기된 것은 아니다. 그녀는 1929년 1월 1일자 〈동아일보〉에 실린 글에서 조선 운동의 전망을 다음과 같이 내다보고 있었다.

> 조선 전체의 운동이 침체된 상태에 빠져 있는 오늘에 그 운동의 일부분인 여성운동만이 어찌 왕성키를 바라겠습니까. (…) 그 원인을 추궁하여본다면 전기의 사실도 중요는 하나 과거의 운동은 크게 시작하여 작게 마치게 되는 것이 가장 중요한 것의 하나인 것을 절실히 깨달았습니다. 그러므로 이제부터의 운동은 작은 데서 큰 데로, 바꾸어 말하면 시작은 작게 하고 결과는 크게 하자는 것이외다. 이것을 실행할 방침으로는 여성운동을 자기의 생명으로 알고 일생을 희생할 각오를 가진 운동자를 극소수일지라도 규합하여야 될 터인데 그리하자면 재정 방침이 확립되어야 되겠습니다. 재정 방침이 확립치 못하면 아무리 희생적 각오를 가졌을지라도 먹고 입을 도리가 없으므로 먹고 입을 자리를 찾아가지 않을 수 없게 되는 것이 아니겠습니까. 그다음이 여성 대중의 교양운동이 될 줄 압니다. 이상의 2~3조항이 과거를 비추어 앞으로 타개할 방침인가 합니다.[127]

정종명은 1929년에 이미 조선 전체 운동의 약화를 인지했고, 여성운동도 그 영향을 받을 것이라고 판단했다. 그녀는 이를 타개하기 위해서는 먼저 큰 단체를 만들고 부문운동을 시작했던 예전의 운동 방식을 벗어나 작은 것에서 시작하되 결과는 크게 내야 한다고 보고 소수의 운동자 모집, 재정 방침 확립, 대중 교양운동이라는 세 가지 방향을 제시했다. 특히 운동이 침체한 중요한 이유로 꼽은 것이 재정 확립이었다. 아무리 희생을 각오했더라도 경제적 마련이 없다면 운동에서 벗어난다고 보았던 것이다. 그녀의 근우회 해소론이 마치 외부의 방침에 따른 것으로 평가되지만 사실은 운동 경험과 실천 속에서, 활동가의 고민 속에서 제기된 것이다. 여성해방의 첫걸음이 여성의 경제적 자립이라고 말한 것처럼 그녀는 여성운동 단체의 방향을 경제 독립과 대중 교양으로 제시했다.

정종명의 발자취와 글

연도	내용
1896	서울 출생
1907	배화학당 입학
1910	배화학당 중퇴
1913	결혼
1915	아들 출산, 남편과 사별, 기독교 전도부인으로 활동
1917	세브란스의전 간호부양성소 입학
1919	3·1운동 관계 서류 보관 혐의로 체포
1920	세브란스의전 간호부양성소 졸업, 조선총독부의원 조산부과 입학
1921	조산원 개원
1922	조선여자고학생상조회 결성
1923	고려공산청년회 가입
1924	4월 조선여자고학생상조회 간부, 5월 조선여성동우회 결성, 북풍회 가입, 조선간호부협회 창립
1925	4월 전조선기자대회 참가
1926	4월 정우회 결성 참가, 11월 상무집행위원회, 『해방운동』 기관지 기자
1927	근우회 창립, 중앙집행위원
1928	7월 근우회 중앙집행위원장
1929	6월 신간회 복대표대회에서 중앙집행위원으로 선출, 근우회 검사위원
1930	8월 조선공산당재건설준비위원회 가입, 근우회 해소 주장
1931	3월 조선좌익노동조합전국평의회 조직준비회 결성에 가담, 중앙발기회에서 서울 지역 책임자로 선임, 4월 구속
1935	7월 만기 출옥
1945	12월 조선부녀총동맹 함경남도 대표
1947	북조선민주여성동맹 간부

「선구 여성들의 신년 신기염 - 자기의 처지를 버리자 협동전선을 위해서」

실제 운동에 종사하는 우리는 책에서는 볼 수도 없는 산 교훈을 얻게 됩니다. 그것이 실상 귀중한 것입니다. 이론으로 무엇이니 무엇이니 하다가도 실제에 나아가서 그 이론대로 아니 되는 것을 체험할 때 우리는 무한한 번민을 느끼는 것입니다. 그렇다고 하여 낙심할 것이 아니라 그 교훈에 의하여 참말로 나아갈 길을 개척하는 것이 우리의 의무입니다. 나는 실제 운동의 경험에 의하여 한 가지 중대한 분노를 느낍니다. 그것은 일반이 여성 문제를 경시하는 것입니다. 어느 회합을 물론하고 무슨 문제 무슨 문제가 엄숙하게 토의되다가 여성 문제의 토론이 상정되면 장내 공기는 대개 긴장을 잃게 됩니다. 그들은 그 문제에 대하여서는 신중한 토의를 하고자 하지도 않게 됩니다. 이것이 일반 남자 운동자들의 태도입니다. 그런데 여성 자신들도 자신의 문제에 대하여 강한 정열을 갖지 아니하는 경향이 있으니 남자들이 여성 문제를 그와 같이 경시하는 데 대하여서도 분개하지 아니하는 것 같습니다. 금후에 우리는 이 점에 대하여 크게 싸워야 할 줄 압니다. 일방으로 일반 사회와 싸우는 동시에 또 일방으로 우리 자신들 의무 정열에 대하여 싸워야 합니다. 또 한 가지 운동 경험상 절실히 느낀 것은 우리 자신의 통일이 불충분한 것입니다. 사회주의 여성 자체의 사이에는 완전한 통일이 없는 것은 물론이지마는 소위 협동전선에 있어서 사회주의자와 민족주의자 간의 통일도 아직 불충분합니다. 더구나 예수교 여성들은 통일전선에 대하여 정열이 몹시 부족한 것 같습니다. 협동전선에 있어서는 교인이면 교인, 사회주의자면 사회주의자 등 각 개인의 특수점은 각 개인의 문제로 부치고 같이 할 일에 대하여서는 모두가 최대의 노력을 바치는 것이 우리의 의무일 줄 압니다. 신년부터는 이 점에 대하여 각각 모두 주의하고 또 서로서로 격려하여 우리의 운동을 더욱 유력하게 하여야 할 줄 압니다.

<동아일보>, 1928년 1월 1일

「금후의 조선 희망의 거화 - 분투로 타개」

조선 전체의 운동이 침체된 상태에 빠져 있는 오늘에 그 운동의 일부분인 여성운동만이 어찌 왕성키를 바라겠습니까? 그러나 특수한 조선의 여성운동은 다른 부문운동과 달라 여성운동대로 발전할 수도 없는 것은 아니나 환경과 시기와 조직체 기타의 문제로 말미암아 현재의 여성운동도 다른 부문운동과 같이 침체되어 있는 것이 사실이외다. 그 원인을 추궁하여본다면 전기의 사실도 중요는 하나 과거의 운동은 크게 시작하여 작게 마치게 되는 것이 가장 중요한 것의 하나인 것을 절실히 깨달았습니다. 그러므로 이제부터의 운동은 작은데서 큰 데로 바꾸어 말하면 시작은 작게 하고 결과는 크게 하자는 것이외다. 이것을 실행할 방침으로는 여성운동을 자기의 생명으로 알고 일생을 희생할 각오를 가진 운동자를 극소수일지라도 규합하여야 될 터인데 그리하자면 재정 방침이 확립되어야 되겠습니다. 재정 방침이 확립치 못하면 아무리 희생적 각오를 가졌을지라도 먹고 입을 도리가 없으므로 먹고 입을 자리를 찾아가지 않을 수 없게 되는 것이 아니겠습니까. 그다음이 여성 대중의 교양운동이 될 줄 압니다. 이상의 2~3조항이 과거를 비추어 앞으로 타개할 방침인가 합니다.

<동아일보>, 1929년 1월 1일

「남자에 대한 시비 - 남성은 오직 야심뿐」

양반을 욕하는 자는 상놈이요, 부자를 욕하는 자는 가난뱅이라고 한다. 그와 같은 논법으로 나도 남자의 단점을 말한다면 의례히 너는 약자니 여성으로 남성에게 많은 기만(欺瞞)을 받고 압박을 받았으니까 그리 말한다고 할 것이다. 그러나 결코 나는 여성인 까닭에 남성을 적시(敵視)하여 그리하는 것이 아니요, 모든 감정을 초월하고 남성과 여성의 지위를 훨씬 떠나서 가장 냉정하고 가장 공평한 견지에서 남성의 단점을 말하려 한다. 대체 남자라 하는 것은 그의 콧대가 높으니만큼(빈대코도 있지마는) 자기가 잘난 척하고 키가 우뚝하니만치(난쟁이는 별문제) 남보다 우월한 척하며 남의 인격과 본능을 무시하고 자기 욕심만 충족하려 한다. 여자에게는 정조를 지키라고 하면서도 자기는 방종 무절조한 생활을 함부로 하며 자기는 날마다 알코올에 뼈가 녹을 만치 술을 먹어 냄새를 피우며 의복을 버리고 주정을 하여 여러 사람에게 미안을 끼치면서도 여자는 말밭(麥田)만 지나가도 악평을 하며 여자를 대하면

인격 대우를 하지 않고 먼저 성문제를 연상하여 갖은 유혹과 갖은 수단을 다 써서 처음에는 그 여자에게 전신을 다 희생할 듯이 하다가도 한번 남의 정조를 유린시킨 다음에는 아무 염치도 책임도 없이 헌신짝같이 버리고 돌아보지도 않는다. 신식은 그만두고 구식 가정으로 말하여도 여자는 집에 있어서 밥을 짓고 옷을 짓고 빨래를 하고 아이를 기르며 기타 모든 노력을 다 들이되 남자는 그것을 조금도 생각지 않고 그저 남자 자기 혼자가 벌어서 다 먹이는 것처럼 생각하여 압박을 하고 구속을 준다. 질투와 시기와 당파심이 발뒤꿈치로부터 머리끝까지 가득 차서 남이 저보다 좀 낫게 이름이 나든지 세력이 있든지 무슨 사업이라도 잘하는 눈치가 있으면 기호(期乎) 그것을 꺾고 짓밟고 배척하려 한다. 범죄의 이면에는 반드시 여자가 숨어 있다고 하지마는 모든 죄악의 정면에는 남자가 현출하는 것이 아니냐. 암탉이 울면 집안이 망한다고 하여 입때까지 여자를 정치상에나 경제상에나 모든 방면에 간섭치 못하게 하고 남자 자기네만 만반의 권리를 차지하여왔지마는 유사 이래 지금까지 망국패가의 못된 짓은 모두 남자들이 한 것이 아니냐. 과거는 그만두고 현재에도 남자가 모두 이 세상에 평화를 파괴하고 질서를 문란케 하는 것이 아니냐. 통틀어 말하면 남자는 야심뿐이요, 죄악의 덩어리다. 남자가 잘못하면 옛말에도 자볼기(尺笞)를 때린다는 말이 있지마는 지금에도 만일 여자가 권리를 잡고 태형(笞刑)을 부활시킨다면 사람을 때려서는 자볼기는 그만두고 전봇대 같은 곤장을 때려도 아프다 소리도 못 할 것이다.

『별건곤』 제19호, 1929

「경제조직과 여성의 지위: 여성들은 경제 독립이 있어야 한다」

현 사회제도하에서는 누구나 다 인정하는 바이지마는 여성에게는 경제권이 없다는 것이 사실이외다.

원시 공산 시대와 같이 산과 들에서 생물을 잡아먹던 시대에는 동등이었으나 그 후부터는 모권 시대이었습니다. 다시 말하면 여권 시대이었다는 것입니다. 그때에는 여성해방이니 남녀평등이니 하는 문구까지도 나지 않았을 것입니다.

여성에게는 산아(産兒)라는 무거운 책임이 있습니다. 아무리 여(女) 권리의 시대에도 여자가 산아 같은 것을 하게 된다면 여자는 활동치 못하고 남성이 여성보다 더 생에 대한 노력을 하게 되었다가 그것이 지금까지 실현된 것입니다.

위에 말씀한 것과 같이 여성에게는 조그마치라도 경제권이 없고 그것은 남성의 소유가 되었습니다. 남성이 늘 경제권을 가지고 있기 때문에 여성이 남성에게 지배를 받는다고 해도 과언이 아닐 것입니다.

저것은 내가 없으면 죽겠으니 내가 먹여살리거니 하는 생각을 갖게 되는 모양입니다.

그러나 여성도 남성과 같이 된다면, 다시 말하면 여성이 경제권을 가질 남자가 지금 시대에 여자같이 된다면 현대 경제문제와 무엇이 다르겠습니까. 그러나 이것은 한날 공상이고 자기의 먹을 것을 자기가 번다고만 하더라도 이것은 또 별문제인 줄 압니다.

현대 이러한 경제조직하에서는 여성을 인간으로도 여기지 않는 남성이 많이 있습니다.

"개와 여자와 사람이 같더라"는 말은 그게 아니고 무엇입니까.

지금 여성은 이러한 지위에 있습니다.

그러나 여성해방을 하려도 경제문제로부터 자기가 해결한 때에야만 되겠습니다. 다시 말하면 경제 독립을 하여야겠다는 말입니다. 그러면 여성 자신이 경제 독립을 하려면 어떻게 하여야 될까?

공장으로 또는 회사, 은행?

아닙니다. 공장도 아니고 은행, 회사가 아닙니다. 다만 지금 이 현재에 경제조직보다 먼저 사회제도가 여성이 경제 독립하지 못하게 되어 있는 것입니다.

이것이 큰 걱정입니다. 어찌하였든 여성은 투력(套力)하여야 될 것입니다.

『실업지조선』 제1년 제1호, 1929

사람이 있고
운동이 있다

정칠성

丁七星

1897~1958?

사람이 있고 운동이 있다

정칠성(丁七星, 1897~1958?)

금죽과의 이별

정칠성은 1897년 경상북도 대구에서 태어났다. 그녀는 기생이 되려고 여덟 살부터 기생 수업을 받았다. 그녀가 '기생 정금죽'이 된 동기는 이러하다. 여덟 살 때 우연히 대구 관찰사의 잔치를 구경하다가 소리를 하는 기생의 모습이 부러워서 공부를 시작했다고 한다.

그녀의 기예는 날로 늘어나 도청이나 군청 사또 잔치 때 불러가게 되었다. 그녀는 가야금, 단가 그리고 소리를 잘했다.

언제 경성에 올라왔는지는 분명하지 않지만 1916년 다동조합에 있다가 이듬해 8월 한남권번 소속이 되었다. 1917년 8월 1일 한남권번 취체 김남수와 함께 정금죽은 종로경찰서 보안계로부터 한남권번 설치 규칙과 기타 사항을 듣고 허가장을 받았다.

그녀는 상당히 활달했던 듯하다. "남달리 기구한 생활을 하던 사람"

정금죽의 말타기

이라고 자신을 소개하면서 지금까지 가장 상쾌한 일은 "17세에 즉 몸이 아직까지 화류계에 던져 있을 때에 말 타던 일이올시다."라고 말했다.[128] 그녀는 "결코 오락적이나 호기심만으로 말타기를 배운 것이 아니"라며 "말도 잘 타고 쌈도 잘하여 한번 조선의 유명한 여장부가 될까 하고 먼저 말타기부터 배웠"다고 한다.[129] 기생들의 말타기가 화제였는지 신문에도 사진과 기사가 실릴 정도였다.

> 한남권번의 명기들이라. 승마복의 남복을 경쾌히 하여 왼손에 채찍, 오른손에 고삐를 팔등에 높이 앉아 거드럭거리는 모양. 첫째가 현계옥, 둘째가 정금죽. 현계옥은 남자보다 잘 탄다고 한다.[130]

그러나 기생들의 말타기는 여성의 문밖출입으로 인한 풍기 문란이라 해서 곧 금지되었다.

기마복까지 장만하여 입고 말 위에 올라앉아서 문밖에 돌아다니어 모든 사람들의 비평을 받아오더니 마침내 경성 종로경찰서에서 한남조합의 취체로 있는 김남수와 현계옥, 정금죽 등의 기생을 불러놓고 오늘날 기생이 말 타고 다니는 것은 온당치도 않을 뿐외라 풍기 취체상 관계가 적지 않은즉 이 뒤부터는 일절 말타기를 없애라고 설유한 결과 기생들은 다시는 타지 않겠다는 서약을 하고 돌아갔다.[131]

이렇게 살았던 그녀에게 3·1운동은 큰 변화를 가져왔다.

21세 당시는 3·1운동 즉후 조선 안은 수선수선하던 판이라 깊은 뜻은 모르나 종로 네거리에 서서 바라보는 젊은 가슴은 흥분에 넘치는 뜨거운 눈물을 흘리면서 그 뒤를 따라다닌 일도 있었다.[132]

3·1운동은 실로 식민지 대중, 특히 여성들의 가슴을 불타오르게 했다. 학생이든 기생이든 전도부인이든 모두가 한마음이었다. 3·1운동을 전후하여 기생 가운데 '사상 기생'이라고 불린 여성들이 많이 생겼다. 수원에서 병원으로 진료를 받으러 가던 기생들은 도중에 만세운동을 벌였고, 통영이나 진주 등 각지에서 만세운동에 참가하여 검거된 기생들도 많았다. 그때 경기도경찰부장 지바는 「조선독립운동 비화」에서 3·1운동 뒤 변화된 기생들의 상황을 이렇게 기술했다.

> 1919년 9월 우리들이 처음으로 부임했을 때의 서울 화류계는 술이나 마시고 춤이나 추는 그런 놀아나기만 하는 눈치는 조금도 볼 수 없었다. 약 800명의 이 기생들은 화류계 여자라기보다 독립투사였다. 이 기생들의 빨간 입술에서는 불꽃이 튀기고 놀러 오는 조선 청년들의 가슴속에 독립사상을 불러일으켰다. 독립 만세 후의 서울 장안 화류계는 이처럼 불온했고, 험악한 공기는 이리하여 더욱 조성되었다.[133]

3·1운동 뒤, 정금죽은 정칠성으로 이름을 바꾸고 도쿄로 떠났다.

도쿄 유학과 변화된 삶

도쿄에서의 생활과 생각의 변화를 정칠성은 이렇게 기술했다.

> 여러 가지 활동사진에서 본 것과 이때에 받은 충동은 마침내 현해를 건너게 되어 거기서 어학도 배우고 서양 갈 준비로 영어도 배우고 타이프라이터도 배웠으나 그러는 중 차차 사회에 눈뜨게 되어 다시 조선에 건너와 대구에 여청을 조직하고 경성에 여성동우회를 조직하며 전선청년대회 대표의 한 사람으로 활동하다가 다시 동경으로 건너간 때는 25세였는데 동경에서 여자흥학회 간사로 활동을 하는 한편 삼월회에 참례하여 『로자 룩셈부르크-여성과 사회』란 팜플렛을 발간 전력하였고 (…) 그 당시 여성으로서의 연단에 매일같이 오르며 동경 지방에까지 다니면서 연설을 한 자는 여성으로서는 나뿐이었다.[134]

정칠성은 두 차례에 걸쳐 일본 유학을 했다. 첫 번째 시기는 3·1운동 뒤부터 1923년 상반기로, 도쿄영어강습소에서 어학을 공부하고 타이핑 기술을 익혔다. 1923년 유학 생활을 마친 그녀는 대구로 돌아가 사회운동에 뛰어들었다. 그러다 1924년 경성으로 올라와 조선여성동우회 설립에 참가하고 1925년부터 1926년 초까지 다시 일본 유학길에 나섰다.

두 번째 일본 유학은 뚜렷한 사상적 목적이 있었다. 그녀는 사상 단체 삼월회에 들어갔다. 삼월회는 조선인 사회주의 단체인 일월회의 자매기관으로 일월회·재일본조선무산청년동맹·재일본조선노동총동맹 등의 재일 조선인 사상 단체들과 함께 1920년대 중반 재일 조선인 사회주의운동을 주도했다. 삼월회의 주요 구성원은 김필애, 고원경, 권명범, 박순천, 백신애, 이춘수, 이현경, 주경애, 조재룡, 정칠성, 한신광, 황신덕 등이었다.[135]

1925년 일본 홋카이도 오타루고등상업학교에서 조선 사람과 무정부주의자를 가상 적으로 삼는 군사교육이 시행되었다. 이에 재일본조선노동총동맹, 삼월회, 재일본조선무산청년동맹, 유학생학우회, 무산학우회, 흑우회, 형설회, 학흥회, 일월회 등 9개 단체는 연합으로 일본 정부를 성토하는 성명서를 작성하여 일본과 조선에 배포했다.

가상 적의 연습이 조선 사람을 모욕하는 것이고 또한 조선인의 생존을 위협하는 것이라며 이들 단체는 11월 6일 도쿄에서 규탄 연설회를 열었다. 이날 세차게 쏟아지는 비에도 많은 청중이 모여들었다. 200여 명의 경찰이 회관을 포위하고 연사들의 몸을 수색하는 등 긴장된 분위기에서 연설회의 막이 올랐다. 그러나 17명의 연사 가운데 겨우 8명

밖에 연설하지 못했다. 경찰의 잦은 주의와 중지에 항의하는 군중과 경찰의 충돌이 있었고, 곧 해산당했다. 정칠성도 삼월회의 대표로서 이날 연사로 참가했다.

도쿄 유학 시절 정칠성은 대회나 연설회 등의 사회운동에 활발히 참여하면서 경제 · 과학 · 역사와 관련된 서적을 널리 읽었다. 그녀는 특히 베벨의 『부인론』을 감명 깊게 읽은 서적으로 회고했다.

> 질문: 베벨의 『부인론』을 본 때가 어느 때인가요?
>
> 대답: 그때가 동경 유학생 시댄 것 같아요. 베벨의 『부인론』은 참 좋은 책이라고 지금도 생각합니다. 이런 책은 한번 기어이 조선 여성에게 읽히고 싶은 생각이 들었었지요. 내가 다니던 그때 시절에는 동경에서나 경성에서나 학생계에서도 퍽 많이 읽혀지고 있었지만.
>
> 질문: 동경에서 학교에 다닐 때에는 어떤 방면의 서적을 많이 읽었어요?
>
> 대답: 물론 ×익 서적들만 읽었지요. 학교는 여자기예학교에 다녔지만 학교에서 공부하는 이외에는 틈만 있으면 무슨 회, 무슨 대회, 무슨 연설회 하며 늘 돌아다녔고 경제 방면이나 과학이나 역사 방면으로 널리 ×익 방면의 서적을 열심히 읽었지요. 물론 그때에는 읽어야만 한다는 목적 의식 밑에서 읽었으니까요.[136]

이때 일본의 사회주의 여성운동가 야마카와 기쿠에와 교류한 듯하다. 1920년대 일본을 대표하는 여성 사회주의 페미니즘 이론가로 알려진 기쿠에는 1923년 여름 사회주의 문학 학습회 강연을 해 달라는 황신덕과 박순천의 요청을 받았다. 1923년에 이미 도쿄의 여성 유학생들 사이에서는 사회주의 학습이 진행되고 있었던 것이다.[137] 정칠성은 이때 사회주의 학습에 참여했으리라.

1926년 일제가 조사한 「재동경 조선인 경영 간행물 발행 상황표」에 따르면 정칠성은 1925년 3월 24일 도쿄에서 발간된 사회주의 팸플릿 『로자 룩셈부르크-여성과 사회』의 발행인이었다. 이 팸플릿의 주된 내용은 기쿠에 저서의 조선어 번역이었으며, 주된 독자층은 일본과 조선의 학생과 노동자였다. 기쿠에의 페미니즘 이론과 사회주의 사상, 특히 여성 노동자를 운동 주체로 강조하는 이론은 유학생들에게 큰 영향을 미쳤고 정칠성이 발간한 사회주의 잡지는 그 같은 조류를 반영하는 출판물에 해당했다. 프롤레타리아 여성 계층과 여성 노동자를 운동 주체로 내세운 기쿠에의 여성해방론은 그 뒤 정칠성의 국내 활동의 주요한 지표가 된다.[138]

섬세하고 단호한 기질

정칠성은 가야금산조와 소리를 잘하는 예술가였으며, 편물을 강의하는 기술자였고, 사회주의 사상을 공부하고 운동했던 사회주의 이론가였으며, 여류 정객으로 평가될 정도로 사회비판가이자 분석가였다. 가야금 실력은 아주 뛰어나서 이화여전 음악과에서 교수로 청할 정도였으나 사회운동에 뛰어든 뒤라서 거절했다고 한다. 그녀는 또 서도소리로 유명했던 백운선의 제자였지만 그 뒤를 잇지 못해 사람들이 아쉬워했다.

정칠성 씨라면 해내 해외를 물론하고 거의 모를 사람이 없을 만큼 사회운동가로서 명성이 높은 분이다. (…) 기미운동이 일어나자 칼로 버힌 듯 물로 씻은 듯 통쾌하게도 기름에 젖은 머리를 턱 베어던지고 일약 민족주의자가 되어 일시는 물산장려에 열심하시더니 다시 사회주의자로 전환하여 삼월회, 화요회, 여성동우회, 정우회, 근우회, 신간회 등 각 사회운동 단체의 중요 간부로서 꾸준하게 싸우시던 분이다. (…) 총명한 두뇌로 근면 불휴하는 씨는 독학으로써 주의 서적을 탐독하여 이론으로도 누구에게 지지 않을 만한 실력을 가지고 있다.[139]

도쿄여자기예학교에서 편물을 배웠던 정칠성은 1927년부터 동아일보사가 주최하는 편물 강습회의 강사로 꾸준히 참가했다. 자수나 재봉, 편물을 가르치는 상점을 열기도 했다. 1934년 11월 동아일보사 주최 제8회 모사(毛絲) 편물 강습회를 앞두고 발표한 글에서 그녀는 다음과 같은 소감을 밝혔다.

속담에 돈만 있으면 산범 눈썹도 빼먹고 중의 상투도 구해 온다는 격으로 요새 세상에는 그야말로 돈만 가지면 편물이니 재봉 할 것 없이 화신 삼월 백화점에만 갔다 오면 곧 불란서 파리를 갔다 온 것처럼 아름다운 미인도 될 수 있고 아들과 딸의 치장을 어여쁘게 꾸며낼 수 있게 된 반면에 하루에 한 끼 밥이 어렵고 삼남 수재를 당한 이들은 살길을 찾아 공차를 얻어 타고 가면서도 헌 누더기 옷을 기워 입을 무명 조각이 없어 쩔쩔매는 이 두 틈에서 편물의 필요를 말하는 내 자신도 웬일인지 좀 미안스러우니 결국 실생활에 있어서 엄동설한에

없지 못할 물건이요 절대 필요함에야 어찌할 수 없습니다.[140]

옷을 기울 무명 조각 하나 없는 가난한 여성들에게 편리성과 경제성을 갖춘 편물이 필요하다고 주장하는 자신의 처지에 난감해하면서 그것을 들어야 하는 가난한 여성들에게 미안함을 밝히는 마음이 그대로 드러나 있다. 식민지 현실에서 돈으로 무엇이든 살 수 있는 부르주아지 여성들과 한 끼 먹기도 어려운 프롤레타리아 여성들 간의 거리를 지적하면서 미안함을 전한 것이다.

그녀는 철저한 이론가를 꿈꾸었다. 세계적 정치가, 사상가, 문호, 과학자 가운데 청해보고 싶은 사람이 있느냐는 질문에 그녀는 "모든 불행한 환경의 사람을 새로운 환경에로 실천하도록 지도할 만한 이론을 가지고 있는 정치가나 예술가나 사상가가 있다면 모르거니와 그 밖에는 구태여 청해서까지 보고 싶은 사람이 없소이다."라고 대답했다.[141] 세계를 돌아다닌다면 어디를 가고 싶냐는 질문에는 "자유를 위하여 혈투하는 전시(戰時) 에티오피아에 가보고 싶다."라고 말했다.[142] 그녀는 또 조선에서 제일 시급한 것은 "이것저것 다 해야 될 일이나 문자 보급"이라고 생각했다.[143] 섬세하고 단호하고 까칠한 그녀의 기질을 엿볼 수 있는 답변들이다.

이러한 기질은 언론관에서도 잘 드러난다. 1929년 9월 〈중외일보〉의 지면 확장을 축하하는 글에서 그녀는 "중외일보는 세상에 나올 때부터 고난 중에서 나와서 (…) 민중과 사회를 위한 자체의 사명을 다하고자 허다한 난관을 난관으로 여기지 아니하고 끈기 있게 나아"왔다며 "여성운동에 있어서 더욱 큰 공로자가 되도록 노력하여주기를 바랄 뿐입니다."라고 부탁했다.[144] 1931년 〈중외일보〉가 제호를 바꿔 〈중앙일보〉로 속간된 것을 기념하는 글에서는 언론기관이 부족하지만 양의 증가가 중요한 것이 아니라 질의 문제임을 지적하면서 대중의 입과 눈이 되는 기사를 써야 대중의 사랑을 받을 것이라고 말했다.

> 문제는 질에 있을 줄로 생각합니다. 단순한 뉴스만을 취한다고 하면 재정이 넉넉하고 설비가 완전한 어떤 신문 한 가지만으로도 족할 것입니다. 그러나 대중은 몇 개 있는 민간 신문에 대하여 단순한 뉴스 이외에 특수한 기대를 가지고 있습니다.[145]

근우회가 해소되고 편물 강습도 그만둔 뒤 정칠성은 한때 조선일보사에 입사하여 기자 활동을 하다가 다시 가회동 집에서 생활하면서 친지 방문과 산책으로 시간을 보냈다. 때때로 아들의 학비를 마련하느라 상당한 곤란을 겪었지만 "언제나 만나보아도 태연자고한 것은 그만큼 인간 행산(幸酸)을 겪을 대로 겪은 달관한 느낌을 주곤" 했다.[146]

그녀의 아들, 이동수

1920년대 말부터 1930년대 초까지 근우회에서 활동하는 여성들의 연애가 사람들의 관심거리가 되었지만 정칠성은 예외였다. 모두들 궁금해 했지만 그녀에게 연인은 없었던 듯하다. 그렇지만 아들이 하나 있었다.

정종명의 아들 박홍제처럼 정칠성의 아들 이동수도 학생 시절부터 학생운동과 사회운동에 관심을 가졌다. 도쿄 유학 때 사회주의 사상에 접했고, 학생 시절뿐만 아니라 조선에 돌아와서도 사회운동을 했던 것이다.

> 대구경찰서에서는 지난 6일 국제무산청년데이를 앞두고 엄중한 경계를 하더니 동일 오전에 금년 봄에 대구고보를 졸업하고 동경서 유학을 하던 중 금번 하기 휴가로 돌아온 근우회 위원장으로 있는 정칠성 씨의 장남 이동수(李東秀, 20)를 인치한 후 가택수색을 하는 한편 (…) 듣는 바에 의하면 전기 3인은 모종의 사명을 띠고 대구로 들어와서 지난 6일 국제무산청년데이를 기회로 모종의 계획을 하려던 것 같다 한다.[147]

> 부내 종로서 고등계에서 얼마 전부터 맹렬한 활동을 거듭하고 부내 각처에서 직업여성과 부내 동덕, 중동, 보성, 연전 등 각 전문 중등 남녀 학생 및 웅기 등 각 지방에서 청년 수 명까지 검거하고 전 계원이 총출동으로 철야 취조를 계속하고 있는 사건은 아직도 절대 비밀에 부치고 준열한 취조만 진행 중인데 금번에 검거된 사람 중에는 일찍이 사상운동에 많은 활동을 하는 정칠성 씨의 장남과 또는 웅기 공당 사건의 관계자, RS협의회 사건의 관계자 등 거의 전과 사상범인데 이 모든 점으로 보아 사건은 자못 중대한 듯하며 금 23일 현재 동서에 검거된 인원은 전부 11명으로 그 씨명은 다음과 같다. 임건호, 김순남, 김상남, 강현제, 안순옥, 김성곤, 한일우, 이동수(정칠성 아들) 외 3명.[148]

남조선노동당 당수 박헌영 체포령이 내려졌을 때 박헌영을 호위한 사람이 바로 정칠성의 아들 이동수였다.

> 그때 박헌영은 운전사 옆자리에 6척 거구의 건장한 청년을 꼭 데리고 다녔는데 이 사람이 요새 말하는 보디가드 이동수였다. (…) 이동수는 박헌영을 호위하고 다니다가 1946년 그와 같이 월북, 1949년 겨울에 유격대를 거느리고 38선을 넘어오다가 국군에 포위돼 부대가 섬멸당할 때 전사했다는 소식을 들었다.[149]

아들의 학비를 마련하려고 〈조선일보〉 기자도 하고 상점을 경영하기도 했던 정칠성은 아들의 사망 소식에 정신 나간 사람처럼 한동안 평양 거리를 배회했다고 한다.[150]

'붉은 연애'를 말하다

"여성들과 그들의 운명이 나로 하여금 사회주의로 기울게 하였다."라고 말한 알렉산드라 콜론타이는 여성의 사회적 생산 활동 참여, 부르주아 가족제도의 소멸과 아동의 집단 양육, 자유연애를 주창하면서 여성의 인권과 자유를 확보할 수 있는 키워드로 여성해방과 자유를 제시했다. 콜론타이는 초기 소비에트 정부 각료로서 여성의 정치교육, 가사노동의 사회화와 공동육아, 모성 보험, 매춘 문제 등에 관한 입법과 정책 수립을 시도했으며, 가족법 · 이혼법 · 낙태법 제정과 어린이집 설립을 통해 여성의 경제적 활동 공간을 확보하여 여성과 남성이 동등하게 공존

할 수 있는 사회적 기반을 모색했다.[151] 그녀는 남성과 더불어 사회 노동에 종사하면 여성도 남성과 같이 자신의 삶을 독립적이고 자유로운 결정을 할 수 있게 된다는 자신의 신념을 소비에트 사회에서 실현하고자 노력했다.

식민지 조선에서는 이런 콜론타이의 다양한 활동과 여성해방론보다 '적련(赤戀)' 곧 '붉은 연애'에만 관심을 두었다. 그녀의 저서나 글은 번역되지 않고, 서광제의 「신연애와 신부인 - 콜론타이의 '적련'을 읽고」와 김억의 「콜론타이 여사의 작(作) '연애의 길'을 읽고서」[152]라는 글에서 서평으로만 소개되었을 뿐이다. 콜론타이의 저작은 조선의 사회주의자들에게 새로운 이성애 관계를 상상할 영감을 촉진시키기는커녕 오히려 사회주의자들을 위협하거나 연애 같은 사적 임무보다 공적 임무를 강조하는 보수적인 방향으로 수용되었다.[153] 일본에서는 콜론타이의 저작을 놓고 이상적인 사회주의 여성해방론과 연애관 논쟁이 일었고, 여기에 페미니스트들이 참가했다. 정칠성에게 영향을 주었던 야마카와 기쿠에는 콜론타이의 여성해방론은 지지했으나 『삼대의 사랑』 주인공인 게니아의 연애 방식에는 반기를 들었다.

정칠성은 조심스럽지만 단호하게 자신의 의견을 몇 차례에 걸쳐 제시했다. 1929년 『삼천리』 기자와 콜론타이의 소설 『붉은 연애』를 놓고 대담을 나누었는데, 대략 이런 내용이었다.[154]

기자가 "'성욕과 연애는 별개인가?'"라고 묻자 그녀는 "그렇다."라고 답하면서 "결혼과 이혼의 자유가 없는 곳에서는 그렇게 될 수밖에 없다"고 지적했다. 기자가 "여자의 정조 관념 즉 순결성을 무시하는 결과가 아닌가?"라고 반문하자 모르겠다면서 "너무 정조를 과중 평가할 필요까지야 없겠다."라고 답했다. 그렇다면 "연애는 개인적인 일인가?"라며 기자가 다시 묻자 그녀는 "연애 그 물건은 개인 관계의 일일는지 모르겠지마는 연애라는 현상이 일어나기 때문에 사회에 영향을 끼친다."라고 답했다.

여기까지의 대담에서 정칠성은 성욕과 연애는 다르고, 정조를 지나치게 평가하지 말아야 한다면서 연애와 사회의 긴밀한 관계를 말했다. 그런데 기자가 "첫머리에 바실리사가 벌써 나는 처녀 아녀요 키스를 말아 주시오 하고 그 애인의 사랑을 물리치는 마당이 있는데 사내는 그때에 설혹 그대에게 옛날의 애인이 있었다 할지라도 그는 벌써 지나간 과거의 일이라 과거는 어쨌던지 좋다 하고 끝끝내 결혼하여버리지 않았습니까. 즉 이와 같이 순결성을 우리들은 별로 문제 삼지 말아야 할까요?"라며 순결을 문제 삼자 정칠성은 "조선 사회가 용납하여주지 않으므로 대답하기 거북하다."며 답변을 거부했다.

기자가 '성욕', '정조', '순결'을 키워드로 끈질기게 물었지만 정칠성은 만족할 만한 답변을 하지 않았다. 대신 그녀가 말한 핵심 주제는 연애와 사회의 관계, 그 전제조건으로서의 자유, 정조라는 과중한 사회적 기준 따위였다. 이 주제는 다른 글에도 나타나 있다.

먼저 성욕과 연애 그리고 사회와의 관계에 대한 생각을 들어보자. 『조선지광』 1931년 1월호에 실린 「연애의 고민상과 그 대책」이라는 글에서 그녀는 원시 난혼제가 아닌 한 어느 시대에나 연애의 고민은 있다고 전제하면서, 가장 심한 때는 자본주의 사회라고 지적했다.

연애 고민을 대량생산하여 인간에게 적지 않은 불행을 초래케 하는

> 것이 현대 자본주의 사회라 할 것이외다. 그렇다는 이유는 여러 가지로 들 수 있으니 모든 것을 상품화하는 자본주의 사회에 있어서는 순결하고 진실하여야 할 애정 그것까지도 물질적 이해로 타산하지 않을 수 없게 되기 때문이외다. (…) 위선 정조관부터 남녀가 다르게 되어서 남자는 제 맘대로 성적 방종을 하면서도 여자에게는 편무적으로 정조를 강제하려 하지 않습니까? 이것은 혹은 남녀는 원래 생리적으로 따른 까닭에 모성을 가진 여자 편은 그 자녀의 혈통을 밝힐 필요상 정조를 지켜야 하겠다 하지마는 그것은 전혀 남성의 성적 방종을 옹호하려는 한갓 구실에 불과한 줄 압니다. (…) 연애의 고민을 해결하는 유일한 방책은 남녀 간 사회적 지위가 균등되고 또한 전 인류가 보다 행복한 지상낙원 시대가 돌아오지 않으면 안 될 줄 압니다. 그러나 이것은 인류 진화의 구원한 장래에서나 바랄 것인즉 현하 정세 밑에서는 동지 연애로서나 만족하라고 권하고 싶습니다.[155]

정칠성은 자본주의 체제에서 진실한 애정도 상품화될 수밖에 없다고 지적하면서 연애 고민은 남녀 간의 사회적 지위가 균등하면 해결될 것이라고 분석했다. 그러나 그런 사회가 쉽게 오지 않기 때문에 동지애적 관계로 만족하라고 충고한다. 그녀는 남성들과 늘 만날 기회가 있었지만 '우리는 장차 어떻게 할 것인가', '우리의 당면의 할 일은 무엇인가' 등의 의제를 놓고 논의하는 데에만 열중했을 뿐 연애를 할 마음의 여유도 시간적 여유도 갖지 못했다고 한다.

다음으로 여성의 섹슈얼리티로 끊임없이 제기되는 정조, 순결, 처녀성의 요구와 과중한 정조 담론을 살펴보자.

『삼천리』 기자가 "콜론타이의 소설에는 여자의 처녀성이란 그렇게 중요한 것이 못 된다고 하였던데요. 또 아내 없는 사이에 남편이 딴 여자를 상관하여도 그것은 생리적 불가항력의 일이라고 용서하여야 한다는데요. 그것이 신부인 도덕이라는데 칠성 씨는 어때요?"라고 질문하자 정칠성은 "그런 건 난 몰라요!" 하면서 "생리적 방면인 것은 옳고 또는 불가피하겠지요. 그러나 그게 옳고 그른 것은 난 몰라요!"라고 답했다.[156] 일단 답변을 거부해놓고 생리적 측면은 불가피하다고 말하면서 이에 대한 가치판단은 하지 않겠다고 말한 것이다. 생리적 측면, 곧 여성에게도 성욕이 있다는 정칠성의 주장은 "남편이 형무소에 있거나 망명 중일 때 처는 어떻게 지내야 하는가?"라는 질문에서도 비슷하게 드러난다. 그녀는 우선 '남편이 돌아오기를 기다려야 한다'고 대답하고는, 그렇지만 "주의자도 인간이고 사상가도 농불이외다. 다혈질의 젊은 몸에 생리적 고통을 막을 길이 있습니까?"라며 생리적 욕구 곧 성욕은 자연스러운 것이라고 대답했다.[157] 성욕은 정조와 무관하다고 말한 것이다.

정칠성은 섹슈얼리티와 관련해 유독 단호한 모습을 보였다. '모른다'며 회피하고 거리를 두는 듯하지만 "이 속에 내가 말하고자 하는 암시가 충분히 있는 줄 알기에 그 이상은 더 길게 말하지 않습니다."라며 자신의 심정을 슬쩍 내비쳤다.[158] 그녀는 무엇을 그렇게 조심스러워했던가?

사실 조선에서 콜론타이의 저작 가운데 『붉은 사랑』과 『삼대의 사랑』은 '붉은 연애' 또는 '붉은 사랑'으로 소개되어 여성 사회주의자를 위협했다. 『삼천리』 기자가 정칠성에게 끊임없이 성욕, 정조, 순결을 문제 삼아 질문한 방식도 그런 사례이다. 게다가 정칠성은 다른 근우회 여성 활동가들보다 유독 성적 호기심의 대상이 되었다. 그녀는 어떤 일을 하든 항상 '기생'이라는 딱지가 붙어 다녔고, 그녀의 활동과 운동은 웃음거리로 전락하기도 했다.

> 근우회 정칠성 씨는 수 월 전부터 자수, 편물을 전업하는 소상점을 새로 내었는데 상호는 분옥수예사라고 하고 지원자가 있으면 수예품을 무료 교수도 한다고 한다. 그런데 그 점호는 점주가 정씨이니까 정여옥(丁女屋)이라 하였더면 피일 본인 정자옥(丁子屋)과 호 대조(好對照)일 걸 그랬지.[159]

> 근우회 해소 소리가 난 후로 할 일이 없는 그는 모사편물(毛絲編物)과 자수(刺繡)로 소일을 하고 있다. 이로부터는 사회주의(絲繪主義)로 전환인가.[160]

이광수는 1930년 1월에 발표한 「혁명가의 아내」라는 소설에서 여성 사회주의자를 성욕이 극단적으로 강하고 정조의 필요성을 느끼지 못하는 인물로 묘사하여 사회주의 여성운동가들을 조롱한 바 있다. 여성과 사회주의라는 두 불온한 요소가 결합된 '여성 사회주의자'는 1920년대 초반에 등장한 '신여성'보다 가부장권에 더 위협적인 존재였다. 사회주의의 이름으로 가부장적 성도덕을 부정하는 콜론타이 이론의 유입은 여성들에게 남성 사회주의자들의 성적 통제를 정치적 올바름이라는 명분으로 부정할 여지를 제공했다.

나의 청춘, 근우회여!

호리호리한 키, 맵시 있는 걸음걸이의 정칠성은 정종명이 종종걸음으로 걷는 것과 사뭇 대조된다. 1920년대 후반, '정칠성 · 정종명 시대'라고 불릴 만큼 두 사람은 근우회의 쌍두마차로서 번갈아가며 중앙집행위원장을 맡았다.

> 나의 청춘은 쓸쓸하였다. 너무도 외로웠다. 지금도 청춘이 아닌 바는 아닐지나 남들이 사랑이니 행복이니 할 때에 나는 근우회관을 우두커니 지키고 있었다. 한 해, 두 해, 세 해, 네 해 (…) 그러는 사이에 동

근우회 활동 당시 정칠성의 모습

정칠성의 서명

무들은 시가(媤家) 갔다, 아들 낳았다, 딸 낳았다.

그러고 시대의 바람에 휩쓸려 모든 동무가 하나둘 떠나버린 뒤 남아 있던 근우회관조차 비바람에 쓰러지고 그리고 나중에는 이름조차 해소되어버렸다. 한 시대는 지나갔다. 우리들 여성이 젊어서 사회운동에 뛰놀던 그 한때도 이제는 지나갔다.

가깝던 동무들도 모두 청춘을 등지고 혹은 ×으로 혹은 무덤으로 혹은 가정으로 혹은 해외로 달아나버리었다. 모두 다 있던 것이 없어졌음이 서글프기 그지없다.

그러나 가는 청춘 애달파한들 무엇하리. 우리의 몸에도 마음에도 새움이 돋아 다시 부활하여야 하겠고, 남아 있는 동무들도 조금도 낙심치 말고 이 땅에 모든 꽃 피우기에 애써다오![161]

정칠성은 자신의 청춘이었던 근우회의 해소, 텅 빈 근우회관, 뿔뿔이 흩어진 동료들을 생각하면 눈물이 솟구치고 마음이 아팠다. 그렇다고 근우회 활동을 추억으로만 회고한 것은 아니다. 지금은 휴양기라며 이때 몸을 건강하게 가져 훗날 다시 만나 활동하자며 희망을 건넨다. 이 시기가 빨리 지나 다시 새로운 날을 맞을 때까지 용기를 내라고 격려한다.

이제 옛 동무들 일을 생각하매 야반에 적막한 눈물이 옷깃을 적신다. 그러나 우리 피차 멀리 떠나 있다 한들 마음이야 변하랴, 정이야 변하랴. 피차에 모두 낙심치 말고, 용기를 내어 시대 형편을 살피고, 그동안 고투에 지쳤던 몸을 충실케 하자. 아무리 활동객이라도 밤낮 뛰

어다니랴. 휴양기가 필요하다. 자복적(雌伏的) 휴양기여, 어서 빨리 지나갈지어다.[162]

정칠성은 대구여자청년회 창립위원이자 집행위원, 삼월회 발기인이자 조직가, 조선여성동우회 발기인이자 집행위원, 근우회 중앙집행위원장, 신간회 중앙집행위원, 경성여자소비조합 이사 등을 역임했다. 주로 사회주의운동 단체에서 활동하던 그녀를 두고 사람들은 걸어갈 때 뒷모습조차 좌경이라 했을 정도였다.[163]

1923년 10월 일본 유학에서 돌아온 그녀는 대구 명신학교 강당에서 이춘수와 함께 대구여자청년회를 창립했다. 대구여자청년회는 "기존 여자청년회들이 종교적 계몽적 성격을 벗어나지 못한 채 여성운동이 미약한 상태에 머물고 있는 데 대한 대안으로서" 처음부터 민족주의적 교육 · 계몽운동을 비판하고 출발한 단체였다.[164] 이는 종교 단체 외에는 조직적인 단체가 없던 대구에 여성 단체가 생겼다는 점에서 의미가 있었다.

정칠성은 1924년 5월 경성으로 올라와 조선여성동우회 조직에 참여했고, 단체 명칭을 처음 명칭인 경성여성동우회보다 전국적인 의미를 갖는 조선여성동우회로 바꾸자고 주장하여 이를 관철시켰다.[165] 그리고 1925년 3월 경북의 도 단위 사상 단체를 표방한 사합동맹 결성에 지역 대표로 참여한 뒤 다시 일본 유학을 떠났다.

조선여성동우회는 주로 여성 대중에게 사상 선전과 교양 활동에 힘을 기울이면서 여성 노동운동을 지도했다. 특히 1924년 3월에 일어난 인천 선미 여성 노동자들의 동맹파업을 계기로, 이들 운동을 지도하려

근우회 발회식

고 인천노동총동맹회에 주요 간부를 파견했다. 이때 정칠성이 주세죽과 함께 상무집행위원으로 활동했는데, 이들의 활동으로 그해 10월 12일 인천선미여공조합이 조직되었다.[166] 정칠성은 사회주의 여성운동 단체 결성 과정에서 동지 규합과 여성 노동운동의 지도를 맡았다.

정칠성은 1927년 신간회 창립 발기인으로 참여했고, 이어 신간회의 자매 단체인 근우회 결성에 참여하여 발기인, 전형위원, 집행위원 등으로 활동했다. 1928년 임시 전국 대회 자격심사위원, 1929년 2회 전국 대회 준비위원회 안건 책임자를 거쳐 근우회 중앙집행위원장에 선출되었으며, 1931년 신간회 중앙집행위원이 되었다.

강연과 『근우』 편집

근우회는 전국적으로 60개의 지회가 조직되었다. 여성 의식을 높일 수 있는 강연회와 토론회, 회원 모집 및 회원 간의 친목을 도모하는 야유회 · 체육대회 · 윷놀이대회, 기술을 가르치는 강습회, 학교 기부금이나 구제 기금을 모금하기 위한 음악회, 부녀자를 위한 야학 따위가 주된 사업이었다. 정칠성은 정종명과 함께 강연회와 토론회의 주요 참가자였다. 강연 주제는 여성 억압을 깨우치거나 근우회와 여성운동의 관련에 대한 내용이었다.

정칠성은 강연 도중 경찰로부터 중지를 당하곤 했다. 1928년 5월 신간회 황주지회 주최 사회 문제 강연회에서는 '여성운동과 신간회'라는 주제로 "조선 여성의 옛날 형편을 말하는 중에 우리 여자는 남자의 완롱물이요 남자의 위안물이요 일개의 생식 기계에 지나지 못하는 노예이었다."라는 말을 하자 주의도 없이 중지당하기도 했다.[167]

정칠성은 1928년 2월 대구지회, 6월 경북 영천지회, 1929년 3월 경북 영주지회 설립 대회에 파견되어 지회 설립을 지원하고 근우회 중앙의 여성운동론을 전파했다. 전 지역에 걸쳐 진행된 파견은 단순한 강연 연설회에 그치지 않고 지회 조직 및 지원과 연관되었다. 1929년 5~6월에 이루어진 정칠성의 지방 순회 강연은 진남포와 의주 등 경의선 방면의 신생 지회를 지원하고 중앙과 지방의 여성운동을 연결하는 것이 목적이었다.

1929년 7월 27일부터 29일까지 3일간 진행된 근우회 전국 대회를 계기로 중앙에서 정칠성의 역할과 위상은 크게 강화되었다. 이 대회에

『근우』 창간호 표지

서 중앙집행위원장으로 뽑힌 정칠성은 근우회 회관 건축 문제를 중점 사업으로 입안시켰으며, 근우회 강령 수정위원을 맡았다. 수정된 강령에는 농민 부인의 경제적 이익을 옹호하고 부인 노동자의 임금 차별 철폐 및 산전산후 2주간의 휴양과 임금 지불이 추가되었다.

근우회의 조직과 사업 방향에도 큰 변화가 나타났다. 먼저 교양부가 사라지고 출판부와 노농부가 신설되었다. 출판부와 노농부의 신설은 잡지 발간과 노동자·농민 여성의 지원이라는 운동 방침의 변화를 염두에 둔 것이었다. 잡지 발간은 1929년 2월 16일 중앙위원회에서 이

미 결의되었던 사항인 그 임무를 신설된 출판부가 맡게 되었다. 그리하여 1929년 5월 정칠성을 편집인 겸 발행인으로 하여 『근우』가 창간되었다.

이 같은 근우회 사업 방향의 변화는 가혹한 노동에 시달리는 농촌 여성들을 위한 탁아소의 증설과 같은 실질적인 성과를 이루어내기도 했다. 그러나 적극적인 사업 진행과 노동운동으로의 집중은 일제 경찰의 탄압에 직면하게 되었다. 정칠성은 1929년 8월 신간회 경성 지회에 연루되어 검거된 것을 시작으로 1929년 9월, 1930년 1월 이유 없는 검거에 시달렸다. 1930년에는 3차 조선공산당 사건의 관련자로, 2차 경

● **체포와 구금**

연도	일자	내용
1929	8월 10일	평양경찰서 고등계, 새벽 4시경 형사대가 근우회 본부 집행위원장 정칠성을 검거했다가 동일 오전에 석방
	9월 30일	전주여자고등보통학교 학생 퇴학 처분 사건에 항의문을 발송한 일로 정칠성, 허정숙 종로서에 검거되어 각각 구류 3일간의 처분을 받음.
	12월 13일	경기도경찰부와 종로서에서 정칠성을 포함한 종교 사회 각 방면의 중요 인사 30여 명을 검거
1930	1월 11일	근우회, 비행 경관 사건에 대하여 긴급 중앙상무위원회를 열고 전기 사건 탄핵 연찬회를 개최할 것을 결의 종로경찰서, 중앙집행위원장 정칠성을 호출하여 중앙상무위원회를 금지시킴
	2월 23일	경기도경찰부 고등과, 정칠성 검거
	3월 9일	석방
	3월 27일	가택수색과 함께 피검
	4월 3일	석방

성 학생 시위 사건 주도 혐의로 연거푸 투옥되었다. 1930년 2월 개최될 예정이던 제3차 근우회 전국 대회는 종로경찰서가 계속해서 허가해주지 않아 5월에야 개최되었는데, 그마저도 주요 행사인 강연회는 금지당했다.

일제 파시즘 체제, 여성운동을 어떻게 할 것인가

근우회 해소론이 제기되었을 때 정칠성은 근우회의 효용을 인정하고 단체의 지속을 주장했다.

> 근우회 내부 일부에 해소론이 대두하였으나 이것은 근우 운동에 대한 인식 착오에서 생긴 시기상조론이라고 생각한다. 원칙적으로 우리는 해소론을 부인하지 않는다. (…) 그러나 금일과 같이 이러한 각 부문운동의 분야에 대해서 일반 조선 여성을 당연히 투입할 것임에도 불구하고 마치 남성 전유의, 남성만의 분야인 것처럼 인식하고 있는 시기에 있어서는 일반 여성의 의식을 촉성시키기 위한 계몽운동 같은 방면이 크게 의의를 가지고 있다. (…) 1931년에는 근우회 운동의 수준을 고답적인 데서 대중적인 것으로 이끌어 활발하고 꾸준하게, 일례를 들면 문맹 퇴치와 같은 계몽운동 방면에 주력하려고 한다. 그리고 학생 직업부인 가정부인 각층의 여성을 근우회의 조직 속에 망라하기 위해 노력할 것이며 더욱이 올해의 숙제이던 회관 건축은 어떠한 곤란을 겪더라도 금년 내에 완성하려고 한다.[168]

정칠성은 근우회 해소 자체를 부정하지 않았지만 아직은 근우회가 해소될 시기는 아니라고 단정지었다. 노동운동, 농민운동 같은 부문운동이 충분히 성숙되지 않았으므로 각 부문을 포괄하는 여성 단체가 필요하다고 판단했기 때문이다. 그녀는 각 부문운동에서 남성과 함께 여성이 자리 잡아야 하므로 이를 망라하는 계몽운동이 필요하며 그 역할을 근우회가 담당해야 한다고 주장했다.

> 나는 과거 10년간을 사회적 경제적 가정적으로 몹시 학대를 받고 있는 조선 여성을 건지기에 애쓰노라고 하였습니다. 그래서 근우회가 된 뒤부터는 비록 부족한 힘이나마 정성만을 다하여 그에 이 몸을 바치기를 게으르지 아니하였습니다. 저는 제가 맡은 여성운동의 부문만을 굳세게 지키고 빛나게 꾸며나가려 합니다.[169]

정칠성은 무산 여성 계급운동이 미약했던 원인을 근우회의 한계가 아니라 조선 여성의 지위가 지닌 특수성에서 찾았다. 근우회의 계몽활동으로 여성들의 계급의식 자각을 촉구하고 이를 대중운동으로 이어갈 것을 주장했다. 그녀는 문맹 퇴치와 같은 계몽운동으로 의식을 높여 여성이 운동의 주체로 나아가야 한다고 했다. 이러한 바람은 1930년 근우회의 계획으로 "새해부터는 특히 농민 노동자 층의 부인을 중심 삼아 교양을 시키고 싶소. 조선의 부인운동이 근우회를 중심으로 움직이고 있다."고 밝힌 데에서도 나타났다.[170]

근우회 해소론자로 알려진 정종명도, 근우회 해소에 동의하지만 시기상조론을 제기했던 정칠성도 노동자 · 농민 여성의 해방이 곧 여성해방이라고 생각했다. 다만 근우회 해소와 유지를 두고 여성운동의 방향과 방식이 달랐을 뿐이다. 정종명은 큰 단체를 먼저 만들고 부문운동을 할 것이 아니라 부문운동에서 시작해서 큰 단체를 만들 것을 제안했다. 1930년대 들어 일제의 탄압은 1920년대 중반과 비교할 수 없을 정도로 치밀해지기 시작했다. 이에 정종명은 노동자 · 농민을 기반으로 하는 소규모 조직을 바탕으로 여성운동이 진행되어야 한다고 생각했다. 아마도 그녀는 이러한 대응이 일제 경찰의 탄압에 효과적이라고 생각했으리라. 반면에 정칠성은 큰 단체가 있어야 무산 여성을 포함한 여성들을 계몽시켜 의식을 높일 수 있고, 이들을 기반으로 한 운동을 이어갈 수 있다고 주장했다. 그녀는 근우회가 노동자 · 농민 여성의 의식을 높이는 데 여전히 큰 역할을 할 것이라고 생각했다.

어쨌든 정종명과 정칠성은 여성해방의 목표가 비슷했다. 근우회 해소냐 유지냐를 단순하게 계급적 선명성의 강조인가 아닌가로 평가할 것은 아니다. 해소론이든 유지론이든 일제 파시즘 체제가 작동하기 시작하는 변화된 상황에서 여성운동을 어떻게 할 것인가라는 고민 속에서 나왔던 것이다.

해방 뒤, 부총 부위원장의 행보

해방 뒤 정칠성은 건국부녀동맹 · 조선부녀총동맹 · 남조선민주여성동맹 부위원장, 민주주의민족전선 중앙상임위원 등을 맡아 각종 집회에서 축사를 하거나 강연을 하는 등 여성운동 지도자로서 활발하게 움직였다. 특히 조선부녀총동맹 활동에 힘을 쏟았던 그녀는 여성에 대한 억압을 말하면서, 여성운동의 발전을 논하기 전에 먼저 여성에게 자유를 주기를 바랐다.

> 더욱 절박한 고통을 주는 건 조선의 남편들이에요. 소위 민주 진영의 일꾼들까지 가정 내의 민주주의는 영 모르고 아내를 계몽하지 않고 독서나 집회를 위해서 시간을 주지 않고 이러곤 여성운동이 활발하지 않는 것만 개탄하잖아요.[171]

정칠성은 1945년 10월 14일 건국부녀동맹이 주관한 길거리 연설을 시작으로 12월 6일 조선문화건설중앙협의회가 주최한 정치 문제 대강연회에서 '여성해방의 당면 문제'로, 1946년 1월 부총 부녀 시국 강연회와 11월 남조선노동당 창립 기념 강연회에서 '일본제국주의의 학정'이라는 주제로 강연을 했다.

그녀는 해방공간에서 자신의 정치적 입장을 분명하게 밝혔다. 『여성공론』에서 실시한 설문 조사에서 정권 형태는 "누누이 부르짖는 바와 같이 인민위원회 형태로 세워야 하며 반동분자를 숙청한 인민을 위한 정부"이어야 하고 "국호는 인민의 주권을 가진 민주주의 인민공화국으로" 정할 것을 제안했으며, '남조선 단독정부란 무엇일까?'라는 질문에는 "친파쇼분자 및 민족반역자들을 철저히 숙청한다는 원칙하에서 저이들의 발붙일 곳이 없기에 조선이야 망하든 흥하든 단정을 세워 자기의 생명을 연장하려 함이요 통일정부가 서면 민족반역자로 물러서게 되는 까닭에 온갖 흉악한 음모를 하는 것이니 이는 철저히 분쇄해야 한다."라고 응답했다.[172]

해방공간 정칠성의 모습

유영준과 마찬가지로 정칠성도 미 군정 경찰의 감시를 받았으며 여러 차례 검거를 당하기도 했다.[173] 1947년 황해도 해주에서 열린 남조선 인민대표자 대회에 참석하고 남쪽으로 돌아왔다가 1948년 4월 전조선 정당사회단체 대표자 연석회의에 참석하려고 월북한 뒤 1948년 제1기 최고인민회의 1기 대의원, 1955년 조선평화옹호전국민족위원회 부위원장, 1956년 조선노동당 중앙위원 후보, 1957년 조선민주여성동맹 부위원장, 최고인민회의 평안북도 대의원을 지냈다. 이후 행적은 확실치 않은데 1958년 남조선노동당 계열이 숙청될 때 밀려나 사망했다는 설이 있다.[174]

국제무산부인데이와 여성의 날

1924년 조선여성동우회는 처음으로 국제무산부인데이를 기념하는 강연회를 개최하려 했으나 일제 경찰의 금지로 열지 못했다. 그리고 1925년 조선여성동우회, 경성여자청년동맹, 경성여자청년회 합동으로 기념 강연회를 열었다. 이날 강연의 주제는 '이날을 당하여'(김조이), '조선 무산 부녀의 상황'(박희자), '부인해방의 원동력'(주세죽), '국제무산부인데이'(박원희), '국제부인데이의 의의와 부인운동'(허정숙), '현 사회와 부인의 지위'(김수준)' 등이었다.

근우회는 국제무산부인데이를 기념하고자 3월 8일이 아닌 4월 16일을 '여자 날'로 결정했다. 근우회는 왜 그런 결정을 했는가. 근우회 창립 때 토의 사항 가운데 '구도덕 및 인습 타파의 건'을 토의하려고 했으나 경찰이 금지하여 무산되고, "의안 중 '여자 날'에 대하여는 전 세계적 여자 날인 3월 8일로 하자는 의론도 많았으나 조선은 여성운동에도 경찰의 간섭이 심하므로 그날을 지키기 곤란하리라 하여 4월 16일로 여자 날을 정"했던 것이다.[175] 이때 정칠성은 시위를 하자고 의견을 내놓았지만 경찰의 간섭으로 진척되지 않았다. 이렇게 시작된 국제무산부인데이 기념식은 1931년까지 지속되었다가 일제의 금지로 더는 열리지 못했다.

그 후 '여성의 날' 기념식이 열린 때는 해방 후 1946년이었다. 1946년 전국부녀총동맹과 독립촉성부인단, 여자국민당, 한국애국부인회 등의 여성 단체가 기념 강연을 가졌고, 1947년에는 남조선민주여성동맹이 3월 1일부터 8일까지 부녀 해방투쟁 주간을 설정하고 3월 8일 천도교기념관에서 국제부인데이 기념식을 거행했다.

정칠성은 여성의 날과 관련하여 「국제무산부인데이 유래(상)」(1947년 3월 6일), 「국제무산부인데이 유래(하)」(1947년 3월 8일), 「부녀절을 맞이하여(상)」(1948년 3월 7일), 「부녀절을 맞이하여(하)」 등의 글을 4회에 걸쳐 〈독립신보〉에 실었다. 그녀는 "3월 8일 이날은 전 세계 근로여성의 해방투쟁 기념일"이라며 1910년 국제사회주의 여성 대회에서 처음 제기된 기원을 다음과 같이 설명했다.

> 1910년 덴마크의 수도인 코펜하겐 시에서 국제사회주의 여성 대회가 소집되었다. 이 대회의 주요한 강령으로는 여성에 대한 선거권 문제가 제시되었다. 그리하여 이 대회에서는 매년 3월 8일을 국제부인절로 결정하고 여성들의 자유와 평등을 부르짖는 민주주의운동의 국제적 기념을 진행시키기로 되었다. 그 이듬해 1911년 3월 8일에는 오스트리아, 덴마크, 독일, 서서(瑞西) 등지에서 첫 번 기념일을 가졌다. (…) 그 후 1917년 3월 8일에 페트로그라드의 방직 여공들은 기아와 전쟁과 쯔아의 학정을 반대하고 드디어 일어났다. '배고프다, 빵을 다오', '전쟁에 나아간 남편과 아들을 돌려보내라', '쯔아를 타도하라'는 구호를 외치고 시가를 행진하였다. 고통과 통분에 싸였던 노동자들은 이 여공들에게 호응하여 무려 20여만 군중이 시위에 참가하였다. 이것이 저 1917년 11월 러시아 사회주의 혁명에로의 계기가 된 3월 혁명이다. (…) 남녀평등의 첫길이 열리게 되었다.[176]

이보다 앞서 발표한 글에서는 '여성의 날'이 조선에 정착하게 된 현실과 상황을 이렇게 설명했다.

여성 압제의 봉건적 노예 도덕 밑에서 모욕과 천대로만 살아온 우리 조선 여성도 일제의 식민지이기 때문에 비록 뒤떨어졌으나 발전의 법칙인 인류 역사의 회전에 발맞추어 자기의 불리한 처지에 눈뜨기 시작하자 여성의 천직의 직장인 부엌과 안방에서 너도나도 학교 교문으로 생산진으로 진출케 되었으며 기미년 3·1 반제 투쟁 이래 일제의 무서운 탄압 밑에서도 조국 독립을 위하여 지하에서 표면에서 꾸준히 투쟁을 계속 (…) 여성동우회, 근우회 계열 여성들이 1924년부터 합법 혹은 비합법으로 이 3월 8일을 기념해왔으며 해방 후 작년 3월 8일은 부총을 선두로 남조선 전 시군 지역에서 전국적으로 이날을 성대히 기념하였고 금년 3월 8일은 남조선민주여성동맹 중앙에서는 천도교기념관에서, 전국 각 지부는 지방에서 여권 확립, 조선 완전 독립, 세계 평화 달성을 목적으로 이날을 성대히 기념하는 바이다.[177]

'세계 여성의 날' 유래를 두고 미국이냐 유럽이냐를 따지기보다는 나라마다 여성의 날을 기념하기 시작한 시기라든가 배경이 다르다는 점을 고려하는 것이 필요하다. 한국의 경우는 정칠성의 지적처럼 1924년 국제무산부인데이로 시작했으나 일제의 탄압으로 금지되었다가 해방공간에서 다시 기념했던 것이다.

내가 생각하는 신여성이란?

일제강점기 여성 활동가들의 외모는 종종 가십거리가 되었다. 정칠성은 여성이 머리를 짧게 깎거나 기르는 데에는 별다른 뜻이 없다며, 오히려 사회의 관심이 우습다고 지적했다. 그리고 자신이 단발했다가 다시 머리를 기른 까닭은 여성운동을 하기 위해서라고 말하면서 왜 여성들의 머리카락이 관심거리가 되는지 되물었다.

> 내가 머리를 깎은 것도 아무 특별한 의미가 없는 것이요 또한 깎았던 머리를 다시 기르는 것도 아무 의미가 없는 것이외다. (…) 머리를 왜 길렀느냐 그것은 머리를 깎고 보니까 일반의 가정부인하고 거리가 생기는 것입니다. (…) 이에서 일에 지장이 있습니다. 그래서 머리를 길렀습니다. 그러나 머리를 깎았다고 하여 무슨 위법의 짓이나 한 듯이 야단할 것도 아니요 또한 깎았던 머리를 길렀다 하여 거기에 무슨 이유를 찾으려고 할 것이 아닙니다.[178]

여성운동가로서의 정칠성의 행보는 끊임없이 관심의 대상이었다. 단지 그녀가 '여성'이라는 데에만 주목한 관심에 그녀는 생물학적 성(性)은 중요하지 않다고 말했다.

> 이 사회에 대한 나의 지위와 의무를 깨달은 뒤부터는 생리적 조건 같은 것은 아무 문제가 아니 되었습니다. 그까짓 사내로 태어나면 어떻고 여자로 태어나면 어떠합니까? 여자라고 사내들이 할 일을 못하란

법이 어디 있습니까. 우리의 당면한 일은 사내가 더 잘하고 여자가 더 못하란 법이 없는 그런 엄숙한 일이외다. (…) 다시 한번 태어날 수 있다고 생각이라도 하여보자면 역시 지금 모양으로 태어나서 사람이 되고 싶습니다.[179]

그녀에게 삶은 "굳건한 의식이 서기 전의" 옛일은 아무런 가치가 없고 의식이 있는 현재가 힘겨워도 가치가 있었던 것이다. 그녀는 또 자각(자의식)은 양성 관계의 신도덕이라며, 가정적 의무와 사회적 의무가 충돌할 때 조선 여성들은 어느 쪽을 선택해야 하는가라는 질문에는 이렇게 대답했다.

정칠성: 옛 시대에는 (…) 여성의 의무란 것이 그 가정적 의무를 다 하는 것이 전부였겠지요. 그러나 현대 같은 어느 과정에선 사회에서는 여자의 동원을 절실히 요구하고 있습니다. 큰일에 나와 달라고 (…) 간청하고 있습니다. (…) 그러니까 의례히 우리들 신여성이 나갈 길이란 분명하지 않습니까.

기자: 남편이 이혼이나 하여버린다면? 즉 쫓아내버린다면?

정칠성: 조선의 형편에 그렇게 되면 여성들이 당장 의식주 할 곳이 없게 될 터이니까 되도록은 남편에게 배반을 아니 받을 정도로 사회일을 하여나가야 할 것인 줄로 압니다. 가정적 의무와 사회적 의무가 충돌이 아니 되고라도 조화되어 나갈 수 있을 줄로 압니다.

기자: 그래도 남편이 제한한다면?

정칠성: 그렇다면 그 가정을 뛰어나와야 하겠지요. 남편보다 일과 동

지가 더 중하니까요.[180]

정칠성은 만약 남편이 사회 활동을 막는다면 신여성은 가정을 뛰쳐나와야 한다고 말했다. 그리고 '신여성'이란 호칭에 대해 "왜 신남성은 없고 하필 신여성인가요?"라고 반문하면서 자신이 생각하는 신여성을 이렇게 설명했다.

내가 보는 바 신년에 신호를 울리며 앞날의 거룩한 신생활의 힘찬 신호를 울릴 참말 신여성은 오직 연초, 제사, 방직공장 등 흑탄 연돌 속에서만 볼 수 있는 것입니다. 그들의 생명을 재촉하는 새벽 다섯 시 고동 소리와 함께 피곤한 다리를 옮겨놓는 그들! 여기에 그들의 걸음이야말로 이 앞날 신생을 개척할 행군의 조련이며 그들의 눈물과 고역의 피와 땀은 앞날 약속을 신호하는 것입니다. 그밖에 로자, 콜론타이, 클라라, 나이두 등 여러 훌륭한 혁명 부인의 걷는 걸음을 걷지 않으면 아니 될 우리 조선 부인들, 우리는 이것을 목표로 신호를 올려야 될 줄 압니다.[181]

정칠성은 공장노동자를 새로운 신여성상으로 제시했다. 여성해방의 주체이자 지향해야 할 여성상인 무산 여성을 여성 노동자의 형태로 구체화한 것이다. 조선의 미래와 희망을 노동하는 여성들에게 걸었던 그녀는 철저하게 노동 여성의 틀 안에서 직업여성의 의미를 규정하고자 했다.

여성해방의 길과 무산 여성

정칠성은 『근우』에 발표한 「의식적 각성으로부터」라는 글에서 다음과 같이 주장했다.

> 다 같은 세상에 같은 여자만으로도 그와 딴판의 생활을 하고 있는 무산 여성은 문명도 무엇도 아무 상관 없이 예나 지금이나 조금도 변함 없이 한없는 천대와 빈곤에서 시달림을 당하고 있다. 한 몸으로 능히 감당하기 어려운 고력이 아니고는 하루의 목숨을 부지할 수 없는 가련한 운명이다. (…) 일반 선각 여성들은 너무 개인의 향락만에 정신을 쓰지 말고 같은 운명에서 울고 있는 암매한 동렬을 위하여 분투와 책임을 가져야 될 줄 안다. 따라서 모든 운동에 있어서는 남녀 공동전선을 버리면서 또는 여성운동은 전체 운동의 중요한 부분이라고 떠들기만하고 오히려 봉건적 낡은 도덕은 여성 자신에게만 맡겨두고 무자비한 비판과 무책임하게 방관 조소만 하는 신구 남성의 철저한 각성과 노력도 잊어서는 아니 될 줄 안다.[182]

정칠성은 조선의 여성을 크게 유산계급과 무산계급으로 구분하고, 먼저 깨달은 여성이 무산계급 여성을 도와야 한다고 했다. 여성운동이 중요하다며 떠들기만 하고 낡은 도덕으로 여성을 통제하려 한 남성 지식인과 운동가들에게는 철저한 자각과 노력을 요구했다.

그녀는 또 「신여성이란 무엇 - 가치 대폭락의 허물은 누구에게」,

「참자유의 길」, 「의식적 각성으로부터」 등의 글에서 무산 여성에 관심을 두고 여성해방을 주장했다. 해방 뒤 그녀가 관심을 둔 여성은 오로지 무산 여성이었다. 그녀에게 유물론적 변증법은 유일한 과학이었으며, 여성의 세계관은 프롤레타리아트의 세계관과 일치하며 독자적 여성관은 편견이라고 주장했다.

이러한 생각은 모든 판단의 잣대였다. 미신과 관련한 논의에서도 이를 엿볼 수 있다. 그녀는 미신을 자연발생적 미신과 계급적 이익을 유지하려 만들어낸 미신으로 분류하고, 계급만이 미신을 타파할 수 있는 기준이라고 했다. 그리고 미신을 떠받드는 여성들이 과학에 눈을 뜰 때 미신이 여성들에게서 떠날 것이라고 보았다.

> 우리가 지금부터라도 일체의 미신을 차버린다면 전에도 말한 바와 같이 우리를 압박하는 계급의 얄밉게 베풀어놓은 한 가지 꾀를 부숴버리는 세움이 되는 것입니다. 얼마나 쾌한 일입니까. 우리의 앞에는 믿을 것이 있다면 과학이 있을 뿐입니다. 과학은 무한한 과거부터 무한한 미래까지 우리가 사는 이 우주를 섭리하여왔고 또 그리할 것입니다. 따라서 우리는 이 귀중한 과학의 현미경을 통하여 미신의 밑바탕을 살피고 캐어내어 그 중독을 피해야만 될 줄 압니다.[183]

정칠성은 미신은 무지에서 생겨나는 것이므로 여성의 무지를 타파하는 길이 미신을 벗어나는 길이요 여성해방의 길로 나아가는 길이라고 했다. 또 변증법적 유물론과 프롤레타리아 과학만이 여성을 계몽하며 모든 여성이 이에 발맞추어야 한다고 주장했다. 무산 여성의 의식적 각성이 가장 필요한 일이라고 보았던 그녀의 생각은 '지금까지 어떤 글을 썼느냐'는 질문에 대한 답변에서 잘 드러난다.

나의 오늘날까지 걸어온 길이란 오로지 조선의 여성을 위해서이지만 글로써 발표한 것이나 말로써 부르짖은 것이나 모두 다 조선의 여성에게 각성하라는, 현실을 잘 파악하는 여성이 되라는 것뿐이었지요. 다시 말하면 가장 현실을 잘 알고 현실을 똑바로 보는 사람이 되라는 것뿐이었지요.[184]

1945년 12월 12일 생활문화사가 주최한 좌담회에서 정칠성은 실천하는 문화를 주장하면서 여성해방의 길을 다음과 같이 주장했다.

우리의 당면한 일은 여성해방입니다. 여성이 직장으로 진출할 수 있도록 하여야 합니다. 그것을 위해서는 부엌도 누구든지 쓸 수 있도록 개조하고 남편이든지 아내든지 먼저 집에 돌아온 사람이 밥을 짓도록 해야 합니다. 우리가 우선 만들고자 하는 것은 직장으로 가는 부인을 위한 탁아소입니다. 유산 부인은 문제 아니지만 직장에 나가는 부인이나 농촌 부인은 탁아소가 절대로 필요합니다. 조선 부인이 헤어나지 못하는 이유의 또 한 가지는 빨래입니다. 공동 세탁소에서 빨아 입을 수 있는 옷감을 선택해야 합니다.[185]

정칠성은 여성해방의 첫 번째 길은 여성의 사회 활동이라고 파악했다. 사회 활동을 하려면 여성에게 편리한 생활환경을 제공해야 하는

데 가장 먼저 서둘러야 할 것은 주택 개량이라고 보았다. 부엌 개량의 경우, 누구든지 이용하게 편리하게 부엌이 개량되면 남녀 구분없이 먼저 집에 들어온 사람이 식사를 준비하는 것이 현실 가능한 생활개선이라고 제시했다. 그리고 의복의 경우 "의복이 남편의 마음에 들도록 한다느니 뭐니 하는 것은 절대 반대입니다. 의복은 위생적으로 좋으면 그만입니다."라며 가정은 부부 공동 책임임을 강조했다. 그리고 여성에게 필요한 기관을 설치하는 것이 민주주의 국가의 책임이라며 직장 부근에 탁아소 설치, 휴식 시간에 수유할 수 있는 장소 마련, 근로 여성을 위한 산원(産院) 설립 따위가 가장 먼저 이루어져야 한다고 주장했다. 이는 해방공간에서 조선부녀총동맹이 제기했던 문제로 일상생활에서 이루어져야 할 주요한 과제였다.

정칠성의 발자취와 글

연도	내용
1897	경상북도 대구 출생
1905	기생 수업 시작
1916	한남권번 소속
1919	도쿄영어강습소 수학
1922	동경에서 여자흥학회 간사로 활동, 삼월회 발기인
1923	귀국, 물산장려운동에 참가, 10월 대구여자청년회 창립, 집행위원
1924	5월 조선여성동우회 결성, 발기인이자 집행위원
1925	3월 경상북도 도 단위 사상 단체 사합동맹 결성, 3월 31일 도쿄기예학교(재봉학교) 입학, 『로자 룩셈부르크 - 여성과 사회』 팸플릿 발간
1927	5월 근우회 결성 참여, 중앙집행위원, 신간회 창립 발기인
1928	조선여자직업사 창설, 근우회 경성지회 설립준비회 발기인
1929	6월 신간회 복대표대회에서 중앙위원으로 선출, 7월 근우회 중앙집행위원장, 조선어사전편찬회 창립 발기인
1930	근우회 해소, 시기상조론 제기
1931	5월 신간회 해소론 수용, 신간회 전체대회에서 중앙집행위원(해소위원)으로 선출
1932	평양여자소비조합 조직준비회 기초위원
1935	조선일보 기자
1937	장진 대동광업소 근무
1938	5월 장진 삼포금광배급소 주임
1945	9월 경북도당 책임 부녀부장, 조선부녀단체대표자대회 소집준비위원회 준비위원, 조선부녀총동맹 결성 대회 임시의장, 부총 중앙위원, 조선건국준비위원회 경성지회 상임위원
1946-1947	부총 부위원장, 민주주의민족전선 중앙상임위원
1948	남조선민주여성동맹 부위원장, 민주주의민족전선 위원, 남조선인민대표자대회에서 제1기 최고인민회의 대의원으로 선출

1955	조선평화옹호전국민족위원회 부위원장
1956	조선노동당 중앙위원 후보
1957	조선민주여성동맹 부위원장, 최고인민회의 평안북도 대의원
1958	반종파투쟁 때 반혁명 사건에 연루되어 숙청

「의식적 각성으로부터: 무산 부인 생활에서」

지금 세상은 살기 좋은 세상이다. 과거 여성 중심 시대 이후 수세기를 통하여 무한의 설움으로만 내려온 우리 여성도 이제는 좋은 시대를 만나 자유평등을 부르짖으며 여성의 천국인 안방과 부엌으로부터 사람의 세상인 가두에로 나서 밥 짓고 옷 짓고 아이 기르는 천직 외의 온갖 학문을 다 배우게 되었으며 남자에 지지 않는 생활과 활동을 하게 되었다. 그것뿐인가. 전에 볼 수 없는 온갖 향락의 기구며 시설은 여자뿐만이 아니겠지만 어떻든지 살기 좋게 된 세상이다.

이와 같이 살기 좋은 세상에 다 같은 여성으로서도 그 생활이 정반대로 되어 있으니 그 하나는 현대의 주인공인 유산계급의 처, 첩, 따님으로 타고난 팔자 좋은 운명의 소유자이며 또 하나는 모든 발달에 따라 더욱 비참한 운명에서 고력을 더욱 하게 되며 현대 문명의 하등 혜택을 입지 못한 무산계급의 여성이다. 보라 저 유산계급에 속한 아낙네의 생활이 어떠한가. 차라리 옛날 궁중 생활 이상으로 향락을 누리고 있지 않는가. 그들 아낙네의 중요한 노력으로는 자기의 주인인 남편의 노리

갯감에서 낙제되지 않으려고 미용법 웃음 연습이 그 제일이다. 사랑스러운 자녀는 일신의 안일을 위하여 무책임하게도 유모란 노예에게 맡기고 손가락 하나 꿈적거림에도 자유자재이다. 능라주단에 금의육식도 부족하여 인삼녹용에 갖은 복약으로 신체를 윤택케 한다. 그중에도 신교육을 좀 받은 아낙네는 더욱 행복스럽다. 집 안의 오락 장치는 물론이요 가끔 활동으로는 자동차 전차 인력거 기타로 교외 산보, 친구 심방, 활동사진 구경, 음악회, 예배당, 사치품 사기 위한 출입으로 심심풀이를 하며 그 밖에 그들의 힘으로도 능히 할 수 있는 한에 일반 공공사업에는 말만 들어도 열 길 스무 길 뛰며 회피한다. 그중에도 혹 눈뜬 자가 있다면 백의 둘을 헤이기 어려운 현상이다.

또 구식 아낙네를 보면 남편과 자녀와 자기에게 손복이 돌아올까 두려워하며 죽어 극락세계를 가려고 무당 판수 사원 발원 등으로 그들의 종생 사업을 삼는다. 이 얼마나 기가 막힌 일이며 행복스러운 사람인가?

그러나 다 같은 세상에 같은 여자만으로도 그와 딴판의 생활을 하고 있는 무산 여성은 문명도 무엇도 아무 상관 없이 예나 지금이나 조금도 변함없이 한없는 천대와 빈곤에서 시달림을 당하고 있다. 한 몸으로 능히 감당하기 어려운 고력이 아니고는 하루의 목숨을 부지할 수 없는 가련한 운명이다. 보라! 농촌의 여성들을. 남들은 봄을 맞을 때 거룩한 차림으로 아버지는 아들, 어머니는 딸의 손목을 이끌고 공원으로 야외로 산보 구경으로 즐거움을 느끼는 대신 길고 긴 봄여름날 새벽부터 온종일 논과 밭 노동으로 그들의 몸은 피곤하며 그들의 형태는 흑인이 부럽지 않게 타고 익었다. 그것뿐이랴. 밤이면 좀 편안히 쉴 틈도 없이 시부모와 자녀와 남편의 시종 및 기타 가정노동으로 닭이 울 때까지 잠잘 수도 없으며 그중에도 남편의 주정과 우월감에 트집까지 받지 않을 수 없는 운명이며 기계공업이 발달되었든 말든 태고의 수공업인 길쌈까지도 다하지 않을 수 없는 형편이다. 엄동설한 추운 시절에 의복과 덮을 것도 변변치 못한 그들은 그중에도 가장 서러운 것은 배고픈 것이다. 남들은 한가한 농촌 생활 하지만 그것은 향락자의 배 뚜드리는 소리요 참말 농촌 생활이 얼마나 참담한가는 그들 자신이 아니고는 도저히 맛볼 수 없는 것이다.

그 밖에 도시의 각 공장 및 기타 각 방면에 산재한 무산 여성을 보라. 어린 자식의 배고파 우는 소리 어머니를 부르며 흙과 똥을 함부로 집어먹음에도 돌볼 틈도 없이 하루에 열두 시간 내지 열 시간 노동을 하지 않고는 살 수 없는 공장 부인이다. 게다가 공장의 해고란 선고에 떨어지지 않으려고 아첨과 화장은 마침내 개성을 여지없이 유린을 당하고 현대 경제조직의 표현인 생산 과다란 병은 그들로 하여금 때때로 거리에 방황하게 한다. 여기에서 요사이 세상의 자랑거리인 '룸펜 프롤레타리아' 대군을 보게 되는 것이다. 이와 같이 불행에 빠진 여성이 어찌 농촌과 공장뿐이랴. 유곽 부잣집 하인 기타 각 방면에서도 많은 여성의 비참을 우리는 잘 알며 보지 않는가. 최근 수년 이래 우리 곳에도 삶에 눈뜨기 시작하자 표어로 농촌에로 공장에로 하고 부르짖었으며 지금도 그러하다. 그러나 아직껏 우리 여성에게는 조그마한 진보도 볼 수 없으며 의연히 고력과 암흑과 빈곤에서 신음하고 있다.

아! 자매여 이와 같이 비참한 생활을 하지 않고는 살 수 없는 이 비극을 어찌하여야만 할 것이며 누구의 죄인가?

형제여 우리는 어느 때까지 이 불행을 천명에만 맡기고 말 것인가. 구조선(救助船)이 오도록 시절만 바랄 때가 아니다. 우리의 운명은 우리 스스로 개척하지 않으면 아니 된다. 그러면 우리는 어떻게 해야 될 것인가. 오직 하나인 단결과 각성이 우리의 무기이다!

나는 여기에서 끝으로 한마디 하고 싶은 것은 일반 선각 여성들은 너무 개인의 향락만에 정신을 쓰지 말고 같은 운명에서 울고 있는 암매한 동렬을 위하여 분투와 책임을 가져야 될 줄 안다. 따라서 모든 운동에 있어서는 남녀 공동전선을 버리면서 또는 여성운동은 전체 운동의 중요한 부분이라고 떠들기만 하고 오히려 봉건적 낡은 도덕은 여성 자신에게만 맡겨두고 무자비한 비판과 무책임하게 방관 조소만 하는 신구 남성의 철저한 각성과 노력도 잊어서는 아니 될 줄 안다.

『근우』 제1권 제1호, 1929

「동지 생각」

황신덕이여!

허정숙이여!

우봉운이여!

조원숙이여!

심은숙이여!

강아그니아!

하고 나는 목이 쉬도록 불러봐도 옛날의 내 동무는 어디에 가 숨었는지 대답조차 없구나. 분명히 장안 네거리 속에 살면서 아침이면 동대문으로 떠오르는 햇빛을 맞고 저녁이면 필운대에서 사라지는 새벽별을 나와 같이 보내고 있으련만, 아하, 어느 동 어느 번지로 가서 찾으면 그립던 내 동무들이 다시 옛날과 같이 아이구 '언니여' '동무여'하고 뛰어나와 손을 마주 잡아줄는고.

정종명이여!

주세죽이여!

이현경이여!

현계옥이여!

하고 다시 불러보아도 혹은 멀리 해삼위에 있다는 소문뿐으로 혹은 서장 외몽고에서 지낸단 풍문을 바람결에 들을 뿐으로 혹은 지척이 천리인 곳에 가 있다는 말뿐으로 그 역 아무리 소리를 짜서 불러보아도 응기(應氣)라고 없구나. 살아 있는 동무가 이럴 적에는 이미 수천 리의 저 공동묘지에 살을 구데기에 뜯기고 있을 박원희 동무인들 아무리 부른들, 그네의 입김이나 바람결에 들려지랴. 이리하여 한 가지에 앉은 수십 마리 참새들 모양으로 아침나절 같이 지절대던 동무들은 다 떠나가고 가을밤 ×××에서 외로이 울며 나는 주야장천 저 외기러기같이 나만 고달프게 서서 있구나. 혼자 벗들의 이름을 부르고 있을 뿐이구나.

세월이 이렇게 변할 수 어디 있으랴. 이렇게 동무들이 다 떠날 번이어디 있으랴. 나는 오늘도 종로 뒷거리 공평동의 옛 근우회 터전을 바라보고 전차 속에서 혼자 울었노라. 한참 번영하던 그 당철에는 종로 네거리를 좁다고 네 활개 치고 다니던 우리가 아니었던가. 어느 동리,

어느 모퉁이를 지나봐도 유쾌하게 기운 있게, 씩씩하게 지나다니던 우리 동무들이 있지 않던가.

그렇건만 아아, 모든 것은 가고 지금은 한갓 애상의 추억만이 남았구나.

괴로운 적막한 이 옛 생각만이 보신각 위를 떠도는 유유한 일편의 백운같이 가슴을 괴롭게 굴 뿐이구나.

운동이 있고서 회관이 있다.

사람이 있고서 운동이 있다.

지금은 모든 사람들이 다 갔다. 남아 있는 것은 몇 동무가 못 된다.

한참 당년, 근우회의 집행위원들의 멤버는 쟁쟁하였다. 그러나 지금은 집행위원은 고사하고 회원조차 남아 있음이 없다.

황신덕 동무는 가정에 들어가 서울 동대문 밖 전원에서 벌써 두 아인가 세 아이의 어머니 노릇 하기에 주야불분(晝夜不分)이고, 허정숙 동무는 옥에서 나온 뒤 광화문 근방에다가 태양요양원을 내고 서투른 솜씨에 억지 의사 노릇을 하고 있는데 그 역 가정의 주부가 되어 지금은 세 아이를 거느리고 살림 치사에, 아들 교육에 분주하며, 조원숙 동무는 부군 양명을 상해에서 이별하고 애아를 안고 한동안 경상도의 시가에 가 있다더니 그 역 수년째나 편지 한 장 없고, 우봉운 동무는 그 역 격이 맞지 않게 신문 근유원(勤誘員)이 되어 서울 모 신문사 문을 아침 나절 출입하며, 심은숙 동무는 그 역 가정의 주부가 되어 지금은 삼남매인가의 어머니로 아이들 뒤치다꺼리하기에 해를 보내는 모양이며, 강아그니아 동무는 부군보다 먼저 옥에서 나와 한동안 서울서 대기 중이더니 얼마 전에 부군 하필원 씨와 같이 그의 고향인 삼남 전원에 가

버리었다. 이 밖에 박호진, 김정원은 다 어디 갔는가. 박 동무는 서울에 있단 말 들릴 뿐, 김 동무는 동경인가 유학 갔다가 다시 돌아왔다는 말이 들리더니 그 진부는 까마아득할 뿐.

또 정종명 동무의 형기는 아직도 1, 2년 남아 있는 듯, 주세죽 동무는 떠돌아다니는 말에 해삼위에 얼마 전에 있다가 지금은 어데 가 있는지 아무도 아는 이가 없다. 상해에서 부군 박헌영과 갈라진 후 지금은 어느 하늘에 떠도는가. 비록 몸은 해외로 뜬구름같이 동서로 흘러다닐 터이나 생각만은 근우회관에 있고 부군이 복역하는 서울 산천을 떠나는 날 없으리라. 이현경 동무는 북평에 가 있다가 그 뒤는 어찌된 줄 모르겠고, 현계옥 동무는 그 역 상해로 모스크바로 돌아다니다가 남편 현정건을 사별한 뒤 최근은 허리 굽은 외짝 몸을 이끌고 외몽고에 있다는 말을 풍문에 들었다.

이러하여 ×× 것은 나밖에 없다. 이렇게 사고무동지(四顧無同志)할 변이 어데 있으랴. 신간회도 가고, 근우회도 갔다. 이 사람도 가고 저 사람도 갔다. 혹은 저세상에 간 이조차 있다. 그래서 날마다 만나는 친형제 같은 그 동무들을 혹은 2년째 못 만난 이도 있고 혹은 4, 5년째 못 만난 이조차 있다. 아마 이런 허망한 일을 가리켜 옛날의 시인들은 세사(世事)의 무상을 행운유수(行雲流水)에 비기고 한나절, 한단의 일몽에도 부침인 듯.

그러나 비록 시대의 흐르는 힘에 모든 것이 갔다 하자. 모든 동무가 병아리 떼같이 이리저리 흩어졌다 하자. 그리고 우리도 20세 남짓하던 처녀 시대, 소녀 시대를 지나 이미 30, 40 고개를 바라고 장년기에 들었다 하자. 그래서 이 땅 위로 소리 없이 흐르는 역사에 싸여 우리의 시대도 획획 지나가버리는 것이라고 하자.

아모커나 이제 옛 동무들 일을 생각하매 야반에 적막한 눈물이 옷깃을 적신다. 그러나 우리 피차 멀리 떠나 있다 한들 마음이야 변하랴, 정이야 변하랴. 피차에 모두 낙심치 말고, 용기를 내어 시대 형편을 살피고, 그동안 고투에 지쳤던 몸을 충실케 하자. 아무리 활동객이라도 밤낮 뛰어다니랴. 휴양기가 필요하다. 자복적(雌伏的) 휴양기여, 어서 빨리 지나갈지어다. 그러면 그리운 동무들아, 잘 있거라.

아, 나의 벗이여, 동무여, 어디에 가 지금은 무슨 꿈들을 꾸고 있는고.

『삼천리』 제7권 제3호, 1935

「조선 부녀에 대한 미군의 만행 사건에 대하여」

토이기(土耳其), 알바니아 등 서구의 여성은 자기 남편 이외 남자에게 얼굴을 보여서는 안 되던 도덕 밑에서 5, 6월 염천(炎天) 밑에서도 눈만 빼금히 내놓고 얼굴 전체에 베일(장옷 같은 것)을 쓰고 있다고 한다.

이것은 지나친 여성 모욕인 구속이며 이와는 달리 중국 여성의 퇴폐가격으로 환산한 생 금덩이 보관식 보호도 밉살스럽고 흉측스러운 감이 없지도 않다.

현재 영불(英佛) 여성의 융숭한 대접은 훨씬 진보적이긴 하나 그 역 들추어보면 중세기의 미의 찬미인 약자 동정에서 나온 대접이니 그렇게 자랑스러울 것도 못 된다.

그러면 조선 여성은 어떠한가?

그 생사지권이 봉건 영주의 장중물로서의 비분한 역사를 가졌을 뿐 열녀불경이부란 일방적 도덕에 격분함도 없지 않으나 이것이 조선 예의지국이란 자랑거리로 가장 커다란 역할을 하는 것도 사실의 하나다.

이 형형색색의 여성 도덕은 시대와 ×을 따라 다르나 대체로 그 원인을 구명하면 모권 시대에서 부권제도에로 넘어오면서부터 여성을 압제한 데 기인함이라 하겠다.

현대 우리 조선에는 여성의 한 가지 미덕이 있음을 잊어서는 안 된다. 혼혈아를 낳지 않는 숭고한 지조가 곧 그것이다. 다시 말하면 조선 여성은 외국 남자와 결혼을 아니 한다는 것이다.

이 원인을 나는 이렇게 본다.

다른 나라 민족과 접촉이 적었다는 것이다. 그러던 것이 이조 말엽에 와서야 비로소 타민족을 보았다 하나 그것은 조선을 엿보는 노략자들이었으므로 만나면 전쟁을 일으켰고 전쟁 끝에는 무엇보다도 먼저 여성을 약탈하는 것이 성행하였다.

때로는 부모 형제 남편과 자녀를 영원히 보지 못할 왜국으로 끌려간 수천수만의 여성들의 비극도 있었다. 그 후 왜정 36년간 포악무쌍한 솜씨에 치여났기 때문에 왜인이라면 진저리를 낸 것도 무리는 아니었다.

이와는 반대로 조선의 남자를 보자.

아버지의 논 섬지기의 덕택으로 런던, 파리, 뉴욕, 동경 등지로 소위 유학이라고 가서 내 나라를 찾을 준비는 고사하고 내 나라 조선으로 돌아올 때엔 반드시 일본서 첩 양첩 하나씩을 데리고 와서 평화한 집안을 떠들썩하게 만들어놓고 사회를 문란케 한 자 그 수 어찌 한둘이었던가.

그것도 훌륭하다든가 마땅한 여자라면 생각할 여지도 없지 아니하지만 거의 대개가 하숙집 하녀가 아니면 집시(무당) 그렇지도 않으면 거리의 매춘부 등인 것이다.

이 얼마나 수치스러운 일이며 멸시받을 일인가. 보라 우리 여성이 외국 유학을 갔다가 외국 남자를 데리고 온 일이 있었던가.

있었다면 저 친일파들이 일선융화의 공훈을 탐내어 자기 딸을 희생의 제단에 올린 바이니 왜인과 강제 결혼을 당한 그런 것들이었을 뿐이다. 이것만 보더라도 숭고한 조선 여성의 의지를 여지없이 짓밟은 것은 예나 지금이나 우리의 독립을 방해하는 친일파 민족반역자 외에 아무도 아닌 것이다.

현대 그러한 전통과 역사와 숭고한 지조를 가진 조선의 여성이 미군을 천사같이 찬양하며 어버이같이 믿은 것은 무슨 까닭인가? 간단한 이유에서다. 우리를 못살게 억누르고 짓밟는 왜인을 우리에게서 물리치고 우리나라로 하여금 민주 독립 국가로 건설시키고자 이 땅에 찾아왔던 때문이다. 이 현실이 날이 감을 따라 그 은애감 그 신망이 반대의 방향으로 의심과 증오감으로 바꾸어진다는 사실은 어이한 까닭인가.

외국 남자를 받지 않은 조선 여성, 외국인을 싫어하는 긴 역사를 가진 조선 여성이 지금 미증유의 무서운 수난기에 처해 있는 때문이다. 처처에서 벌어지는 미 군인의 조선 여성에 대한 강간 윤간 사건을 우리 여성이 어찌 소름이 안 끼치며 분노가 없을 수 있을 것인가. 지난번 호남선 두계에서 벌어진 미군 차 안에서 발생한 만행 사건을 어찌 우리가 용인할 것인가.

더욱이 우리의 분노를 격하게 만듦은 남편 앞에서 의복을 벗지 않는 우리 조선 여성을 수십 명 외국인 앞에서 발가벗겨놓고 총칼로 위협해가며 윤간을 한 야만적 행동이다. 그것도 홀몸이 아니고 어린애를 업은 모성이다.

이 천인이 공노할 무서운 범죄!

이것이 전쟁 중 왜놈이 북지에서 감행한 만행과 무엇이 다르며 파쇼의 나라 독일이 전쟁 초기에 불란서 여성에게 나체 행렬을 채찍으로 강행시킨 것과 무엇이 다를 것인가.

연합국 군인을 천사같이 구세주로 찬양하고 선진 문명국인임에 우리는 ××××을 ×이라 믿고 바랐던 그 군인이 그렇게도 처참하고 비인도적 만행을 기탄없이 행한 것은 그 근본 원인이 어디에 있는가 우리는 이것을 규명하지 않을 수 없다.

그 원인의 하나는 악질 통역관이 친일파 민족반역자와 결탁하여 자기네들의 이권 획득의 제물로 조선의 여성을 바쳐 우리 여성에 대한 인식을 그르치었고 또 일부 무자각한 기생충적인 여자들이 껌과 초콜릿 드롭스의 유혹으로 조선 여성 전체의 오점을 찍는 행동을 감행한 것이요 또 하나는 우리 민족을 19세기의 흑인 취급과 같은 관념에서 인종차별 즉 타민족을 멸시하는 우월감에서 빚어진 행동이라 여겨지는 것이다.

이것은 다만 우리 여성만의 모욕이 아닌 민족 전체의 치욕이라고 보지 않을 수 없다. 해서 우리 부층은 터지는 격분을 참을 수 없어 지난 ○○일 서울 시내 각 동 부인 대표와 민주주의 각 사회 대표를 초청하여 이 사건 전말을 전하고 같이 하지 중장을 방문하고 다음의 조항으로 항의를 하였다.

1. 범죄 군인을 우리 여성이 보는 데서 벌하여 우리로 하여금 미 군인을 신뢰하도록 할 것

2. 그 한 차에 동승하였던 미 군인 20여 명 중 한 사람도 양심을 바로 가진 자가 없었으니 동범자로 취급할 수 있으니 그들을 대신하여 하지 중장이 천오백만 우리 여성에게 사과할 것

3. 능욕당한 여성은 영영 그 명예가 타락되었으며 가정 파괴로 비참한 일생을 맞게 되었으니 미국 최고의 여성보호법에 기준하여 보상금을 지출할 것 등으로 요구하였던바 하지 중장은 이에 대하여 '내가 더 분하다 철저히 조사하여 사실이면 고려할 뿐 사과도 하겠다'라고 승낙하였다.

그리고 악질 통역 민족반역자 그리고 이들과 결탁하여 조선 여성 전체의 명예를 훼손시키는 무자각한 여성들에게 철추를 가할 것을 거듭 결의하였다.

이상 모든 조선에서 일어나는 가지가지의 불행을 완전히 해결하는 데는 막부(幕府) 삼상 결정을 전폭적으로 지지하며 충실히 실천하는 데서만 해결된다는 것을 강조하며 이에 천오백만 조선 여성의 총궐기를 바라는 바다.

『부인』 제2권 2호, 1947

우리 자신의 해방은
우리의 힘으로

고명자
高明子

1904~1950?

우리 자신의 해방은 우리의 힘으로

고명자(高明子, 1904~1950?)

천오백만 여성의 나아갈 길

1945년 12월 〈자유신문〉은 "천오백만 여성 문제의 해결 여하가 진보적 민주주의 국가를 건설하고 건국 후에 국가 발전상 중대한 관건이 될 것"이므로 여성 문제의 해결은 건국 과제라며 안미생과 고명자를 초청하여 여성 문제에 관한 대담을 들었다. 안미생은 안중근 동생의 딸로 김구의 며느리이자 비서였다.

그들은 여성 교육의 필요와 가정생활의 해방이라는 문제도 다루었지만 주로 여성운동과 여성 단체에 관한 이야기를 나누었다. 오랫동안 중국에서 활동했던 안미생에게 고명자는 애국부인회, 건국부녀동맹, 여자국민당 등 여성운동 조직을 소개했다. 안미생이 "여성운동이 갈릴 필요가 있느냐?"고 질문하자 고명자는 다음과 같이 대답했다.

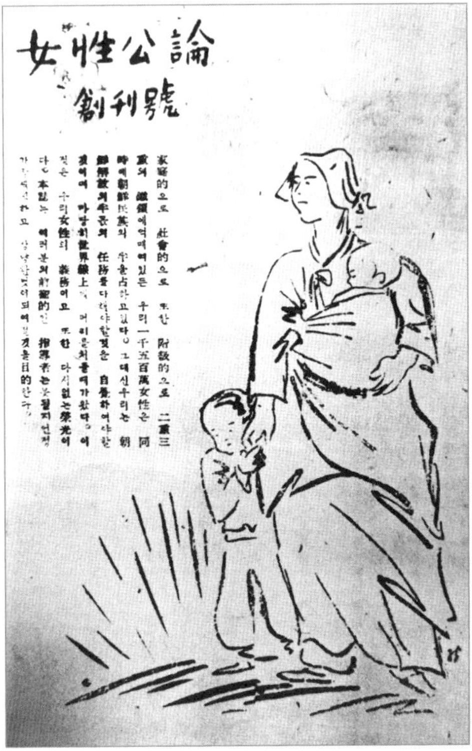

해방공간 여성의 모습

여성은 근본적으로 보아서 분열할 수 없을 것입니다. 왜 그런가 하면 비록 백만장자의 집에 태어났다 하더라도 조선의 여자는 그 재산에 대해서 하등의 권리를 주장할 수 없이 되어 있는 것이 지금 조선의 가족제도요 사회제도입니다. 이러하게 천오백만 우리 여성은 공동된 근본적 이해를 같이하고 있으니 어떤 계급의 여성을 막론하고 한데 뭉칠 수 있는 것입니다. 그럼에도 불구하고 위에 말씀한 바같이 세 갈래로 갈려 있다는 것은 여성들이 혹은 그 남편이나 그 부형들의

정치 동향에 따라서 남편이나 부형들과 같은 노선을 따른다는 데 큰 원인이 있습니다.[186]

고명자는 여성은 계급에 관계없이 낮은 지위에 있으므로 한데 뭉칠 수 있는데 남성들의 노선에 따라 분열되어 있다고 설명했다. 안미생은 "여성들이 별개로 단체를 모아서 할 필요가 있겠습니까? 조선의 여성 운동도 남성의 정치운동에 한데 참가해서 될 수 있다고 생각합니다."라며 독립적인 여성 단체가 필요한 것인지 질문했다. 이에 고명자는 임시정부에 여성을 대표해서 활동하는 의정원 대의사(代議士)까지 있으니 마음이 든든하다면서 왜 여성 단체가 필요한지 다음과 같이 설명했다.

우리 자신의 해방은 반드시 우리의 힘으로 되는 것이지 누가 해주리라고 믿는 의뢰감이나 또 쉽게 되리라는 안이감을 가져서는 안 되겠다는 것입니다. 가장 준엄하게 우리 자신을 비판하고 모든 의뢰감, 안이감을 떠나서 스스로 과감하게 싸워서만 우리 여성 문제는 완전히 해결되겠다는 것입니다. 지금 그 조직은 활발하게 진행되어가는 중입니다. 우리는 이 조직을 통해서 우리 여성의 진정한 요구를 주장하고 우리 스스로를 계몽하면서 완전한 해방의 길로 나아가야 될 줄 압니다.[187]

고명자는 여성의 힘으로 여성해방을 이루기 위해서는 여성 단체가 필요하다고 대답하면서 여성 단체의 통일 원칙은 "불순분자를 제외하고 민중의 진정한 요구에 의한 진보적 민주주의 원칙"이라고 강조했다.

두 사람의 대담은 아직 모스크바 삼상 협정이 알려지지 않은 1945년 12월 16일에 이루어졌다. 우익 여성들이 건국부녀동맹에서 탈퇴했지만 고명자를 비롯한 건국부녀동맹 활동가들은 '여성이라서' 아직까지 그들과 연합할 가능성을 고려하고 있었다.

대구여자청년회, 조선여성동우회, 경성여자청년동맹을 거쳐서

고명자는 1904년 충청남도 부여에서 태어났으며 대구에서 어린 시절을 보냈다.[188] 본래 이름은 고사찰(高四察)인데 가명인 고명자로 더 알려져 있으며 김정주, 김정조, 시베리스카야라는 가명도 사용했다. 대구 신명여학교를 졸업한 뒤 이화대학 예과에 입학했으나 자퇴하고, 같은 해 대구에서 여학교 교사로 근무했다.[189] 아버지는 강경에서 변호사로 있는 고의환이었고 어머니는 일본인이었다. 고의환은 1905년 유학생으로 일본으로 갔고, 1909년 메이지대학을 졸업했다. 그는 재일 유학생 친목 단체인 태극학회에 참여했는데, 태극학회는 1909년 1월 대한흥학회로 통합되면서 발전적으로 해체된 대표적인 항일 구국 단체였다. 태극학회 사무원, 대한학회 교제부장, 대한흥학회 교육부원으로 활동했던 고의환은 귀국 뒤 통감부 재판소 서기를 맡다가 군산·울산·밀양 지청에서 판사를 했다. 1917년 판사직을 그만두고 대구와 강경에서 변호사로 활동했다.

고명자는 1923년 정칠성, 이춘수 등이 조직한 대구여자청년회에 참여했다. 대구 신명여학교는 3·1운동 당시 대구고보, 계명학교와 함께 만세운동을 주도했던 1920년대 학생운동의 거점이었다. 그녀는 신명여학교에 다니면서 민족문제에 눈을 뜨기 시작했고, 교사 생활을 하면서 여성운동을 하려고 대구여자청년회에 참여했으리라.

1924년 고명자는 조선총독부의원 조산부과에 들어가려고 경성으로 올라왔다. 그때 대구여자청년회의 정칠성과 이춘수는 경성으로 올라와 활동하면서 조선여성동우회 설립에 관여했는데, 고명자도 대구여자청년회에서 활동했기 때문에 이들과 함께 경성으로 올라왔으리라 짐작된다. 그녀도 조선여성동우회에 들어갔고, 여기에서 허정숙, 주세죽과 만났다. 이후 세 사람은 조선공산당의 '여성 트로이카'로 불리며 여성 사회주의운동의 핵심이 되었다. 허정숙은 아버지들의 관계로 친분이 있었을 것이다. 허정숙의 아버지 허헌과 고명자의 아버지 고의환은 메이지대학에서 함께 공부했고, 대한학회와 대한흥학회에서도 함께 활동했다.

이 무렵 고명자는 김단야와 만났다. 김단야는 경북 김천 출신으로 1년 정도 대구 계성학교를 다니다가 1917년 서울 배재학교에 입학했다. 대구에서 학창 시절을 보냈던 고명자에게 짧은 기간이지만 대구에 있는 학교를 다녔던 김단야는 친근했으리라. 김단야는 3·1운동 뒤 만주군정서의 군자금과 의용병을 모집하는 활동을 벌이다가 12월 상해로 망명하여 1922년 모스크바에서 열린 극동인민대표대회와 극동청년대회에 조선인 대표로 참가했고, 대회가 끝난 뒤 레닌을 만났다. 레닌과의 만남, 모스크바 방문으로 그는 사회주의자의 길로 나아가게 된다. 고명자를 만날 무렵 김단야는 〈동아일보〉를 거쳐 〈조선일보〉 기자로 재직하면서 신흥청년동맹을 중심으로 청년운동을 주도했고, 『신흥청년』을 발행하여 사회주의를 알리고자 힘쓰던 때였다. 고명자와 김단야는 "처음에 사상에 공명, 그다음에 성격에 공명, 그다음에 전부에 공명" 했을 정도로 곧 연인이 되었다.[190]

1925년 1월 주세죽, 허정숙, 김조이 등이 경성여자청년동맹을 결성하자 고명자는 이들과 함께 경성여자청년동맹에 참여했다. 경성여자청년동맹은 다른 여성 단체와 연합하고, 연구반을 확장하고, 여학생들에게 사회과학을 알리고, 현모양처의 복종주의를 퇴치한다는 정책을 내걸었다. 조선여성동우회와 함께 노동 부인 위안 음악회를 개최하고, 조선기근구제회와 협력하여 수재민을 돕기 위한 모금 활동을 펼쳤다. 또한 여학교에서 벌어지는 문제에도 적극 개입했다. 고명자와 김조이는 근화학교에서 사회운동 단체에 가입했다는 이유로 학생을 퇴학시킨 일을 두고 "이번 그 사건은 학생 한 명을 퇴학시킨 것이니까 양으로 보아서는 적은 문제라고 할는지도 모르나 질로 보아서는 큰 문제"라며 학교를 찾아가서 교장과 장시간 논쟁을 벌이기도 했다.[191]

이들의 활동 가운데 가장 논란이 된 사건은 여성운동자 다수가 동맹 단발한 일이다. 이 일로 단발 찬반 논쟁이 일어났는데, 단발이 "전통과 인습에 항거하는 묵은 도덕을 반대하는 그 일에서만 그 의의를 찾아볼 수 있다"며 항거로 받아들여지기도 했다.[192]

허정숙, 김단야와 만나면서 사회주의를 접하고 사회주의운동을 시작했던 고명자는 1925년 4월 고려공산청년회(고려공청)에 들어갔다. 1922년 3월 고려공청 중앙총국에서 파견된 박헌영, 김단야, 임원근은 1925년 4월 고려공청을 창립했다. 창립 총회에서 박헌영은 책임서기, 김단야는 조사부원, 주세죽 · 김조이 · 임원근은 후보위원으로 선출되었다.[193] 고명자는 후보위원이었으나 곧바로 정회원으로 승격되었다. 고려공청의 주요 활동 가운데 하나는 유망한 청년들을 모스크바에 있는 공산대학에 입학시켜 혁명가로 양성하는 것이었다.

이런 이력 때문에 종로경찰서는 1926년 4월 경성지방법원에 제출한 「사상 요시찰인 명부 추가의 건」에 고명자를 비롯한 조원숙, 심은숙, 허정숙, 김명시, 김조이, 김수준, 강아그니아, 차재정을 요시찰인 명부에 추가했다.

모스크바 동방노력자공산대학 유학

1925년 고려공청은 청년 21명을 선발하여 모스크바에 유학을 보냈다. 이때 고명자는 여성으로서 김조이, 김명시와 함께 선발되어 11월 모스크바 동방노력자공산대학에 입학했다. 고명자는 권오직, 김조이, 김희원 등과 함께 1차 선발대로 중국 상해로 건너가 블라디보스토크를 거쳐 모스크바에 도착했다.[194]

동방노력자공산대학(공산대학)은 동아시아에 거주하는 러시아인, 아시아인을 대상으로 혁명운동의 지도자를 양성할 목적으로 설치된 교육기관이었다.[195] 이 대학은 경비, 입학생 선발, 학사 운영 등 모든 면에서 코민테른의 지시를 받았다. 학생들은 졸업 때까지 학업에만 전념할 수 있도록 모든 것이 무료였다. 학용품을 비롯해 필요한 물품은 현물로 제공받았다. 공산대학은 예비과 1년, 본과 3년으로 구성된 4년제 학교로, 1학년은 오전 11시부터 오후 5시까지 수업을 했고, 2학년 이상은 각자 연구에 집중했다.

고명자가 공산대학에서 어떻게 지냈는지 알 수 없지만 그녀가 쓴 글에서 어떻게 공부했는지는 확인할 수 있다. 1936년 6월 18일 막심 고리키가 사망하자 〈조선중앙일보〉는 그를 추억하는 특집을 마련했다. 고명자는 여기에 고리키를 추억하는 글을 실었다.

그녀는 먼저 "모스크바에서 학생 생활을 하였던 나는 고리키 옹의 작품은 『첼카슈』, 『어머니』 등의 몇 권밖에 읽지 못하였으나 그러나 남에게 지지 않을 만치 연구하려 하였다."라고 밝히고, 학교에서의 경험을 다음과 같이 묘사했다.

> 내가 다니던 학교에서도 이 예에 빠지지 않았음은 물론이나 이외에 강의 시간에 특별히 고리키 옹에 관한 강의를 해주었다. 옹의 약력, 작품, 그의 문학사상의 지위, 고 레닌의 평, 소비에트러시아의 옹에 대한 기대와 희망 등등. (…) 그때 우리 학교에서도 고리키 옹의 성음(聲音)에 접할 기회를 가졌었는바 우리 학교에는 외국인 학생이 많았던 만큼 그 방면에 대한 말이 있었으나 이곳에서는 약(略)하고 그때에 본 옹의 인상 역시 귀국 시의 첫인상과 다름이 없었다.[196]

1929년 5월 공산대학을 졸업한 고명자는 그해 10월 귀국했다. 그녀의 귀국 목적은 조선공산당 재건이었다.

유일한 여성 공산당원

1929년 7월 공산대학 출신들이 조선공산당 재건운동의 임무를 수행하기 위해 국내로 들어왔다. 총책임은 김단야가 맡았다. 선발대에 이어

권오직, 이영조, 김응기 등이 귀국했으며 그 뒤 고명자, 박장송, 박용선, 이건호, 김명시 등이 국내로 들어왔다. 김단야는 11월 귀국한 공산대학 출신들과 국내에서 활동하던 박민영, 채규항 등을 규합하여 조선공산당 조직준비위원회(준비위원회)를 결성했다. 준비위원회 조직부는 김단야, 조사부는 채규항, 선전부는 권오직 · 김정하, 연락부는 박민영이 책임을 맡았다. 권오직(경성), 이영조(부산), 김응기(평양) 등은 지역별 책임을 맡고 노동자를 기초로 한 공산당과 공산청년회 조직에 착수했다. 고명자는 준비위원회 연락부에서 활동했는데 사실상 책임자로서 핵심 세력들 간의 연락, 암호문 번역, 일제 경찰의 경계 상황 파악, 각종 자료의 수집 등의 임무를 맡았다. 12월 김단야가 해외에서의 연락과 기관지 발간 임무를 수행하려고 모스크바로 돌아간 뒤 코민테른과의 연락은 그녀의 몫이 되었다.

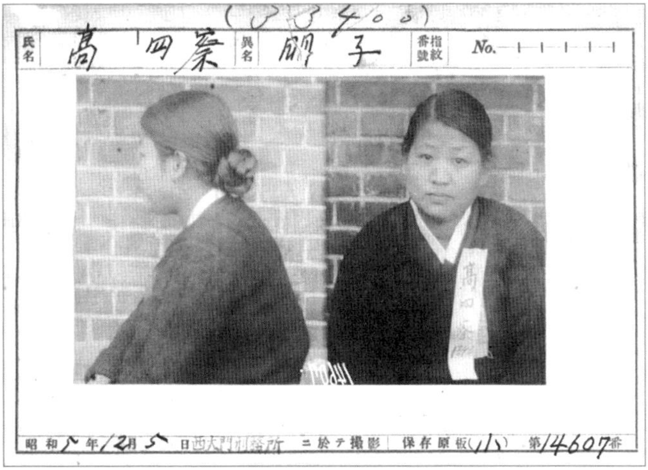

수감된 고명자

> 고명자는 애인이 제1차 및 제2차 결사의 오르가나이저인 김단야와 함께 모스크바로부터 들어와서 시외 인적이 드문 외따로운 집에 세상을 꺼리는 조그마한 살림살이를 차리고 있으면서 당의 재건운동에 여성부 조직의 책임을 맡고 활약하였던 것이다. (…) 그는 재원이라 학교에서도 항상 수재의 칭을 받았고 그는 반월형의 미모의 여성이라 그의 주위에는 항상 맑스, 엥겔스를 말하는 다혈질의 청년들이 많이 모였었다. 그 가운데 뛰어난 '오르가나이저' 김단야가 있었다. (…) 조선의 많은 사상 여성 중 직접 당원이 되어 활약한 이는 아직 이 고명자 한 사람뿐이 아닐까.[197]

준비위원회는 1930년 1월부터 부산 조선방적회사 동맹파업, 인천 가등정미소 파업을 지원하고, 노동 단체에 격문을 보내 기금 모집 활동을 펼쳤다. 이들은 노동자층에 들어가 토공, 직공, 행상 등으로 변장해서 조선의 운동 정세를 세밀히 조사하고 무산계급에게 계급의식을 주입하는 방침을 실천했다. 그들은 공장에서, 거리에서 직공이나 엿장수의 모습으로 체포되었다.

권오직은 시내의 학생들을 지휘하여 1930년 3월 1일 운동을 전국적으로 일으키고자 했다. 2월 13일 권오직은 고명자와 함께 의논하고 인천에서 민중운동과 관련한 내용의 삐라 수천 장을 등사한 뒤 경성으로 가져와 준비를 진행했다.[198] 권오직은 1930년 3·1운동 11주년을 기념해 '전조선 노력대중에게 격함, 만국 무산자와 세계 피압박 민족은 단결하라'라는 내용의 격문을 배포하고 조선공산당과 고려공청의 재건 기회를 성숙시키고자 했다. 권오직은 고명자로부터 300원의 인쇄 자금을 제공받아 “지난 2월 중순에 격문을 인쇄하여 인천에 배부하는 동시에 고명자로 하여금 동 격문 수천 매를 평양으로 이송케 하여 그곳에서 배부하였다.”[199] 고명자는 이 격문을 평양의 김응기에게 전달했고, 2월 28일 평양 시내에 배포했다. 고명자는 1930년 3월 1일 예비검속 때 체포되었다.[200]

> 고명자는 충남 강경에 있는 변호사 고의환 씨 딸로 모스크바 공산대학을 마친 여자일 뿐이라. 그는 제1차 조선공산당 사건으로서 전 조선 경찰이 사력을 들여 그의 종적을 찾고 있는 김단야와 함께 작년 9월경 조선박람회 당시 철통같은 경계망을 돌파하고 대담하게도 잠입하여 부내 마포 도화동 김 모의 집에서 수개월간 유유히 은거 생활을

조선공산당 조직준비위원회 검거자

고명자의 은신처

조선공산당 조직준비위원회 관계자 송국

하고 있다가 지난 3월 1일 예비검속 때 발각되어 김단야는 다시 해외로 종적을 감추고 고명자만은 시내 인사동 모처에 숨어 있다가 지난 14일 용산서원에게 탐문한 바이 되어 그와 같이 체포된 것이라더라.[201]

한 달이 지났지만 취조는 순조롭게 진행되지 않았다. 1930년 4월 6일 일요일, 경기도경찰부 고등계 형사들이 취조에 몰두했다. 하지만 고명자를 비롯한 관련자들이 취조에 응하지 않았다.

> 동일 오전 11시경에 김 형사가 자동차로 용산서에 출동하여 동서에 검거 유치되어 있는 고명자를 이송하여다가 취조를 하는 중인데 전기 검거된 사람들은 전부 사건에 대하여 입을 꼭 담고 말을 하지 아니하므로 취조하는 경관도 머리를 앓고 있다더라.[202]

이 사건은 4월 18일 경성지방법원 검사국에 송치되었다. 사건 관련자 70여 명 중 50여 명은 불구속되고, 23명만 구속되어 송국되었다. 권오직, 박장송, 고명자, 김웅기 4명은 치안유지법 위반과 불온문서를 제작한 이유로 출판법 위반을 적용받았다.

출옥 뒤 다시 활동하다

고명자는 1년 4개월 동안 구금된 채 취조와 예심을 받고 집행유예 4년 형으로 1931년 10월 29일 출감했다.

> 이 사건에 유일한 여당원으로 활동을 하던 고사찰(고명자)에 대하여 재판장은 특히 집행유예의 관대한 처분을 하였다. 판결을 선고한 후 마지막에 고사찰을 앞에 불러 세우고 '여자의 천직은 현모양처가 됨에 있다. 이번만은 그 정상을 참작하여 집행유예를 선고하니 금후는

주의하여 사회운동에 함부로 참가하지 말라'고 설유를 하매 고사찰은 여자다웁게 두 뺨에 홍조를 띄우고 감사하는 태도를 보이었다.[203]

고명자는 풀려난 뒤 코뮤니스트 그룹의 조선공산당 재건운동에 참여한 듯하다. 코뮤니스트 그룹은 상해에 있던 김단야가 주도하고 있었다. 김단야는 1930년 9월부터 코민테른 동양비서부의 지원을 받아 잡지 『코뮤니스트』를 발간하고, 12월 테제를 지지하는 그룹들을 통합하여 조선공산당을 재건하고자 했다. 김단야는 김형선, 김명시를 국내로 보내 『코뮤니스트』를 배포했다. 코뮤니스트 그룹의 활동은 1932년 1월 박헌영이 합류하며 활기를 띠었으나 1932년 김명시, 1933년 김형선, 박헌영 등이 체포되면서 국내 조직이 와해되었다.

1932년 5월 고명자는 또다시 검거되었다.

평북경찰부 고등과에서는 (…) 경성에서 김창수 외 2명과 고명자라고 하는 여자를 검거하여가고 계속하여 국경을 넘어가는 이철 등 3명을 신의주에서 검거하였으며 계속하여 평양에서 3명을 검거하여 호송하였다.[204]

이 사건은 신의주고등보통학교의 맹휴 사건이 있은 뒤 동맹 주모자들을 취조하다가 메이데이 격문 사건과 맹휴 선동이 모두 배후에 있는 조직체가 조종한 것으로 판단되어 검거 선풍이 전국적으로 확대된 것이다. 고명자는 격문 사건으로 검거되었지만 곧 풀려났다.

고명자의 활동은 구체적으로 확인되지 않지만 일제 경찰은 김형선과 고명자를 국내의 주모자로 파악했다. 이 무렵 고명자는 김단야와 계속해서 통신문을 주고받았다. 박헌영이 체포될 때 김단야가 고명자에게 보낸 은어통신문을 소지하고 있었다고 한다.

> 사랑하는 벗 고명자에게
> 날씨가 무척이나 덥다. 세월은 빨라서 편지를 받은 지가 엊그제 같은데 벌써 2개월 전의 일이다. (…) 네 생활이 적적하다는 것은 나도 잘 알고 있어. 나도 몇 번이나 편지를 쓰려고 생각했지만 마음대로 되지 않는구나. (…) 지금 경부선 기차 안에서 이 편지를 써서 부산으로 가서 보내는 거야. (…) 너도 시종 건강치 못하니 한번 오도록 해라. 요번에 온다면 친구도 만나고 병도 치료할 수 있으니 실로 일거양득 아니겠니?[205]

김단야가 고명자에게 보낸 또 다른 서신에는 다음 같은 내용이 들어 있다.

> 나의 B여! 너는 지금 살아 있는가, 죽었는가? 그런 것이 아니라면 너는 y를 잊은 것인가? 작년 11월경 훈정동 황 선생에게 보낸 글은 받았는가? 받지 못한 것인가? 그 후에 일체 소식이 없으니 어디에 통신을 해야 좋을지 몰라 여기에 직접 네 쪽에서부터 (…) 방면으로도 올까 하고 생각하여 지금까지 기다렸건만, 결국 소식이 없구나. (…)
> B여! 네가 오는 것이 물론 모험이겠으나, 그 모험이 무서운 거라면 빨리 나와 같은 위험인물과는 절연하는 것이 좋지 않겠나? 네가 오는

방법은 앞서 여러 차례 썼지만 (…) 부산에서 나가사키로 가 배에 타는 게 좋다. 도중에 취조를 받게 될 때는 넌 공주에 사는 윤×숙으로 상해에 사는 오빠를 찾아가 공부를 할 목적이라고 (…) 해라. (…) 가능한 한 바로 와다오, 나의 B여![206]

1932년 5월 체포된 뒤로 고명자는 김단야와 연락되지 않은 듯하다. 김단야가 박헌영에게 전달한 편지에는 부산에 가서 활동하라는 내용을 암시하고 있고, 1933년 4월에 보낸 김단야의 은어통신문은 소식을 몰라 답답한 심정을 내비치며 부산을 거쳐 상해로 오라는 내용이다.

강경에서의 생활

그 뒤 고명자의 소식은 알려지지 않았지만 신문에 실린 몇 편의 글을 통해 근황을 짐작할 수 있다. 1935년 12월 10일자 〈조선중앙일보〉에 「여자 전문 웅변대회에 대한 여성의 감성」이라는 글을 '강경에 있는 고명자'라는 이름으로 투고했는데, 내용을 읽어보자.

저는 여전웅변대회의 소식이 한 번 발표된 후로 마치 제 자신이 출전할 연사나 심판이나 혹은 어떠한 책임이나 있는 자처럼 마음이 초조하고 분주하여 그날을 고대하며 즐겁고도 걱정스럽게 지냈습니다. (…) 중앙일보에서 여성운동에 많은 관심을 가지신 여러 가지로 기회를 만들어주심을 감사합니다. 그리고 저는 그 연사들에 대하여 알고자 하는 것이 많습니다. 그들은 무엇을 배우나? 어떻게 인간사회를 인식하고 장차 어떠한 길을 밟으려 하는가? 궁금히 알고 싶습니다. 그리고 나도 그들의 도움이 되고 그들도 나의 도움이 되어주었으면 합니다. 또 그들의 부르짖음은 우리 사회의 경종이 되며 일천만 여성의 큰 반성을 주었으면 하는 가슴을 태우는 바람을 가졌습니다.[207]

몸은 강경에 있지만 마음은 여전히 여성운동에 관심이 있고, 연사들이 어떤 이야기를 하는지, 사회를 어떻게 인식하는지 소통하고자 하는 간절한 마음이 담겨 있다. 이렇게 해서라도 이야기를 하고 싶은 고명자의 마음을 읽을 수 있다.

1920년대에 활동했던 운동가들은 1930년대를 힘겹고 무력하게 살아갔다. 1931년 만주사변 뒤부터 일제는 작은 사건도 크게 부풀려 취조와 구금 그리고 예비검속으로 활동가들을 옭죄었다. 1940년대 일제의 전시 체제는 더욱 공고해졌고, 조선인을 전쟁에 적극적으로 동원시켰다. 동원은 다양한 방법으로 모든 층위에서 진행되었다. 전쟁을 찬양하고 동원의 합법성을 알리도록 요구받은 지식인들은 친일의 길을 밟아갔다.

고명자는 1939년 『동양지광』에 참여하면서 활동을 재개했다. 조선총독부의 지원으로 발간되던 『동양지광』은 내선일체와 황국신민화 정책을 선도하던 대표적인 친일 잡지였다.

고명자는 1939년 4회, 1942년 4회, 총 8회에 걸쳐 『동양지광』에 글을 기고했다. 1939년에 게재된 글은 대개 퀴리 부인의 전기를 소개하는 것이었다. 따라서 친일 관련 기사는 6월호에 실린 「새로운 부인운동의 길」 정도이다. 고명자는 이 글에서 일제의 "대동양의 건설 과정은 청사를 장식할 빛나는 역사적 일"임을 강조하며 국가총력전에 부인들이 낡은 사상과 문화를 청산하고 정력과 성의로 봉사하자는 주장을 펼쳤다.[208] 1942년에 기고한 글은 「부인의 애국운동」, 「모의 감격과 각오」 따위이다.

고명자가 신문에 다시 등장한 것은 1942년 10월 1일 〈매일신보〉에 「추야장간 긴 밤 책 읽기 좋은 때 총후 생활을 위한 건전한 것을 읽자」라는 글에서였다. 주부의 향상이 곧 가정의 향상이라는 뜻에서 어머니들이 독서를 한다면 국민 건강과 보건에 관한 책을 선택하라고 조언하면서, 사망률을 낮추는 계기이며 과학 생활을 하는 길이라고 부추겼다.[209] 가정주부가 독서를 하는 것이 곧 민족의 향상이며 국가의 전진이라는 것이다.

고명자는 이 글에서 국가 총동원 체제에 협조하기 위해 조선 부인들이 나아갈 방향과 당위성을 알렸다. 그녀의 주장은 친일로 전향한 대다수 지식인들의 주장과 별반 다르지 않다. 그러나 글 이외에 친일 단체에서 활동하거나 연설회에 나가 선동하지는 않았던 듯하다.

해방공간에서의 활동

고명자는 1945년 건국부녀동맹, 조선부녀총동맹(부총), 남조선민주여성동맹(여맹)에서 활동했으며 서울시 인민위원, 민주주의민족전선(민전) 서울지부 선전위원, 근로인민당 중앙위원이자 부녀부 책임자로 활동했다. 고명자는 해방공간에서 부총의 주요한 정치적 입장을 발표하는 대표로 활동했던 듯하다. 아마도 그녀가 지도부와 청년을 연결하는 중간 간부의 역할을 할 수 있고, 공산대학을 나온 재원이라는 측면도 작용했을 게다. 1945년 안미생과 대담하는 자리에서 그녀는 "부총의 입장은 애국부인회의 덮어놓고 합치자는 주장에 반대하고 불순분자를 제외한 진보적 민주주의 원칙으로서만 통일 하겠다."라는 원칙을 밝혔다.

1946년 7월 15일 서울중앙방송국에서 부총의 대표로 고명자가 정당 강연을 하자 독립촉성애국부인회(애국부인회)에서는 1946년 7월 16일 긴급 중앙위원회를 열어 항의했다. 방송 내용을 확인할 수 없지만 '독립 전취(戰取)는 여성의 피로'라는 구호와 '덮어놓고 합치자'는 주장을 고명자가 문제 삼았던 듯하다. 고명자는 1945년 12월 안미생과의 대담에서도 "덮어놓고 합치자는 것은 틀린 소리"라고 언급했다.[210]

이를 두고 애국부인회는 "우리는 다 같은 조선 사람이다. 같은 조선 사람이 그 통일된 힘은 요지부동의 원칙이다. (…) 우리 회의 표어 중의 하나인 '독립 전취는 여성의 피로'라고 한 그 피의 정의를 그 이상 더 해석할 수 없는가? '피의 음모! 미소(美蘇)에 대해 선전포고가 아닌 이상 그 무시무시한 피의 음모는 골육상쟁을 뜻함인가.' 이것을 무지에서 나온 말이라고 하기에는 궤변학적 음모가 있고 (…) 매국적 언사임에 통분을 금할 수 없는 바이다."라고 성토했다.[211] 애국부인회 총무 박봉애는 "지난번 부녀동맹의 고명자 여사는 좌우합작 문제가 가장 진중하게 토의되어 있을 때에 25만 명 여성의 단체인 우리 애국부인회를 모욕하는 방송을 공공연하게 감행하여 우리의 신경을 자극함은 그 저열한 의도를 반박하는 것보다도 분열을 일삼고 기술적 술책을 청산하지 못하는 그네들을 거족적으로 숙청하지 않으면 안 된다는 결의를 우리는 가질 필요가 있는 것으로 믿는 바입니다."라고 말했다.[212]

방송 내용을 들을 수 없으니 고명자가 해방공간 때 썼던 글들을 통해 그녀의 주장을 추적해 보자.

> 금일의 부녀운동은 곧 계몽운동이며 이 계몽운동은 바로 부녀의 정치투쟁이다. (…) 우리 정부는 우리 부녀해방을 형식적인 해방 선언만에 그치지 말고 사회적 제도와 경제적 제도에서 부녀의 해방이 실현될 수 있는 정부라야 할 것은 누구나 요해할 수 있는 문제일 것이다. 즉 이 정부야말로 진보적이며 혁명적인 민주주의 원칙에서 수립되는 진보적 민주주의적 정부란 것이다. (…) 진실로 삼상 회의에서 결정한 민주주의 원칙 위에 좌익도 우익도 총 포옹하는 전 민족적 역량을 집결할 수 있는 정권이라야 할 것은 다시 말할 여지도 없는 것이다.[213]

모스크바 삼상 회의 결정을 지지하며 이를 기반으로 한 정권 수립에 찬성하고 있다. 어떠한 정권을 요구했는지는 1946년 5월에 발표한 「자주독립과 부녀의 길」이라는 글에서 확인할 수 있다.

> 국가와 민족도 남성이 있고 여성이 있어서 비로소 구성이 된 것입니다. (…) 이와 같이 남성은 해방이 되었다 하더라도 여성의 해방이 되지 못한 국가와 민족은 마치 발은 풀렸다 할지라도 팔은 여전히 묶어논 것이니까 결국은 옳은 해방은 아닐 것입니다. 우리가 약속하는 해방이란 곧 전 인민의 해방되는 것을 가리켜 말하는 것이며 전 인간이란 곧 모든 남성과 모든 여성을 (…) 말하는 것입니다. (…) 해방의 길

은 (…) 우리 민족이 통일되어 민주주의 임시정부 수립이 당면의 최대 급무일 것입니다.[214]

1946년 8월에 발표한 「문화, 부녀의 진로」에서도 비슷한 주장을 반복하고 있다. 여성해방이 곧 국가와 민족의 해방이라고 말하면서, 정부 수립이 곧 민족해방의 길과 부녀해방의 길을 찾는 것이니 민주주의 임시정부 수립이 최대 과제임을 제기하고 있다.[215]

조선의 부녀운동은 어리다

고명자는 1946년 『인민평론』에 발표한 「조선 부녀운동의 당면 과제」에서 조직, 이론과 실천 등 모든 면에서 "조선의 부녀운동은 아직 어리다." 라고 말하면서 여성운동가들은 "무엇에서부터 시작할 것이며 어떻게 전개할 것인가" 고민해야 한다고 주문했다. 그녀는 일제는 민중을 착취하려고 조선을 반봉건적 자본주의 체제로 전환시켰고 모든 정책은 여기에 맞추어 진행되었다고 보았다. 부녀의 문맹이 절대다수를 차지하고 여성교육도 노예 교육에 두고 있어 부녀자를 무지와 몽매의 상태로 유지시켜왔으며, 부녀라는 이유로 멸시가 심해졌고, 동일한 기능과 동일한 능률을 가졌는데도 보수에 차별을 두고 인신매매와 인간을 상품화하는 현실이라는 것이다. 이런 현실 인식을 바탕으로 해방공간의 여성해방론을 제안하면서 남녀동등의 여권주의운동에서 출발하여 부녀 참정운동으로 발전한 여성운동의 역사적 의미와 역할을 다음과 같이 지적했다.

참정운동은 곧 정치운동이며 정치운동은 곧 대중운동이었다. 우리 부녀운동은 여기에서 거대한 대중운동인 정치투쟁에로 발전된 것이다.

그러나 부녀의 정치 활동은 봉건사회의 규범인 '부녀의 영토는 가정'이란 율칙(律則)을 완전히 파괴하고 여권주의의 옹호는 모든 남성에게 항쟁의 선전을 한 것이었다. 결국 이 운동과 이 사상의 근본 오점은 사회제도의 근본적 혁신에 있음이 아니고 남성과의 끊임없는 항전으로 부녀의 해방을 희구한 점에 있는 것이거니와 그러나 부녀도 한 인간이며 또 국민인 이상 참정권과 평등권을 향유함은 당연한 권리임을 주장한 점은 단연 단순한 여권주의와 사상운동에 비해서는 일보 전진한 형태임에는 틀림없었다. 그러나 우리는 이 운동이 전 부녀의 완전한 해방을 욕구하는 대변자가 되지 못했다.[216]

고명자는 영국의 참정운동자들이 참정권만 획득하면 자신의 영예와 부귀에만 취해 여성해방을 위해 아무런 공헌도 남기지 않았고, 이는 여성의 완전한 해방을 대변하지 못했다며 비판했다. 이런 여성의 역사를 살펴보면, 1946년 현재 조선부녀총동맹, 대한애국부인회, 여자국민당, 독립촉성중앙부인회 등 4개 여성 단체가 어느 조류에 속하는지 분명해졌다는 것이다. 이 단체들의 공통된 이념과 목표는 정치 참여와 조선의 자주독립이며 부녀의 사회적 지위 향상에 있다. 각 단체는 비슷하지만 궁극의 목표와 본질은 거리가 멀다는 것이다. 따라서 표면적 운동 목표가 비슷한 것이 중요한 것이 아니라 "부녀의 해방운동은 결코 개인의 참정과 개인의 화려한 정치 유희에서 가능한 것이 아니고 전 피압박

피착취 인민들과 혼연일체의 연합전선이 형성되어 과감한 정치투쟁이 있어야만 이 목적을 달성할 수 있다."면서 각 단체의 분립도, 다툼도 원하지 않는다고 했다.

그리고 조선 부녀는 대개 가난하고, 경제적인 욕구도 비슷하고, 자주독립되기를 원하고, 자유와 평등을 바라고 있기 때문에 "부녀가 해방이 되려면 전 인민이 해방되어야만 해방되는 것은 부동의 철칙이거니와 전 인민이 해방이 되는 길은 오직 모든 권력이 인민에게로 귀속되는 일 밖에는 길이 없는 것이다."라고 말했다.

참된 인민의 정부는 다음에 국민 개개의 의사를 묻는 총선거가 있으므로 지금 여성운동의 과제는 모든 여성을 동원하고 조직하고 계몽하는 사업이니 여성운동가들은 모든 욕구를 정치투쟁으로 집결하는 안내자가 되어야 하며, 이는 문맹퇴치운동과 계몽운동을 비롯한 대중 동원이어야 한다고 주장했다. 그녀가 제안하는 당면 주장은 "모든 권력은 인민에게 주라. 인민의 정부를 수립하자. 일하는 농민에게 농토를 주고 능력 있는 부녀에게 직장을 주라. 문맹은 국비로써 퇴치하라. 노예 교육을 근절하자. 반동 정치는 인민의 적이다. 봉건 유습은 속박의 철쇄이다."였다.

근로인민당 부녀부장으로서의 활동과 학살

고명자는 1948년 전조선 정당사회단체 대표자 연석회의에 여맹 대표가 아닌 근로인민당 대표로 참가했다. 그녀는 북에 머물지 않고 남으로 내려와서 근로인민당 중앙위원이자 부녀부장으로 다시 활동했다. 그 활동은 1950년 1월 18일 시경에 체포되면서 막을 내렸다.[217] 1950년 2월 7일자 〈자유신문〉, 〈동아일보〉, 〈부인신문〉, 〈경향신문〉은 일제히 고명자가 체포되어 1월 6일 송청되었다고 알렸다. 그리고 내무부 치안국은 1950년 2월 하순까지 19개 정당 단체 프락치 및 특수부 행동대원 등 100여 명을 검거하여 송청했고, 5월 남로당 중간정당 프락치에 관한 유력한 정보를 압수하여 수사 중이라고 밝혔다. 내무부 치안국은 1950년 5월 27일 다음과 같이 발표했다.

> 남로당은 난립한 중간정당·사회단체를 이용할 목적으로 특수부 조직책 임대용 및 부원 권정식·윤용기 등 3인으로 하여금 중간정당 프락치 조직에 착수케 하였다. 전기 3명은 남로당 지령에 의하여 무수한 블록책과 오르그를 배치하고 그 밑에 각 정당 프락치책을 두어 지도 통제케 하였으며 그들이 침투에 성공하여 남로당 노선에 추종토록 조종한 정당 및 사회단체는 청우당·사회당·대한노농당·민주한독당·민족공화당·민족자주연맹·민주동맹·건민회·신생회·민족대동회·근로대중당·민주독립당·대한농민연맹·근로인민당·농민당·신진당·사회민주당·한국독립당·독립노농당 등 19개에 달한다.[218]

> 남로당 특수조직부 정당·사회단체 프락치 총 검거사건에 대하여는 작(昨) 27일 내무부 치안국으로부터 그 전모를 발표한 바 있거니와 각 당 검거자는 다음과 같다. (…) 근로인민당: 고명자·김시종·고선

대전 산내 골령골에서 학살당한
대전형무소 정치범 모습

민간인 학살을 고발한
워닝턴 팸플릿 표지

귀 · 김제영 · 이해종[219]

이 사건이 발표된 지 한 달 뒤 한국전쟁이 일어났으므로 아마도 고명자는 서대문형무소에 있었을 것이다. 서대문형무소의 사상범들은 대개 대전형무소로 이감되었다. 한국전쟁이 일어났을 때 대전형무소 재소자 수는 약 4,000명이었고, 이 중 2,000명 정도는 정치사상범이었다. 주한 미국 대사관 소속 육군무관 에드워드 중령은 1950년 9월 23일 워싱턴의 미육군정보부로 「한국에서의 정치범 처형」이라는 제목의 보고문을 현장 사진 18장과 함께 보냈다. 보고문의 내용은 다음과 같다.

> 서울이 함락되고 난 후, 형무소의 재소자들이 북한군에 의해 석방될 가능성을 방지하고자 수천 명의 정치범들을 몇 주 동안 처형한 것으로 우리는 믿고 있다. (…) 대전에서의 1,800여 명의 정치범 집단 학

살은 3일간에 걸쳐 이루어졌으며, 1950년 7월 첫째 주에 자행되었다.[220]

대전형무소에 수감되었던 제주 4·3사건과 여순사건 관련자, 정치사상범, 징역 10년 형 이상의 일반사범, 대전의 보도연맹원 등 1,800여 명이 산내 골령골에서 군과 경찰에 희생되었다. 전쟁 직전 서대문형무소에 있었던 대부분의 사상범들이 학살당했던 것처럼 고명자도 이때 학살당했으리라. 그녀의 나이 40대 중반이다.

고명자의 발자취와 글

연도	내용
1904	충청남도 부여 출생
1919	대구 신명여학교 입학
1922	대구 신명여학교 졸업
1923	대구여자청년회 가입
1924	조선총독부의원 조산부과 입학, 조선여성동우회 활동
1925	조선총독부의원 조산부과 졸업, 경성여자청년동맹·고려공산청년회 가입, 11월 모스크바 유학
1929	공산대학 졸업, 조선공산당 재건운동 준비위원회 참여
1930	4월 체포
1931	10월 징역 2년 집행유예 4년
1932	5월, 평안북도 모 사건에 관계되었다는 혐의로 체포
1945	11월 전국인민위원회 대표자대회에 서울시인민위원회 대표자로 참석. 12월 조선부녀총동맹 총무위원 및 서울지부 부위원장으로 선출. 독립동맹 환영 준비위원회에 참가
1946	2월 민주주의민족전선 서울지부 선전부원
1947	근로인민당 중앙위원, 부녀부장
1948	전조선 정당사회단체 대표자 연석회의에 근로인민당 대표로 참가
1950	서울시경 체포

「고리키 옹 회견기」

6월 18일 오후 3시. 이날 신흥문학의 아버지 막심 고리키는 마침내 68세를 일기로 영면하고 말았다. 그의 세계문학사상에 끼친 위대한 공적은 여기에서 나 같은 문외한인 내가 다시 감격할 나위도 없겠다. 그러나 나는 과거에 고리키 옹을 대면한 일이 있었던 만큼 편집자의 소청에 약간의 추억을 시하기로 하였다.

벌써 10년 전의 옛이야기다. 모스크바에서 학생 생활을 하였던 나는 고리키 옹의 작품은 『첼카슈』, 『어머니』 등의 몇 권밖에 읽지 못하였으나 그러나 남에게 지지 않을 만치 연구하려 하였다. 그때의 러시아의 노동자와 학생들 중에서 고리키 옹에 대한 화제가 스탈린, 부하린 격은 못 되어도 카메네프나 칼리닌 격으로 중심 화제가 되고 있는 까닭이다. 그가 노동자 출신으로 교육이라고는 소학교를 단 반년밖에 못 다니고 가지가지의 노동으로 끼니를 이어가면서 문학에 정진하였고 그에 성공하였고 더구나 그의 작품에 노동자 생활과 그들의 감정이 생동하고 있었으니 프로문학의 아버지로서의 고리키 옹에 대한 일반의 열애를 추측할 수 있지 않는가?

그러나 당시 러시아에서는 적어도 모스크바의 학생 간에는 고리키에 대한 불평과 원망의 소리가 자주 들렸다고 기억한다. 즉 '우리의 친애하는 문호 막심 고리키는 왜 우리들의 땅에서 이 소비에트러시아에서 우리들과 같이 살지 않고 이태리에 가서 살고 있는가?' 하는 말이었다. 그는 폐병으로 기후 좋은 이태리에서 정양하지 않을 수 없다고 설명해주어도 러시아의 풍토는 그의 몸에 대단히 해롭다고 일러 듣게도 모두들 안타까웁게 이 해답을 듣는 듯하였다.

이태리에 있는 고리키 옹에게로는 러시아에서 연방 편지가 날아 들어갔다. 그중에는 병문안도 있었고 문학상의 질문도 있었지마는 또 '빨리 우리 나라로 오라', '소비에트러시아는 당신을 기다리고 있다'는 유의 편지도 많았다는 말을 들었다.

이 '독촉장'에 고리키 옹의 맘이 움직이었고 특히 무슨 단체 무슨 단체 하고 서명한 '독촉장'에는 감격성 많은 옹은 울었다고 한다. 옹은 병상도 쾌방(快方)으로 돌리게 됨에 드디어 귀국을 결의하게 되었으니 이해가 지금 확실한 기억이 없으나 1927년 가을이었다고 생각한다. 하여간 고리키 옹이 귀국한다는 소식을 신문이 보도하였을 때의 열광이란 굉장하여서 지금도 잊히지 않는다.

자기들의 문학의 거인을 환영하기 위하여 있는 열성을 다하고 있는 것 같았다. 옹이 이태리를 떠났다는 전보가 왔을 때는 모스크바의 가두에는 기쁨에 흰 글씨가 누른 글씨로 각양각색의 환영사가 바람에 날리고 공장과 학교에서는 환영 준비의 프로그램을 만들기에 눈코 뜰 새가 없었다. 내가 다니던 학교에서도 이 예에 빠지지 않았음은 물론이나 이외에 강의 시간에 특별히 고리키 옹에 관한 강의를 해주었다. 옹의 약력, 작품, 그의 문학사상의 지위, 고 레닌의 평, 소비에트러시아의 옹에 대한 기대와 희망 등등.

지금 날짜는 기억되지 않으나 어느 일기 좋은 가을날 우리는 모스크바에서도 제일 큰 정거장인 옥차브르스키 역에 고리키 옹을 맞이하러 나아갔었다. 이날 옹을 환영하기 위하여 부하린 루나차르스키 등은 이미 도중(途中)까지 출영(出迎)하였었고 역두에는 정부의 거두를 비롯하여 각 공장 학교에서 무수한 군중이 가득 차고 있었다.

이윽고 우렁찬 기적 소리와 함께 고리키 옹이 탄 차는 역에 닿았다. 그 순간 군중의 우라 소리는 옥차브르스키역을 뒤집을 듯이 연발(連發)하였다. 그때에 본 고리키 옹의 인상이다.

키가 크고 몸은 뚱뚱하였다. 얼굴에는 수염이 많아서 얼굴의 윤곽이 분명히 알리지 않았으나 눈에는 특이한 광채가 났었다. 입은 의복은 서구식이 아니고 순 러시아식의 질소한 것이어서 후덕하고 호인형의 순 러시아 농민 같았고 어디인지 모르게 다정하고 질박한 모습이 보이었다. 나는 이때부터 '텁석부리 할아버지'라고 부르기로 하였다. 그리고 그때 나이는 쉰여덟이라고 하였는데 나이보다는 약간 젊어 보였다.

그러나 무엇보담 잊히지 않는 것은 고리키 옹이 동지들의 악수와 포옹 중에 즐거움에 넘쳐서 눈물을 흘린 장면이다. 그는 연방 주먹으로 눈물을 닦기에 분주하였다. 하여간 내 기억에는 군중의 '우라' 소리와 그 가운데서 주먹으로 눈물 닦는 옹의 모양밖에 없다. 옹이 귀국한 이듬해 봄에는 그의 문단 생활 35주년 축하 기념이 성대히 거행되었었다. 신문 잡지에는 옹에 대한 기사가 만재(滿載)되었고 도서관과 서점에는 옹의 서적과 사진이 가득히 진열되었으며 가두와 공원에는 기념식 포스터와 전광 장식은 물론 임시 서점이 처처(處處)에 개설되고 강연회가 수처에서 성대히 거행된 것은 더 말할 것도 없다.

그때 우리 학교에서도 고리키 옹의 성음(聲音)에 접할 기회를 가졌었는바 우리 학교에는 외국인 학생이 많았던 만큼 그 방면에 대한 말이 있었으나 이곳에서는 약(略)하고 그때에 본 옹의 인상 역시 귀국 시의 첫인상과 다름이 없었다.

이 글을 쓰는 오늘이 그의 영결식이다. 지금 모스크바에서 적광장(붉은광장) 한가운데 수천수만의 꽃다발로 둘러싸인 옹의 유골을 중심으로 그 친애하는 동료의 호위리에 영결식장을 울리는 조포(吊砲) 소리와 함께 고리키 옹의 유해는 움직이고 있을 것이다. 수많은 동지들의 유해와 같이 더불어 누워 쉬고저.

<조선중앙일보>, 1936년 6월 22일

「조선 부녀운동의 당면 과제」

(이 글은 총 4부분으로 나누어져 있다. 첫 번째는 도입 부분으로 조선의 부녀운동이 1919년 3·1운동 투쟁에서 출발하여 30여 년의 역사를 갖고 있다고 설명하고 있고, 두 번째는 부녀운동의 과제를 이해하기 위해 부녀의 생활을 탐색하는 내용이다. 여기에서는 내용이 많아 세 번째와 네 번째 부분의 일부만을 실었다.)

3

(…)

부녀의 사상은 그 역사를 먼 옛날에 찾을 수 있는 것이나 이것이 남녀의 평등을 찾고 정치 운동의 기폭를 밀고 나온 것은 아직도 근대에 속하는 일이다.

우리 부녀운동이 진정한 부녀해방운동에로 발전한 것은 자본주의 사회경제가 발전함에 따라 이 운동도 발전한 것이었다.

부녀운동이 초기에 있어서는 자유인권주의의 영향을 받아 억압된 인간의 인권을 옹호하여 남녀동등의 여권주의 운동에서 위시한 것이다. 이 자유와 평등은 남성 사회의 자유평등이었으며 이 운동의 진전에는 여성도 또한 자각이 생기지 아니할 수 없었다.

그러나 이는 현실적으로 남성 대 여성의 성별에서 출발한 여성운동이기 때문에 여성이 남성에 항쟁함으로써만 자신의 해방을 달성할 수 있다는 사상이었다.

그러므로 이 운동은 끝까지 사상운동의 영역을 탈출할 수 없으며 또 그러기 때문에 그 운동은 공허를 한편의 염불에만 그치고 만 것이다. 이 사상은 부녀 해방운동의 실천적 가치가 박약한 것은 꽤 당연한 귀추였으므로 여기에 일보를 발전하여 부녀 참정운동이 시작하였던 것이다. 모든 사회적 결함과 인간의 불평등을 오직 입법을 통하여 해결하지 않으면 불가능함을 알게 된 동시에 입법의 해결은 곧 참정권을 획득함이란 것을 알게 된 것이다.

그리하여 참정운동은 곧 정치운동이며 정치운동은 곧 대중운동이었다. 우리 부녀운동은 여기에서 거대한 대중운동인 정치투쟁에로 발전된 것이다.

그러나 부녀의 정치 활동은 봉건사회의 규범인 '부녀의 영토는 가정'이란 율칙(律則)을 완전히 파괴하고 여권주의의 옹호는 모든 남성에게 항쟁의 선전을 한 것이었다. 결국 이 운동과 이 사상의 근본 오점은 사회제도의 근본적 혁신에 있음이 아니고 남성과의 끊임없는 항전으로 부녀의 해방을 희구한 점에 있는 것이거니와 그러나 부녀도 한 인간이며 또 국민인 이상 참정권과 평등권을 향유함은 당연한 권리임을 주장한 점은 단연 단순한 여권주의와 사상운동에 비해서는 일보 전진한 형태임에는 틀림없었다. 그러나 우리는 이 운동이 전 부녀의 완전한 해방을 욕구하는 대변자가 되지 못하는 근거와 이유를 이론으로 해명하기보다는 차라리 영국의 실례를 인용하는 편이 더 실감적 일각(一覺)한다.

1920년을 전후하여 전 영국에 탄광 파업의 선범(旋凡)이 불어올 때 전 부녀의 총애를 받고 전 부녀의 관심을 몰아 국회에 파견된 그 부녀들은 전 무산 부녀의 의사를 완전히 배반하고 의욕이 반동 정부에 결탁하여 파업의 무마(撫摩)에 가담하고 만 것이다. 뿐만 아니라 1차 세계대전은 분명히 제국주의 침략 전쟁임에 틀림이 없는 것이었으나 일단 영국이 개전을 선고하자 모든 여성 참정운동자들은 작일의 투쟁을 완전히 폐기하고 이 침략 전쟁의 제일선에로 간호부로 위문대로 국내 부녀를 총동원시키기에 광분하였던 것이다.

이같이 여권주의의 참정운동은 결국 부르주아 여성의 참정운동이 되고 마는 것이었다. 그 참정운동자들의 본질은 유한계급의 지식층 부녀들이 자기의 정치적 야망을 충만시키고자 아울러 남성의 기성 정권에 아유 부화하여 화려한 정치적 수사와 외교로써 전 부녀의 이름을 팔아 도리어 부녀 대중을 기만하고 부녀가 참된 해방을 욕구하는 열의조차 탈기시키는 운동이라고 지적할 수 있는 것이다. 그들은 참정권을 얻지 못한 데만이 여권이 주장되고 인간의 자유평등이 제창되는 것이며 한번 참정권이 획득되면은 자신의 영예와 부귀가 선행하는 법이요 결코 전 부녀의 해방을 위하여는 아무런 공헌도 남길 수 없는 것이다.

또 참정운동은 부녀 해방을 의회를 통하여 남성과의 투쟁에 의하여서만 가능할 수 있는 절대로 없는 것이다. 도리어 의회뿐만이 아니고 모든 남성에 대한 항쟁을 하는 대신에 부녀 해방운동에 직접 남성을 참가시켜 남성을 동맹군으로 얻을 수 있는 운동이 되어서만 이 부녀 해방의 길은 열리는 것이다. 그러기 때문에 부녀의 해방운동은 결코 개인의 참정과 개인의 화려한 정치 유희에서 가능한 것이 아니고 전 피압박 피착취 인민들과 혼연일체의 연합전선이 형성되어 과감한 정치투쟁이 있어야만 이 목적을 달성할 수 있는 것이다.

오늘 조선 부녀운동에 있어서도 전시 4개 부녀 단체는 이상에 제시한 어느 조류에든지 속할 수 있는 운동이란 것을 자명된 사실이라 하겠다. 좀 더 구체적으로 말한다면 각 부녀 단체와 구성 요소로 보아서 또는 투쟁 방식으로 보아서 능히 그 본질을 관찰할 수 있을 것이다.

4

(…)

우리는 금일 조선 부녀의 현실과 욕구를 다시 한번 요약하면 조선의 부녀는 절대다수가 문맹인 동시에 봉건 인습에 사로잡혀 있으며 일부 지식층 부녀와 무지한 부녀와의 차는 너무도 격리하여 존대와 멸시하는 느낌이 심한 것이다. 그러면서도 조선 부녀는 대체로 모두 빈한하여 경제적인 욕구는 공통되는 점이 있다. 조선은 왜적이 붕괴된 이후로 지식층의 사상적 대립은 있을 수 있으면서도 국민 간 계급적 대립은 성립될 가능성이 박약한 것이다. 또 조선의 부녀는 몽매하면서도 자주독립되기를 원하고 있으며 자유와 평등이 선망되고 있다는 것 등이겠다.

그러므로 우리 민족의 향방과 귀추는 스스로 정립되어 있다고 단언하여 과오가 없을 것을 나는 믿는다.

따라서 우리의 당면의 과업과 임무도 자명해질 것으로 생각한다. 부녀가 해방이 되려면 전 인민이 해방되어야만 해방되는 것은 부동의 철칙이거니와 전 인민이 해방이 되는 길은 오직 모든 권력이 인민에게로 귀속되는 일밖에는 길이 없는 것이다.

인민의 권력이 국가의 권력으로 표상이 되고 국가는 인민의 권력의 결집체로서 출현할 때에 비로소 전 인민은 해방되는 것이다. 그리하여 이 모든 권력을 인민에게로 적속(的屬)시키는 길은 이것이 또한 모든 정사가 완전히 민주주의화하여야 한다는 것이다. 그러므로 금일에 전 민족이 갈망하는 임시정부에서부터 단연코 우리는 민주주의 정부에로 수립하자는 것이다. 우리의 정부는 구호만으로 민주주의화할 것이 아니요 진정한 인민 개개의 총 의사를 완전히 귀납시킨 인민의 정부를 수립하자는 데 있다.

그러나 우리는 금회의 임정 수립에만 이 같은 관심을 둘 것은 아니요 참된 인민의 정부는 다음에 국민 개개의 의사를 시문(試問)하는 총선거가 있다는 것을 잊어서는 아니 될 것이다. 우리는 금일의 임시정부 수립이 명일의 총선거의 준비임을 안 이상에는 또 당연히 명일의 준비가 있어야 할 것이다. 이 명일의 준비란 곧 전 부녀 대중을 동원하고 조직하고 계몽하는 사업일 것이다.

그러면 우리는 이 계몽 사업을 어떻게 운영할 것인가.

원래 모든 해방운동은 결코 인민대중이 자연발생적으로 자신이 해방될 종국의 목표의 행정을 명확히 자득하고 자신이 행할 바를 자신이 수행한 예는 없는 것이다.

모든 과학과 모든 사상은 언제나 개인의 두뇌에서 발견된 것이며 또 모든 운동은 이 과학의 이론과 사상이 체계를 반포하며 실행하는 데 불과한 것이다.

우리 조선에도 모든 인민이 의식적이든 무의식적이든 해방되기를 원하고 있고 또 이 해방운동의 지도 이론도 확립되어 있다. 그러므로 우리들은 무엇보다 이 이론과 실천을 가지고 민중에 접근하여야 할 것이다. 이 접근은 무의식한 민중의 속에로 흡입됨이 아니고 민중과 같이 그들이 요청하는 모든 욕구를 정치투쟁에로 유도 집결하는 안내자가 되어야 할 것이다. 이 유도와 집결의 방책은 문맹 퇴치 운동과 아울러 계몽운동에서 위시하여 대중 동원이 아니면 안 될 것이다. 빈한하고 포박받고 무지한 민중에게는 정파도 정견도 있을 수는 없는 것이다. 그들에게는 오직 실천으로써 시범하는 그들의 욕구와 이익을 대표하여 충실히 선전하여 그 길이 해방의 길임을 계몽하는 밖에 별다른 수산이 없는 것이다. 그러므로 우리는 부청도 부인회도 가릴 것이 없는 것이다.

전 조선의 부녀는 꼭 같은 처지에 있다. 농촌 부녀는 농민들과 결속하고 도시 부녀는 노동자 조직과 결부하자. 그들만이 자(自)계급의 해방을 위하여 혈투하고 또 그들의 해방이 달성될 때 우리 부녀도 동시에 해방될 것이다.

전 천오백만 부녀가 사회적으로 가장 포박이 심한 층이라면 남성의 9할을 점하는 근로계급은 반드시 우리의 동맹군이라는 것을 인식하여야 한다.

『인민평론』 제2호, 1946

부인 노동자에게
해방의 혜택이 무엇인가

허균
許均

1904~?

부인 노동자에게 해방의 혜택이 무엇인가

허균(許均, 1904~?)

해방을 맞은 여성 노동자의 진솔한 이야기

허균의 「나의 지나온 생활」은 『여성공론』 창간호에 실린 글이다. 이 글에는 전시체제기 공장노동자의 일상과 해방을 맞은 여성 노동자의 진솔한 이야기가 잘 그려져 있다.

그녀는 매일 새벽 5시에 일어났다. "밥을 침을 삼키듯이 먹고 벤또밥을 싸 가지고" 시간에 맞춰 가려고 "바쁜 걸음으로 숨이 턱에 닿도록 걸어 공장에 들어가니 감독은 잡아먹을 듯한 무서운 눈초리로 쳐다본다." 공장 감독은 마치 "사람 잡아먹은 사자" 같다. 운동장에 모이라는 소리에 모두 밖으로 나가보니 감독은 "지금 우리는 우리 나라를 위하여 대동아 평화를 위하여 전쟁을 하니 당신들은 다 같이 열심으로 일들을 하여서 아무쪼록 전쟁에 이기도록 힘을 다 나라에 바쳐라" 하면서 "인제부터는 황국신민서사를 불러야 한다"고 한다.

그녀는 "응 너희 놈들 할 대로 하여보아라 마음대로 실컷하여 봐라!" 하고 이를 악물었다. "종일 분함을 이기지 못하다가 게다가 황국신민서사까지 읽으라고 하니 더한층 분함은 치밀어올라와 가슴이 탁 막히어 눈물이 줄 흘러 내려온다."

오후 7시가 되어 집에 돌아왔다. 걸핏하면 밤일을 시키기 때문에 10시 반에 일을 끝마치는 날이 많다. "하루 종일 일을 하는데 저녁밥을 먹지 않은 고로 피곤한 몸은 바람에 날릴 만치 맥이 하나도 없다." 늦은 저녁을 먹고 누워 있으려니 "가슴이 묵직하고 속이 거북하고 기분이 좋지 않다." 매일같이 반복되는 생활, "추우나 더우나 몸이 괴로우나 이 지옥 같은 공장을 언제나 면할 수 있나. 원망스러운 생각이 가슴에 복받쳐오른다." 이런 때가 얼마나 많았던가. 한 달 동안 죽어라 일해봤자 겨우 5원. "이같이 적은 돈을 가지고 무엇을 해야만 좋을는지 다만 한숨뿐이요 눈앞이 캄캄하여지며 불이 번쩍 난다." 자기만 믿고 기다리는 늙은 어머니는 언제나 이 고생을 면할는지 모르겠고, 한 달 먹을 쌀도 사고 땔나무도 사고 의복도 사야 하는데 어디에 먼저 써야 좋을지 기가 막혔다.

그런데도 공장에서는 이번에 월급이 올랐다고 하더니 전쟁을 이겨야 한다며 "그 기가 막힌" 월급에서 채권 값을 제했다. 이기기 전에 망한다는 사람도 있고, 다 그만두고 다른 곳으로 가자는 사람도 있다. 그녀는 "어디로 가든지 천대받는 것은 마찬가지다. 막대한 수를 차지하는 노동자를 위한 사회를 건설하여야 한다고 생각하였다." 그러면서 이런 생각을 하게 되었다.

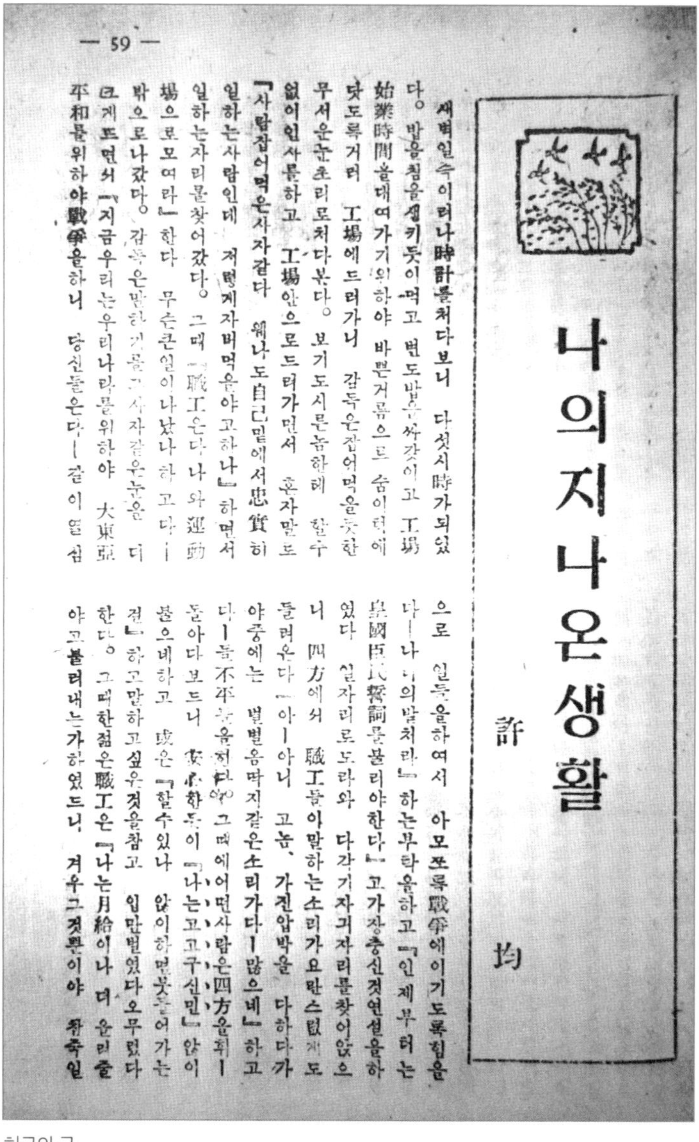

나의지나온생활

許 均

새벽일숙이러나時計를처다보니 다섯시時가되있다。 밥을침을생키듯이먹고 변도밥은싸갖이고 工場始業時間을대여가기위하야 바쁜거름으로 숨이턱에닷도록거러 工場에드러가니 감독은잡어먹을듯한무서운눈초리로처다본다。 보기도시른놈한테 할수없이인사를하고 工場안으로드러가면서 혼자말로「사람잡어먹은사자같다 웨나도自己밑에서忠實히일하는사람인데 저렇게자버먹을야고하나」하면서일하는자리를찾어갔다。 그때「職工은다나와運動場으로모여라」한다 무슨큰일이나났나하고다ㅣ밖으로나갔다。 감독은말한거름ㄱ사자같은눈을 더크게뜨면서「지금우리는우리나라를위하야 大東亞平和를위하야戰爭을하니 당신들은다ㅣ같이열심으로 일들을하여서 아모쪼록戰爭에이기도록힘을다ㅣ나ㅣ의발처라」하는부탁을하고「인제부터는皇國臣民誓詞를불리야한다」고가장충신것연설을하였다 일자리로도라와 다각기자기자리를찾어앉으니 四方에서 職工들이말하는소리가요란스럽게도들려온다 「아ㅣ아니 고놈, 가진압박을 다하다가야중에는 별별욕떡지같은소리가다ㅣ많으네」하고다ㅣ들不平소음청다。 그때에어떤사람은四方을휘ㅣ둘아다보드니 安心한듯이「나는고고구신민」않이불으네하고 或은「할수있나 않이하면못들어가는걸」하고말하고싶은것을참고 입만벌였다오무렸다한다。 그때한젊은職工은「나는月給이나 더 올리줄아고불러내는가하였드니 겨우그것뿐이야 참죽일

— 59 —

허균의 글

"사람이 사람의 정과 사랑을 구하는 데 있어서 무슨 수치가 있으며 거기에 무슨 욕심이 있는가. 노동자가 하루 10시간이란 과격한 노동을 부담하는 데 있어서 노동자로서 그의 적당한 보수를 요구하는데 무슨 틀린 일이 있으랴."

그리고 해방을 맞았다. 해방이 되어도 여전히 생활은 변함이 없었다. 노동자의 생활은 더욱 곤란해졌고 일을 잃은 사람도 많아졌다. 그녀의 집만 해도 "여자가 3인이고 모두 네 사람이다." 그런데 "먹을 것이 없다. 거리에 쌀은 많으나 값이 비싸다. 42원, 45원이나 하니 이것을 사 먹을 돈을 누가 주는가. 돈이 땅에서 나는 것도 아니요, 하늘에서 떨어지는 것도 아니다. 우리의 돈은 다만 노동을 팔아서만 하는데 노동을 팔 데도 없고 사는 데도 없다. 쌀커녕 썩은 수수도 사 먹을 수 없는 비참한 생활이다."

이것이 해방공간 노동자의 현실이었다. 그녀는 묻는다. "이것이 조선의 완전 독립이라고 할까요? 공장주들은 여전히 오늘에 있어서도 고기와 쌀밥만 먹고 요릿집에만 출입하고 있다. 그러나 우리의 해방은 우리에게 썩은 수수와 비참한 생활을 우리에게 주지 않는가. 우리 같은 노동자가 우리 조선 안에 얼마나 배를 주리며 광명도 없고 희망도 없는 길을 걷고 있으랴." 그녀는 다시 다짐했다. "나는 여자의 몸으로서 지나간 그날과 같이 꿋꿋이 우리 무산자를 위하여 또 무산자가 한 사람 한 사람 뭉치도록 힘쓰기를 결심하며 새로운 용기를 가졌습니다."

1945년 11월 5~6일 이틀 동안 서울 중앙극장에서 조선노동조합전국평의회(전평) 결성대회가 열렸다. 이날 결성대회에서 81명의 집행위원이 선출되었고, 8일 제1회 전평 상임집행위원회에서 10개 전문 부서를 설치했다.

이때 전평의 조합원 수는 93만 명의 산업노동자 가운데 21만 명이었다. 1946년 2월 현재 전평 조합원의 남녀 비율은 75 대 25였으므로 여성 노동자는 5만 명가량을 차지했다. 허균은 이들 5만 여성 노동자를 이끌었던 부인부의 책임자였다. 1947년 9월 총파업 뒤 전평 부서 정비

紛糾中의 仁川東紡爭議

會社側에 十個條를 要求

五百男女工員이 上京, 當局에 陳情

要求貫徹까지 싸울터

日給四圓五十錢은 너무해요

男女兩工員談

李炳煥氏談

二毛作小作料支拂

農務部長이 具体的으로 說明

인천동방 쟁의 상경 투쟁

● 1946년 노동쟁의

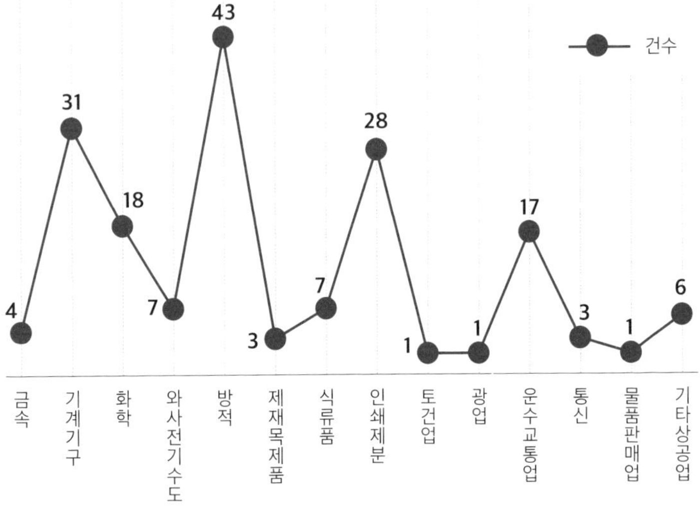

때 허균은 부인부장을 맡았고, 이후 민주주의민족전선(민전) 사회정책 연구위원, 전국부녀총동맹(부총) 중앙위원으로 활동했다.

1945년 작업장에서 일어났던 파업은 일제 자본의 규제와 규율을 흔들었다. 이 흐름의 큰 줄기를 차지했던 곳은 대개 여성 노동자로 이루어진 작업장이었다. 파업은 특히 방직 공장에서 많이 일어났다. 1946년부터 1948년까지 사회부 노동국의 조사에 따르면, 1946년 노동쟁의는 방직공업에서 가장 많이 일어났다. 방직공업 쟁의 발생 건수는 1946년 전체 170건 가운데 43건으로 25.2%, 1947년 134건 가운데 32건으로 23.8%, 1948년 37건 가운데 7건으로 18.9%를 차지했다. 이 방직공업 노동자의 절대다수가 여성이었다. 그리고 방직 공장, 피복 공장, 백화점 같은 작업장에서 일했던 해방공간의 여성 노동자들은 작업장의 일상을 바꾸는 데 앞장섰다.

> 해방된 지 1주년이 넘은 오늘날 남조선에 있는 우리 근로자의 생활은 일제시대와 조금도 다름없는, 도리어 그보다도 더한 곤란을 당하고 있으며 특히 우리 노동자의 생활은 차마 눈으로 볼 수 없는 참혹한 현상을 나타내고 있다는 것은 우리가 목전에서 보고 있고 스스로 당하고 있는 일이다. (…) 우리 부인 노동자에게 해방의 혜택이 무엇인가? (…) 조선의 유아 사망률이 세계적으로도 우위를 차지하고 있다는 명예스럽지 못한 사실은 조선 부인의 대다수를 차지하고 있는 근로 부인의 산전산후의 무리한 노동에서 오는 것으로 이는 오늘에 발견된 일이 아니다. 민주 조선의 건설에는 조선 근로인민의 태반을 차지한 근로 부인이 먼저 이 포악한 철쇄에서 해방되지 않으면 안 될 것이다. 조선의 근로 부인은 외친다.
>
> 1. 공장주는 부인 노동자에게 1개월 1차, 월경 시에는 '가제' 솜 버선감을 무상 배급하고 5일간 유급휴가제를 실시하라.
> 1. 부인 노동자에게 산전산후 4개월간 유급휴가제를 실시하라.
> 1. 공장 내의 노동으로 인하여 일어나는 모든 부인병에 대한 의료 시설을 완비하라.[221]

전평 부인부장으로서 허균은 패전국 일본의 노동자들은 하루 4홉의 배급을 받고, 실업자에게는 일터를 주며, 부인 노동자에게는 1개월 1일, 생리 시 5일간, 산전산후 4개월 유급휴가제를 실시하고 있는데 '조선의 부인 노동자에게 해방은 무엇을 가져왔는가'라고 묻는다. 해방이 되었지만 노동 현실은 일제강점기와 크게 다르지 않았다. 허균은 여성의 몸을 고려하여 생리휴가와 산전산후 휴가를 우선적으로 제기했다.

작업장의 일상 바꾸기

이러한 기본적 요구 조건과 함께 여성 노동자들은 작업장에서의 일상을 바꾸기 위해 움직이기 시작했다. 그들의 이야기는 여성공론사에서 마련한 「근로 여성 좌담회」에서 분명하게 제기되었다.[222]

> 사회: 근로 여성에는 무엇이 자유며 (…) 어떻게 하면 해방하는가를 몸으로써 체득한 경험을 살려서 충분히 이 기회에 말씀하여주시기를 원합니다.
>
> 허균: 서울고무공장에 있을 때 이야긴데 아침 일찍 공장에 들어가면 우선 그날 일감을 받기 위하여 출납구 앞에 소위 나라비 줄을 서 가지고 기다립니다. 그러면 사원 측에서는 자기가 인간적으로 친밀한 사람 또 자본주의의 앞잡이 즉 스파이 등은 일감을 많이 받고 언제나 밉게 뵌 우리 같은 사람에게는 한숨 날 정도에 지나지 않은 일감을 줍니다. 기분이 좋을 때는 공손하게도 손에다 주고 보통 때는 거지에게 던져주는 것과 같이 던져줍니다. 왜 일감을 많이 받으려고 서로 경쟁을 하느냐 하면 청부제로 되어서 고무신 한 켤레에 3전 내지 5전, 어린아이 신은 1전이란 비율로써 그날그날의 생활을 얻기 때문이올시다.
>
> 박길순: 경성방직 영등포 공장에는 노동자의 대다수가 연소한 여자

직공들인데 대개가 속아서 온 사람들이라 외출을 자유로 하면 도망을 하기 때문에 수위가 엄중히 감시를 하고 있고 (…) 외출도 허가를 안 하며 면회조차 허가 안 하는 정도입니다. (…) 면회 거절 이유도 우습지요. "너 한꺼번에 많이 먹으면 설사하니까 몸에 해로우니 요다음에 만나는 게 좋지 않아?" 이리 말합니다.

장금순: 해방 뒤 8시간 노동제인데 불구하고 과거 우리가 10시간, 12시간 노동제보다도 더 능률이 낫다는 것은 물론 우리들이 자주적으로 해나간다는 의식으로 성의 있게 일을 한다는 것은 사실입니다.

윤점순: 이것은 경방에서 나타난 사실인데요, 공을 주었더니 그 동무들이 말하기를 "우리가 이것으로 무엇 합니까?" 하고 대답하며 별로

부산의 밀가루 공장

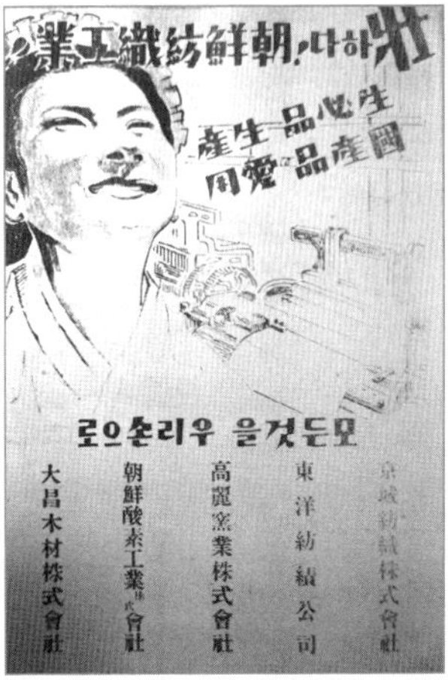

여성 노동자

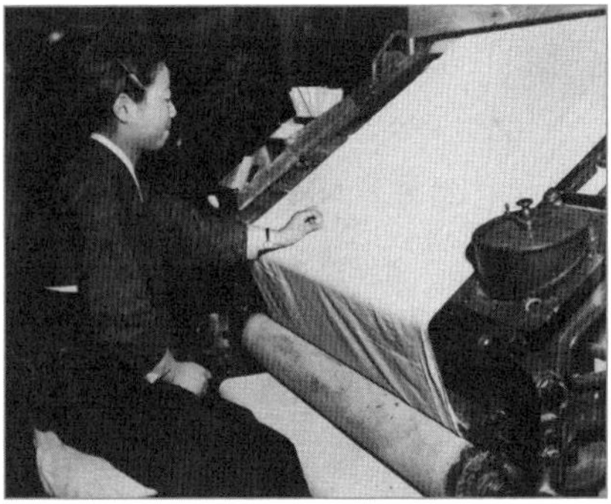
경성방직 방적 검사 과정

흥미를 아니 끌고 있습니다.

변정식: 약 한 달 전에 경방 여자 노동자를 중심으로 하여 원족을 하였는데 색색같이 좋은 옷을 입고 없는 지갑을 털어서 먹을 것을 사 들고 명랑한 웃는 낯으로 아침 집합 시간 전 일찍이 모여 오늘 원족에 대하여 서로 상상을 하며 이야기를 하고 있습니다. 원족이라든가 혹은 구경을 매우 좋아하고 있습니다.

일제강점기의 작업장이 어떻게 운영되었는지 짐작된다. 허균은 고무 공장에서 일감을 받으려고 줄을 서 있을 때 가장 모욕적이었다고 말한다. 그녀의 지적에 따르면 일감 배분에 어떤 기준이 있는 것이 아니라 감독의 기분에 따라 어떤 이는 열 켤레, 어떤 이는 네 켤레를 받는다. 한 켤레에 3전이라고 하면 열 켤레를 받은 이는 하루에 30전, 네 켤레를 받은 이는 12전을 번다. 따라서 노동자들 사이에는 경쟁이 일어나고, 감독의 말과 행위는 곧 거역할 수 없는 하느님과 같았을 게다. 또한 여성 노동자들의 외출 금지는 다반사였고 그들을 찾아오는 이의 면회조차 금지되었다. 공장과 기숙사만 오가며 생활했던 터라 경성방직 작업장에서 휴식 시간에 공을 주었지만 그이들은 공의 쓰임새를 알지 못했을 정도였다.

해방 뒤 소풍이나 야유회도 가고, 놀이나 극장 구경도 가는 등 휴식 시간을 갖게 된 작업장의 능률은 일제강점기와 비교할 수 없을 정도로 높아졌다. 8시간 노동제였지만 일제강점기에 10시간 또는 12시간 일했던 것보다 더 능률이 올랐다.

작업장마다 농성, 파업, 진정서를 제출하는 사정은 각기 달랐다. 노동자들의 움직임은 자명하게 여겨진 일상생활에서의 금기와 규율을 거부하며 이를 흠집내는 행위이다. 이런 점에서 그 행위는 지금까지와는 다른 일상을 살아가려는 노동자들의 저항이다. 해방공간 작업장에서의 저항은 일상생활에서 자유로운 이동, 술 마시기, 따뜻한 밥과 반찬으로 한 끼 먹기, 동료와 어울려 다니기, 수다 떨기, 개인의 정치적 입장의 표출, 집회와 시위 참가의 자유 따위로 광범위했다. 작업장에서의 쟁의와 파업은 일제강점기 일제 자본의 노동 규율을 깨는 일상의 저항이었다. 당연한 것을 당연하다고 여기지 않고 그 당연함을 거부하는 행위는 용기가 필요하다. 부당한 노동 규율에 대한 '말 걸기'와 거부 행위는 여성 노동자의 용기에서 비롯되었다. 그리고 그 중심에 전평 부녀부장 허균이 있었다.

근우회 경동지회 설립 활동

허균은 허마리아, 노봉익, 허봉희, 허정균이라는 이름을 사용했는데, 일제강점기 신문에는 허마리아로 소개되고 있다. 그녀는 1904년 충청남도 당진군 합덕면에서 태어났다. 천주교에서 운영하는 사립 개외학교를 3학년까지 다녔고, 17세 때 송악면에 있는 양잠전업소에서 양잠업을 배웠다.[223] 김동석과 결혼한 뒤 1925년 남편과 함께 오사카로 가서 자유노동자로서 맞벌이를 했다. 그러나 남편이 가정을 돌보지 않고 학대를 일삼자 결국 이혼하고 혼자서 조선으로 돌아왔다.

1928년 4월 그녀는 경성으로 올라와 고학당 고등 제1학년에 입학했다. 고학당은 1923년 5월부터 1931년 7월까지 마르크스레닌주의에 기초한 사회과학 학습을 진행했고, 학생들이 동아리를 만들어 사상교육운동을 주도했다.[224] 1929년 고학당 졸업생들은 조선학생전위동맹(전위동맹)을 조직하고 광주학생사건을 알리는 격문을 만들어 경성의 각 중등학교에 뿌렸다. 이 격문이 도화선이 되어 1929년과 1930년 경성 학생들의 연합시위가 일어났다. 허균은 고학당의 학풍과 선배들에게서 영향을 받고 교류를 했으나 1929년 학자금이 없어 자퇴했다.

허균은 고학당을 다니면서 근우회 경동지회 설립을 주도했다. 1930년 3월 31일 신간회 경성지회 회관에서 공장이 몰려 있던 동대문 밖 동부 지대의 여성운동가들이 근우회 경동지회를 설립하려고 모였다. 4월 15일 설립 대회는 동대문 밖 상춘원에서 100여 명의 회원과 수백 명의 방청객이 참석한 가운데 열렸다. 이 대회에서 허균은 집행위원이자 서무부장으로 선출되었다. 이날 토의된 안건은 '반(班) 조직에 관한 건, 회

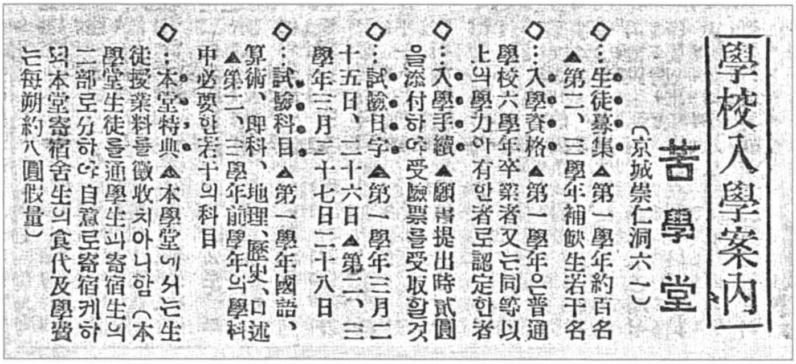
學校入學案內

苦學堂 (京城崇仁洞六二)

◇…生徒募集▲第一學年約百名▲第二、三學年補缺生若干名

◇…入學資格▲第一學年은普通學校六學年卒業者又는同等以上의學力이有한者로認定한者

◇…入學手續▲願書提出時貳圓을添付하야受驗票를受取할것

◇…試驗日字▲第一學年三月二十五日、二十六日▲第二、三學年三月二十七日二十八日

◇…試驗科目▲第一學年國語、算術、地理、歷史、口述▲第二、三學年前學年의學科中必要한若干의科目

◇…本堂特典▲本學堂에서는生徒授業料를徵收치아니함(本學堂生徒를通學生과寄宿生의二部로分하야自意로寄宿케하되本堂寄宿舍生의食代及學費는每朔約八圓假量)

고학당 모집 광고

원 교양에 관한 건, 문맹 부인과 무산 아동 교육에 관한 건, 동부 공회당 건축에 관한 건, 지회 세칙 제정에 관한 건, 근우회 경기연합회 촉진에 관한 건, 본회 회관 건축에 관한 건' 따위였다.

허균은 신간회 경동지회에서 활동했던 듯하다. 1930년 6월 17일 동대문 경찰서장이 경무국장에게 보낸「신간회 경동지회 집회 취제 상황 보고」문건에 따르면, 허균은 신간회 경동지회 설립 1주년 기념식에 참가했다. 그리고 1930년 시천교학생회 2주년 창립 기념식에 참가하고 그해 중앙청년동맹 남부지부 집행위원 등으로 활동했다.

이런 활동으로 그녀는 늘 경찰의 감시를 받았고 자주 체포되거나 검거되었다.

> 지난 2일 충남 홍성경찰서에서는 서울고학당에 있는 허균 양을 검거하였다는데 사건 내용은 절대 비밀이라더라.[225]

이들 단체 이외에도 허균은 조선여자고학생상조회에서도 활동했다.

시내 안국동 5번지 조선여자고학생상조회에서는 지난 14일 오후 4시에 동 회관 내에서 임시 총회를 허균씨 사회로 열고 임시집행부에 의장 허균, 서기 김윤숙 · 이정순 제씨 집행으로 의사가 진행되었는데 회관 문제에 들어가 이론이 백출되었으나 구체적 해결을 못 보고 결국은 신임 위원에게 위임키로 하고 오후 6시 10분에 무사히 폐회하였으며 신임 위원의 씨명은 아래와 같다더라. 집행위원장 강경자, 집행위원 김윤숙 · 이정순 · 허균 · 이효애 · 홍성숙 · 정이원 · 최종숙[226]

조선혁명자동맹 사건과 철원독서반

1933년 1월 21일, 조선공산당을 재건하려고 조선혁명자동맹을 조직했다가 해체하고 다시 경성 적색노동조합 창립 대회를 준비하다가 검거되어 경성지방법원 예심에 회부된 사건이 있다. 이 사건과 관련된 사람은 노사석, 이복기, 김종원, 조영식, 박인선, 김흥원, 박시병 등이었다. 노사석은 1931년 6월 고학당 학생 김종원과 같이 서대문형무소 뒤 금화산에서 모여 조선혁명자동맹을 조직했다. 1932년 11월 3일 이복기가 작성한 선전문 300장을 인쇄해, 7일 러시아혁명 기념일에 시내 각 공장에 뿌렸다. 1932년 9월 한강철교 밑에서 조선혁명자동맹을 해체하고 적색노동조합을 조직하기로 결의했던 이들은 12월 4일 경성적색노동조합을 성립시키려고 선언, 강령, 규약을 작성하고 창립 대회를 열려다가 검거된 것이다.

「비밀결사 조선혁명자동맹 사건 검거에 관한 건」이라는 문서에 따르면, 허균도 이 사건에 깊이 관여했다.

> 지난 11일 동대문경찰서에서 경성지방법원 검사국에 송국한 김종원 등 22명에 관한 치안유지법 위반 사건은 그간 좌좌목 검사의 손으로 취조 중이더니 21일 오전 유정진, 이병로, 노사석, 이복기, 김종원, 조영식, 박인선, 김흥원, 박시병 등 9명에 대한 죄상이 명백하여 전원에 대한 치안유지법 위반과 노사석, 이복기, 김종원, 박시병에 대한 출판법 위반의 사실을 기소하였으며 김필영, 김택호, 최완희, 김삼석, 김명원, 이승충, 강춘무, 이승통, 허균, 박창윤, 김필수, 김복녀, 이일 등 13명에 대하여는 불기소 처분을 하는 동시에 기소한 9명은 동 법원 예심에 회부하였다.[227]

허균은 이 사건으로 불기소 처분을 받았으나 1933년 5월 31일 철원독서반 사건으로 다시 검거되었다.

> 철원 적색도서반 사건은 검거한 지 6개월 만에 금 31일 검거 인원 10명 중 6명을 석방하고 4명만 치안유지법 및 보안법 위반으로 철원발 오전 6시 차로 경성 검사국으로 송치하였다. 그 내용은 작년 신의주서에 검거된 조봉암 사건에 관련되어 철원 불이농장에서 최인준을 검거하여 간 데서 단서를 얻어 작년 12월 중순부터 경성 모 고무 공장 여공 허균(27), 조선일보 서부지국 배달부 김순만(26)을 배달 중에 검거하는 등 검거의 선풍은 각처에 미치어 홍신건, 전기범, 최의준, 최인준, 김용암, 표정민, 박용준(36) 등을 검거하는 동시에 철원 청년

회관을 수색하여 다수한 적색 서적을 최의준의 집에서 압수하였는데 그중에는 발간된 잡지 노동도 있었다. 이래 6개월간을 취조하더니 박용준을 중심으로 수년 전부터 적색독서반을 조직하여 김순만, 최의준 등이 연락을 구하여 ××학생에게 불온 동요를 지어준 혐의로 전부 4명만은 송국하고 그 외 6명은 증거가 없다 하여 석방한 것이라 한다.[228]

철원독서반 운영에서 큰 역할을 했던 박용준은 철원 출신으로, 1928년 고려공산청년회에 가입했고, 철원 야체이카에서 활동했다. 이 사건으로 검거되었지만 1930년 12월 경성지방법원에서 무죄를 선고받았다. 그 뒤 철원 청년들과 독서반을 운영했는데 철원에서의 단기 양잠 지도원의 경력과 본적이 철원이었던 허균도 함께 활동했던 것이다.

그녀는 독서반 활동을 하면서 혁명가를 작사하기도 했는데 내용은 다음과 같다.[229]

1. 자연에서 멀어진 이 세상
자유라고 평소에는 하고 있지만
자본가 세력에게선 썩은 악취
무리한 압박이 너무 가혹해.
2. 골절된 채 만들어진 정자 안에
악마 신사숙녀가 노래를 하네
빌어먹게 만들어진 농촌의 산물도
고성(高城) 부르주아의 배를 채우네.

서울고무공장 동맹파업

허균은 서울고무공장, 대륙고무공장, 서울호모공장에서 일했다. 그녀의 글 「나의 지나온 생활」에 그려진 곳이 서울고무공장인데, 아마도 이곳에서 오랫동안 일했던 듯하다.

동대문경찰서장이 경성지방법원 검사장에게 보낸 「노동쟁의 배후 선동에 관한 건」이라는 문서에 따르면, 1933년 10월 서울호모공장 파업의 배후는 허균과 변홍대 등이었다. 허균은 서울고무공장 파업, 종연방직공장 파업의 배후로도 지목되었다.

> 동대문서 고등계에서 검거 중에 있는 종방, 서울고무 맹파 사건 진상은 판명되었으나 수모자가 벌써 교묘히 도주하여 사건의 단락을 짓지 못한다고 한다. 금번 사건의 심파(シンパ)로 허균이란 여직공과 권오× 외 67명의 청년, 그리고 17일 청량리에서 검거한 이병희, 이효정 등도 심파로서 활약하였는데 그들의 말을 들으면 선동한 수모자의 정체를 그네들도 자세히 알 수 없는 정체 모를 청년이라고 한다.[230]

1933년 9월 19일 신설리에 있는 서울고무회사 여성 노동자 120여 명은 '고무 조각을 옛날과 같이 직공들에게 가져다 달라, 감독에게 검사를 맡고 일감을 직접 가져가게 하는 방식을 폐지하라, 현재 감독을 해고하라, 먹을 물을 준비해 달라' 등 7개 요구 조항을 회사에 제출하고 파업했다. 회사와 노동자들이 가장 팽팽하게 맞선 쟁점은 고무 조각을 직공들이 직접 받아가고, 이를 감독에게 검사받으라는 조항이었다.

회사는 "직공 측이 회사에서 하라는 대로 하지 않고 고집한다면 어쩔 수 없이 그들은 해고를 시키고 새로라도 직공을 모집하여 일을 계속할 수밖에 없게 되겠지요."라는 입장을 밝혔다.[231] 여성 노동자들은 이의 부당성을 다음과 같이 말했다.

> 새로 만든 제도로 말미암아 우리 직공이 입는 손해는 적지 않습니다. 매일 평균 한 켤레 만들 것은 하지 못하게 되고 소위 감독이란 사람의 행동은 괴상하여 볼 수 없을 만치 오만하고, 먹을 물도 준비하여 주지 아니하니 돈도 귀하지만 그 속에서야 어떻게 일을 하겠습니까.[232]

> 일자리에 갖다 놓아주면 능률이 많이 날 것을 가지러 가자면 여러 사람이 함께 모여 시간이 크게 걸립니다. 불량품 검사에 1주일 3족을 불량품으로 내놓은 사람은 하루의 일을 못 하게 하니 이렇게 가혹한 벌을 주는 곳은 이 회사밖에 없습니다.[233]

허균도 고무 공장의 작업 환경 가운데 가장 힘겨운 일이 일감을 받는 것이라고 말했다. 여성 노동자들은 일감의 배분이 일정한 기준에 따르는 것이 아니라 감독 마음대로 이루어지는 과정을 문제 삼았다. 파업 다음 날인 20일, 동대문경찰서에서는 고등계 형사 7명이 공장에 와서 주모자로 인정되는 지순이, 엄익, 맹계순 외 6명을 강제로 끌어내 조사했다. 회사 전무는 "임금 문제도 아니고 사소한 문제이기 때문에 (…)

내일에는 일을 계속할 것 같습니다. 7개조 조건 중 불량품 검사의 벌칙 개정과 재료를 배달해 달라는 조건만은 들어줄 수 없다."고 밝혔다.[234] 경찰의 개입과 회사의 강압적 자세로 서울고무 공장 파업은 큰 진전 없이 끝났다.

1933년 〈동아일보〉는 신년 특집으로 「새해에 희망과 요구」라는 지면을 마련하여 각 공장 관리직과 노동자들의 이야기를 들었는데, 이 자리에서 서울고무공장 여성 노동자는 다음과 같이 말했다.

> 새해를 맞이한다고 새삼스러운 희망이나 요구가 있는 것은 아니올시다. (…) 새해에는 어른 신 한 켤레에 5전씩만 주었으면 그래도 좀 낫겠어요. 그리고 사람대접을 좀 더 상당하게 하여주었으면 합니다. 또 한 가지는 벌로써 열흘씩 일 못 하게 하는 제도를 고쳐주었으면 좋겠고 병난 때에라도 어떻게 살 수 있도록 하여줄 수는 없는지 모르겠습니다.[235]

새해 희망과 요구가 정말로 소박하다. 한 켤레에 1전 정도의 임금 인상과 사람대접, 병이 나거나 징벌로 일을 못 하게 하는 제도를 고쳐 달라는 것이다.

9월 21일에는 신설리 종연방직, 경성제사공장 500여 명이 임금 인상과 대우 개선을 요구하며 총파업을 일으켰다. 그러자 동대문경찰서에서는 파업단 배후를 조사하기 시작했다.

> 동대문서 고등계에서 파업 사건의 여직공으로 서울고무 공장의 여직

공 3명과 종연방직에서 6명의 여직공을 검거하고 엄중 취조 중, 22일 서울고무공장 직공 지순이만을 석방하고 계속 취조 중이었는데, 23일 새벽에 무슨 단서를 얻었음인지 돈암리 방면에서 조선방직 여공 김 모 외 2명을 또 검거하였으므로[236]

종연방직은 300여 명의 여성 노동자를 해고하겠다는 발표를 했지만 총파업은 9월 29일까지 지속되었다. 허균은 서울고무공장 노동자들과 함께 이 일에도 관여했다.

혁명적 노동조합

허균은 1933년 9월 서울고무공장과 종연방직의 파업 조종자로 지목되었고, 1934년 경성 적색노동조합 사건으로 검거되었다. 1934년 11월 용산경찰서장은 경기도경찰서장에게 「사상 용의자 검거에 관한 건」을 보냈다. 이 문건은 적색노동조합 사건을 다루었는데 여기에 허균이 개입되어 있다.

1934년 적색노동조합 및 농민조합과 관련한 검거가 이루어졌고 경찰은 9개월 동안 400여 명을 검거했다. 1934년 5월부터 1935년 7월 말까지 전후 7차례에 나누어 송국한 인원이 153명이나 되었다. 예심에 회부된 인원은 77명으로 8월 8일 권영태 등 34명에 대한 예심이 종결되었다.

1935년 8월 24일자 〈동아일보〉 호외란에 발표된 허균(허마리아)의 활동은 다음과 같다.

수감된 허균

> 이 사건에 연좌한 인물 중 특히 허마리아는 일찍 근우회와 중앙청맹에 투신하여 표면적 합법운동에 종사하면서 시내 고학당 학생으로 공부하던 것을 단연히 버리고 비합법운동을 실천하고자 스스로 고무직공이 되어 시내 각 고무 공장으로 다니면서 직장에서 직접 동지 획득에 노력 중 권영태 등과 악수하게 됨에 이르러 일층 활발한 운동을 전개하여 이번 사건에 각 공장반을 결성하게 하였다.[237]

기사 제목이 「여교 제복 벗고 고무 직공으로」이다. 가정이 넉넉한 여학생이던 허균이 고무 공장 노동자로 변신하여 활동한 것처럼 기사 제목을 뽑은 것이다. 그러나 허균은 경제적으로 어려웠던 사람들이 다녔던 고학당의 학생이었고 그것도 1년 만에 학비가 없어 그만두었다.

그녀는 평생 노동자로 살았다. 해방공간의 자신을 소개할 때 허균은 15년 동안 공장에서 일했다고 했다. 그런데도 이렇게 제목을 뽑은 까닭은 적색노동조합이 노동자와 무관한 지식인들이 조직한 단체임을 강조하기 위함이리라. 예심 결정 전문에 명시된 허균의 이력과 활동은 다음과 같다.

> 피고인 허마리아는 (…) 경기도 고양군 숭인면 신설리 서울정모회사 공장, 경성부 중림동 대륙호모소회사 공장 등에 여공으로 근무했던바 그간 사상범죄를 감행한 혐의로 수차 경성 부내의 경찰서, 철원경찰서 등에 검속된 일이 있고 소화 8년 1월 21일에는 경성지방법원 검사국에서 치안유지법 위반으로 기소유예에 처분을 받었었고
>
> 제1, 소화 8년(1933년) 7월 중순경 전기 서울호모회사 공장의 여공이었을 때 (…) 피고인 변홍대로부터 우 공장 내에서 우수한 동지를 획득하여 공장 그룹을 조직하여 직공에 불평불만이 있을 적에는 파업을 단행하고 ○○○○을 통해서 노동대중을 교양하고 그 의식의 향상을 도모하고 산업별의 적색노동조합을 조직할 방침에 의하여 노동운동을 할 것을 종용받고서 조선의 ○○화를 목적으로 이것을 수락하고 그 목적 사항의 실행에 관해서 협의하고
>
> 제2, 소화 9년(1934년) 4월 초순경 피고인 정태식으로부터 ○○주의적 의식이 있는 동지의 소개 의뢰를 받고서는 동인을 피고인 김보성과 연락시키어 조선의 공산화운동의 촉진을 기도하고 동인들이 사상운동에 대하여 협의할 것을 숙지하고 (…) 신설리의 김보성 방에서 (…) 피고인 정태식의 범죄 사실 제7항 적시와 같이 우 목적의 실행

에 관해서 협의한 범죄의 방조를 하고

제3, 소화 9년 9월경 (…) 안창대의 동 거택에서 동인과 함께 전 동양의 목적으로 상호 공장 내에서 동지를 획득하고 ○○○을 발발시키어 실천 ○○을 통하여 우수한 지도자를 구하여 그 지도 밑에서 공산주의운동에 매진할 것을 협정하고 그 목적인 사항의 실행에 관하여 협의하고[238]

1935년 11월 조선공산당재건동맹과 산업별 적색노동조합 사건의 공판일에는 가족들을 포함해 500여 명의 방청객이 모여들었다. 여성 피고 4명을 선두로 피고들은 수백 명의 경관과 간수들의 경계를 받으며 피고석에 앉아서 용수를 벗었다. 여성 4명은 허균, 이순금, 이경선, 이원봉이었다. 권영태가 심문대로 들어서자 피고석에서는 모두 재판장을 불렀다. "남만희, 최경옥, 이현상, 변홍대, 박정두, 이백만 등이 일어서서 오래간만에 한자리에 모이는 동지들 간에 인사 교환을 허락하여 달라고 하고 혹은 온건한 태도로 재판에 응할 터이니 피고 회의를 허가하는 동시에 공판에 관한 피고들의 요구를 들어달라"고 했으나 재판장은 이를 거절했다. 다시 이현상이 요구 조건을 제출하자 재판장은 재판 방해라며 퇴장시켰다.[239] 이어서 재판장이 공안에 방해가 된다면서 방청 금지를 선언하자 피고들은 공개를 요구했으나 가족 이외에는 금지되었다. 허균에 대한 심문은 11월 28일에 끝났다.

1935년 12월 20일 선고 공판에서 허균은 2년 구형에 징역 2년 형을 선고받았다.

허균의 발자취와 글

연도	내용
1904	충청남도 당진군 합덕면 출생
1919	합덕 개외학교 3년 다니다 중퇴
1921	당진군 송악면 양잠전업소에서 양잠업 습득
1925	오사카에서 자유노동자로 일하다가 국내로 돌아옴
1928	서울고학당 고등과 입학, 양잠지도원으로 춘천, 철원 등지에서 근무
1929	학비 부족으로 고학당 중퇴 11월 러시아혁명 기념일 투쟁에 참가했다가 종로경찰서에 한때 검거
1930	근우회 경동지부 위원, 중앙청년동맹 남부지부 집행위원, 조선여자고학생상조회 집행위원
1932	서울정모회사, 대륙호모공장, 서울고무회사, 대륙고무회사 다님
1933	1월 경성지방법원에서 치안유지법 위반으로 기소유예 처분 7월 변홍대와 함께 산업별 적색노동조합 조직을 시도 9월 이후 이재유의 지도 아래 서울고무, 조선견직, 종연방직에서 활동
1934	경성 적색노동조합 사건으로 검거
1935	12월 경성지방법원에서 징역 2년 선고
1936	만기 출옥, 이후 공장노동자로 생계 유지
1945	조선노동조합전국평의회 상임집행위원으로서 부인부장 맡음
1946	2월 민주주의민족전선 결성 때 전평 측 대의원으로 출석, 전평 부녀부장
1947	전평 부녀부장

「나의 지나온 생활」

새벽 일찍이 일어나 시계를 쳐다보니 5시가 되었다. 밥을 침을 삼키듯이 먹고 벤또밥을 싸 가지고 공장 시업(始業) 시간을 대어 가기 위하여 바쁜 걸음으로 숨이 턱에 닿도록 걸어 공장에 들어가니 감독은 잡아먹을 듯한 무서운 눈초리로 쳐다본다. 보기도 싫은 놈한테 할 수 없이 인사를 하고 공장 안으로 들어가면서 혼잣말로 '사람 잡아먹은 사자 같다. 왜 나도 자기 밑에서 충실히 일하는 사람인데 저렇게 잡아먹으려고 하나' 하면서 일하는 자리를 찾아갔다. 그때 '직공은 다 나와 운동장으로 모여라' 한다. 무슨 큰일이나 났나 하고 다 밖으로 나갔다. 감독은 말하기를 그 사자 같은 눈을 더 크게 뜨면서 '지금 우리는 우리나라를 위하여 대동아 평화를 위하여 전쟁을 하니 당신들은 다 같이 열심으로 일들을 하여서 아무쪼록 전쟁에 이기도록 힘을 다 나라에 바쳐라' 하는 부탁을 하고 '인제부터는 황국신민서사를 불러야 한다'고 가장 충신 것 연설을 하였다. 일자리로 돌아와 다 각기 자기 자리를 찾아 앉으려니 사방에서 직공들이 말하는 소리가 요란스럽게도 들려온다. '아아니 고놈, 갖은 압박을 다 하다가 나중에는 별별 옴딱지 같은 소리가 다 많네' 하고 다들 불평들을 한다. 그때에 어떤 사람은 사방을 휘 돌아다보더니 안심한 듯이 '나는 고고구신민 아니 부르네' 하고 혹은 '할 수 있나 아니 하면 붙들어가는걸' 하고 말하고 싶은 것을 참고 입만 벌렸다 오무렸다 한다. 그때 한 젊은 직공은 '나는 월급이나 더 올려주려고 불러내는가 하였더니 겨우 그것뿐이야 참 죽일 놈들 죽어라 죽어라 하니 참 죽을 지경이다' 하고 휘 한숨을 쉬면서 주름져가는 얼굴을 씨담

는다. 나는 그때 '응 너의 놈들 할 대로 하여보아라 마음대로 실컷 하여 봐라!' 하고 이를 악물었다. 눈이 오나 비가 오나 더우나 추우나 바람이 불거나 눈바람이 치나 매일 꿋꿋이 20전씩 주는 돈을 바라고 단잠을 못 자고 5시면 전기가 통하여 있는 듯이 공장에 발을 들여놔야 한다. 길은 참으로 멀다. 손발은 고드름같이 얼어 남의 살 같고 입술은 죽은 사람 같이 시퍼렇고 눈썹은 입김에 서려서 서릿발이 하얗게 붙어 있다. 이때 공장에 허덕이면서 가니 뜨듯한 물 한 모금 없다. 발손이 시려와서 어린 동무들은 울기까지 한다. 이때 나는 생각한다. '응 너는 12시까지 따듯한 이불 속에서 바둥거리며 일어나지도 않을 때 우리는 입지도 못하고 먹지도 못하고 방에 불도 때지 못한 찬방에서 자며 일어나 온 우리들이다. 아 언제나 원수를 갚고 말겠다' 하고 종일 분함을 이기지 못하다가 게다가 황국신민서사까지 읽으라고 하니 더한층 분함은 치밀어올라와 가슴이 탁 막히어 눈물이 줄 흘러 내려온다. 이렇게 하다가 그럭저럭 오후 7시가 되어 집에 돌아오게 되었다. 그러나 우리들은 걸핏하면 밤일을 시키기 때문에 10시 반이나 돼야지 일을 끝마치게 된다. 살을 베는 듯한 바람은 용서없이 빰을 친다. 하루 종일 일을 하는데 저녁밥을 먹지 않은 고로 피곤한 몸은 바람에 날릴 만치 맥이 하나도 없는 고로 그저 발이 띄어나는 대로 집으로 가는 길을 걸어간다. 힘없는 문을 밀고 들어가니 우리 어머님은 '아이고 인제 오니 참 그놈들이 또 밤일을 시키는구나' 하고 가엾어하시는 어머님은 부지런히 부엌에로 나가셔서 밥을 차려다가 준다. 정신 잃은 사람같이 10촉짜리 전등불만 물끄러미 쳐다보며 오늘의 일을 생각한다. 거의 잦아가는 밥을 먹는 나의 설움 그런 설움을 느끼지 않고는 밥을 못 먹는 우리의 서러움 괴로움

이것저것 생각하니 눈물뿐이다. 늦은 밥을 먹고 드러누우니 온전히 속이 소화가 되기는 만무하다. 가슴이 묵직하고 속이 거북하고 기분이 좋지 않다. 오늘도 종일 그 사자 같은 눈과 싸우려면 그놈들 밑에 가서 일하여야 하므로 아침밥을 먹고 벤또밥을 싸 가지고 해님보담 한발 빨리 일어서 발을 딛기도 어려운 밖으로 나와 정신없는 로봇처럼 걸음을 걷기 시작한다. 집에 돌아갈 때는 서북풍을 껴안고 쌀쌀한 오려내인 달과 별을 동무로 삼는 해님을 못 보는 우리는 노동자다. 추우나 더우나 몸이 괴로우나 이 지옥 같은 공장을 언제나 면할 수 있나. 원망스러운 생각이 가슴에 복받쳐오른다. 이런 때가 얼마나 많았던가. 한 달 죽게 일하여주면 겨우 5원이 전부이다. 이것을 바라고 그 사자 같고 개 같은 인정도 모르고 눈물도 모르고 사람이라는 것이 무엇인가도 모르는 그 무지무지한 놈들의 소가 되며 말이 되며 갖은 박대를 다 당하고도 충실히 일을 하는 동무한테 그 약간의 보수도 거저 주는 듯이 말한다. 이러한 갖은 고통 괴로운 설움을 당하면 소소한 보수에 노예가 되고 있는 사람이 얼마나 많으랴 하고 나는 다시 생각한다. 그렇다면 이것이 우리 동무들이 이 세상에 나올 때 짊어지고 나온 운명인가. 그리고 그네들은 호의호식에 물리며 갖은 사치를 하여도 마땅한 운명을 지고 나왔는가? 생각 않을 수 없다. 그러나 감독은 열심히 일을 하여줄수록 더 행실을 낸다. '이번 달은 지난달보담 더 일을 많이 해 돈을 많이 올려줄 터이니' 하면서 감독은 싱긋 웃는다. 간조를 타 가지고 생각하니 이같이 적은 돈을 가지고 무엇을 해야만 좋을는지 다만 한숨뿐이요 눈앞이 캄캄하여지며 불이 번쩍 난다. 그 불안에는 '조고만 셋방에서 발발 떨면서 자기 한 사람을 믿고 기다리는 늙은 어머니 또 장차 어찌하여 이 고생을 면하는고. 또 갖은 고통을 다 당하며 한 달 동안 밤일까지 하면서 열심히 일한대야 선물이 모두 이것뿐인가 하는 생각이 용솟음같이 솟아올라온다. 그렇고 또 앞을 막는 것은 한 달 먹을 쌀을 사야겠고 추우니 땔나무도 사야 하겠고 의복이 다 떨어져 살이 울근불근 나오니 옷감도 사야겠고 몸도 아프니 약도 먹어야 하겠는데 쓸 데는 많으나 돈은 얼마나 되지 아니하니 어떠한 것에 먼저 써야 좋을는지 기가 막힌다. 차라리 돈을 아니 벌 때만치 못하다. 그러나 저녁 아침 거리에 고기 반찬만 먹고 잘 입고 질질 흐르는 비단옷을 입고 얼굴에는 살찐 기름기가 쩔쩔 흐르며 얼굴에는 볼에 군턱이 지고 두 볼기짝은 살이 쪄서 엉덩이를 두슬치를 못하여 걸음도 잘 못 걷고 뒤뚱뒤뚱거리건만!! 우리 노동자들의 빼빼 마른 얼굴은 황빛을 띠고 뼈만 앙상한 노동자!! 찢어진 옷을 입고 기름이 묻은 채 목적이 없이 희망도 없이 거리의 사람에 섞여서 걸어가는 노동자? 나도 이 노동자 중의 한 사람이다. 오아시스가 어디인지도 모르는 무한의 사막을 걸어가는 사람, 그 사람의 운명은 단시일에 정하여 있다. 무엇을 위하여 걸어가며 무엇 때문에 살려는가!! 우리 무수의 노동자의 운명도 같을 것이다. 또 한 달 간조가 돌아온다. 이번에는 월급을 올렸다고 연설을 하더니 '채권을 사라 그리하여 우리는 전장에 이겨야 한다'고 그 기가 막힌 월급에서 채권 값을 제하고 몇 푼 되지 않은 돈을 받았다. '야! 이놈들 보아라 저희 공장에서 채권을 우리 노동자에게 배부한다'고 모두가 불평을 느낀다. 그러나 강도 같은 일본인 놈들이 무서워서 꿀떡꿀떡 참는 모양이다. 입으로는 세계 영원 평화와 행복을 일삼아 싸우고 동양의 동양을 건설한다는 이놈들이!! 어떤 사람은 '이기긴 무엇을 이기어 공연히 배가 아프니까 하는 수작이지.

이기기 전에 망하는 꼴을 어찌하나'고 하는 분도 있다. '다 고만두고 다른 곳으로 가자' 하는 분도 있다. 그러나 아무것도 돈도 없고 권력도 없고 구원자도 없는 다만 노동력이 유일의 재산인 아무것도 없는 우리들 노동자는 어디로 가든지 천대받는 것은 마찬가지다 하므로 우리는 다만 가지고 있는 상호부조의 깨끗한 아름다운 힘을 모아서 자본가와 꿋꿋이 싸워야 하겠다. 그리하여 막대한 수를 차지하는 노동자를 위한 사회를 건설하여야 한다고 생각하였다.

사람이 사람의 정과 사랑을 구하는 데 있어서 무슨 수치가 있으며 거기에 무슨 욕심이 있는가. 노동자가 하루 10시간이란 과격한 노동을 부담하는 데 있어서 노동자로서 그의 적당한 보수를 요구하는 데 무슨 틀린 일이 있으랴. 가장 정의를 사랑하고 인간의 권리를 존중히 여기며 평화와 자유를 주장하는 그이들이 우리들의 말을 어찌 취급하였으며 우리들의 인간의 행동을 어떠한 눈동자로 감시하였는가. 날이 갈수록 그 놈들의 압박은 점점 가혹하여간다. 노동자들은 점점 죽을 지경이다. 그렇다고 이를 피하려면 우리들의 생존은 없을 것은 뻔한 일이다. 이러다가 일본 제국주의가 물러갔다고 조선 사람은 다들 떠든다. 즐겁다고 다 만세를 부르고 갈 바 모르는 듯이 허둥거린다. 그러나 우리 노동자 동무들이여 우리는 생각 아니 하면 아니 된다. 당신들은 평화가 어떠한 것이며 해방이 어떠한 것이며 자유가 어떠한 것인 것을 깨달았는가. 우리의 생활 곤란은 점점 심하여가고 직업을 잃은 사람은 많아간다. 우리 식구만 하여도 여자가 3인이고 모두 네 사람이다. 먹을 것은 없다. 거리에 쌀은 많으나 값이 비싸다. 42원 45원이나 하니 이것을 사 먹을 돈을 누가 주는가. 돈이 땅에서 나는 것도 아니요 하늘에서 떨어지는 것도 아니다. 우리의 돈은 다만 노동을 팔아서만 하는데 노동을 팔 데도 없고 사는 데도 없다. 쌀커녕 썩은 수수도 사 먹을 수 없는 비참한 생활이다.

이것이 조선의 완전 독립이라고 할까요. 있는 놈들이 과거에 있어서 우리들의 순진한 결박한 새파란 피를 줄줄 빨아먹고 고기를 베어 먹던 공장주들은 여전히 오늘에 있어서도 고기와 쌀밥만 먹고 요릿집에만 출입하고 있다. 그러나 우리의 해방은 우리에게 썩은 수수와 비참한 생활을 우리에게 주지 않는가. 우리 같은 노동자가 우리 조선 안에 얼마나 배를 주리며 광명도 없고 희망도 없는 길을 걷고 있으랴. 어린 자식들은 이 어미의 속도 모르고 '나는 수수죽 아니 먹어 내 동무 집에는 하얀 밥 먹어 나도 쌀밥 주어 응 엄마' 하고 숟가락 든 채 입을 삐죽한다. '그래 이따 저녁에는 쌀밥 하여줄게' 하고 부모로서 하지 못할 거짓말까지 하면서 겨우 먹게 달래는 나의 가슴!! 세계의 노동자로 이것이 조선의 완전한 해방이라면 당신네들은 또 하루 20전씩의 임금을 받아가면서 추우나 더우나 비가 오나 눈이 오나 죽음의 걸음을 걸어야 합니다. 우리 조선의 완전 해방은 8할 이상이 되는 무산자를 기본으로 삼은 국가이어야지만 조선은 흥할 것이며 평화 자유 해방은 왔다고 부르짖을 수 있습니다. 그때에만 금수강산이라고 세계에 자랑할 수 있습니다. 과거에 있어서와 마찬가지로 소수 자본가들의 해방은 우리들의 죽음이 올시다. 그러나 나는 여자의 몸으로서 지나간 그날과 같이 꿋꿋이 우리 무산자를 위하여 또 무산자가 한 사람 한 사람 뭉치도록 힘쓰기를 결심하며 새로운 용기를 가졌습니다.

『여성공론』 창간호, 1946

십 년 감옥살이를 빼면
이제 겨우 스물세 살이라니까요

박진홍

朴鎭洪

1914 ~ ?

십 년 감옥살이를 빼면 이제 겨우 스물세 살이라니까요

박진홍(朴鎭洪, 1914~?)

호기심 많은 학생

박진홍은 1914년 함경북도 명천에서 태어났다. 1928년 화태공립보통학교를 졸업하고 4월 홀어머니와 함께 서울로 올라와 동덕여자고등보통학교에 입학했다. 그녀는 학교 생활을 상당히 적극적으로 했던 듯하다. 1930년 조선여성사는 '졸업한 여학생은 농촌으로 갈까? 도회로 갈까?'라는 문제를 놓고 지상 토론 대회를 열었다. 박진홍은 동덕여고보 대표로 이 대회에 참가하여 졸업한 여학생들이 농촌으로 가야 하는 이유를 이렇게 주장했다.

> 졸업한 학생은 어디로 가냐 하면 물론 농촌에 나서 도회에 와 졸업을 하면 농촌으로 가는 것이 마땅한 일입니다. 그러나 이 문제를 더 철저히 말씀드리면 조선은 농업을 내놓고는 더 발전될 산업이 없을 듯

합니다. 보십시오 조선에 무엇으로 공업의 발전을 바라겠습니까? 석탄이 풍부합니까? 철이 풍부합니까? 상업을 보십시오 그 발전할 희망이 어디 있습니까. 자본이 있어야지요. 자본이 있어야 딴 나라하고 경쟁하여 나가지요. 고로 조선인의 경제상으로 보면 농업이 가장 중요시됩니다.[240]

그녀는 "중등교육 받은 우리는 하루바삐 농촌에 가 흙을 손에 만지며 김도 매고 밭도 갈아야 합니다."라면서 농촌 개혁을 주장했다.

학창 시절의 박진홍

이런 적극적 활동이 독서회에 참가하게 된 계기가 되었으리라. 그녀는 동덕여고보 교사인 이관술이 이끄는 독서회에 들어가 대표로 활동했다. 중앙고등보통학교 남학생들과 독서 모임을 만들고 중앙기독교청년회에서 에스페란토를 배웠는데, 박진홍은 다른 학생들이 겨우 단어를 외울 때 혼자 문장을 쓸 줄 알았다고 한다. 이때 경성 지역 학생 지도자였던 이평산은 그녀를 유심히 지켜보다가 따로 교육시켰다.

1936년 이재유가 잡혔을 때 〈매일신보〉는 관련 기사에서 "총명한 두뇌와 명석한 판단력은 단연 발군의 기세를 보였고" 성적은 "동덕학교 개교 이래 초특급"이라면서 학창 시절 박진홍의 모습을 소개했다.

> 그가 학교 교실에서 공부를 할 때마다 늘 선생님에게 질문을 잘하기로 유명하였으며 어떤 때는 선생에게 질문을 하여 선생으로부터 시원치 못한 답변을 들을 때는 그 질문에 대한 답변을 자기 자신이 일어서서 유창한 내용으로 설명까지 하여 선생을 무안케 한 일이 한두 번이 아니라고 한다. 그리고 어떤 때 문사(文士)에 대한 이야기를 선생이 하고 문사예찬을 하였을 때 박진홍은 단연 일어서서 문사를 배격한 일이 있다고 하는데 그 이유는 문사는 붓 한 개에 그 생명을 걸고 있지만 사람은 젓가락 두 개에 그 생명을 걸고 있다는 것을 말하여 현대 문사의 생활이란 어느 정도까지 퍽 곤궁하다는 것을 예증함으로써 사람의 생활의 근본 문제는 먹는 것에 있다는 것을 주장하였다고 한다. 이렇게 일개 중등학교 여생도로서 이론 정연한 논술을 하여 선생은 물론 동창생들로서는 생각도 못 할 것을 말함으로써 그의 두뇌가 남보다 몇 갑절 뛰어났다는 것을 증명하였다고 한다.[241]

동덕여고보 동맹휴학과 퇴학

1931년 동덕여고보는 동맹휴학으로 한 달 동안 분규가 일어났다. 이를 주동한 인물이 박진홍이었다. 1931년 6월 6일 동덕여고보 2, 3, 4학년생 200여 명은 진정서를 학교에 제출했다. 이들은 요구 조건을 들어주지 않으면 동맹휴학을 하겠다고 선언했다. 〈매일신보〉에 보도된 사건은 다음과 같다.

> 1. 학교 교사(校舍)를 속히 신축할 것
> 2. 이사 이 모(某)의 교수를 배척
>
> 등의 2개조의 진정서를 6일 오후 1시경에 교무 당국에 제출하고 만약 그 요구 조건을 들어주지 아니하면 단연히 동맹휴학을 하겠다고 선언하였다.[242]

8일 1학년생 50여 명도 맹휴에 참가하자 학교는 8일부터 무기 임시 휴교를 선언했다. 조동식 교장은 학생 수는 늘어가는데 학교가 좁아 운동장 사용과 좁은 교실로 보건에 문제가 있음을 인정하면서 학생들의 입장을 이해한다고 발표했다. 그렇지만 이사회의 결과를 기다려야지 개인이 좌우할 수 없다고 대답했다.

학교 당국이 임시 휴교를 선언하자 9일 졸업생 50여 명이 학교 강당에 모여 선후책을 논의했다. 이날 회의는 오랫동안 휴교하면 학생들의 손실이므로 동창회에서 맡아 처리하고 대표위원들은 이사 측과 교섭하여 학생들을 무조건 등교시켜야 한다고 결정되었다.

여론도 동맹휴학이 교육 환경의 문제를 제기한 것으로 다른 동맹 사건과 다르다고 했다.

> 종래의 동맹휴학이 흔히 모(某) 선생의 배척이라든가 자치권의 부여라든가 일종 사제 간의 감정 혹은 사실상의 곤란한 조건의 요구에 원인했음에 반하여 동덕여고가 600여 생도 및 아동들의 현실적 건강 문제를 들어 동맹휴교를 한 것은 실현성을 충분히 가진 것으로서 좀 더 그 정상을 경청할 가치가 있다. (…) 생도 측의 주장에 의하면 방금 동덕여고는 보통과, 고등과 합 600명이 한곳에 수학하는바 전 학원은 11평 내외의 교실 11개와 150평 내외의 운동장 1개밖에 없다 한다. (…) 게다가 주위가 시가지이므로 소음과 불결이 심하여 도저히 수업을 할 수가 없다 한다.[243]

그런데도 동맹휴학은 한 달이 지나도록 해결되지 않았다. 9일 뒤의 동맹휴학 일정을 따라가 보자. 15일 학부형의 중재로 학생들은 등교했으나 3, 4학년 100여 명은 수업을 거부했다. 학교 당국은 수업을 거부한 3, 4학년 학생들을 모두 제명 처리했고, 맹휴 지도자로 지목된 4학년 학생 가운데 2명은 퇴학을, 2, 3학년 학생 가운데 2명은 무기정학을, 4학년생 1명은 유기정학을 시켰다. 16일 학교로 나온 2학년 학생은 학교 당국의 처분을 이유로 그들이 학교로 돌아올 때까지 수업을 거부했다. 상황이 이렇게 흐르자 17일 동덕여고보에서는 교장 조동식 이하 교원 7명이 이사회에 사표를 제출했다. 이에 학교 당국은 이사회를 개최하고 21일까지 임시 휴교를 선언했다.

이사회는 3, 4학년생 104명의 제명 처분을 해제하여 복교하도록 학교 측에 요구하고 학생들에게 26일 모두 등교하라는 통지를 보냈다. 그러나 4학년 담임 신명균, 3학년 담임 이관술, 2학년 담임 박성환은 지난번에 퇴학 처분한 학생 2명과 무기정학 처분한 학생 3명을 복교시키지 않으면 이번 문제는 해결될 수 없다며 25일 사직서를 제출했다. 당시 동덕여고보에는 이관술이 지리와 역사를, 한글학자인 신명균은 조선어와 한문 습자를 가르쳤다. 학부형협회의 요구로 이관술을 제외한 두 교사는 사직원을 철회했지만 5명의 학생 복교 문제는 그대로 남았다. 7월 1일 학교 당국의 무조건 등교 통지를 받고 재적생 225명 가운데 203명이 출석하여 수업을 받았다. 그러나 4학년 박진홍은 동맹휴학 주동자로 김운라와 함께 결국 퇴학당했다.

RS협의회와 독서회

1931년 7월 동덕여고보에서 퇴학당한 뒤 박진홍은 한성제면, 조선제면, 대창직물, 대창고무공장 등에 다니면서 학생독서회를 이끌었다. 고등보통학교에 독서회가 출현한 때는 대체로 1920년대 중반 부터였다. 독서회는 학생운동의 기초이자 중심이었고, 학생들이 일제의 교육정책에 대항하는 보루였으며, 학교 연합으로 구성된 비밀결사 단체의 기본 단위였다. 독서회는 졸업한 선배와 학교 밖의 사회주의자와 연결되면서 더 발전했다. 그리고 이 조직이 바탕이 되어 학생운동이 일어났다.

1930년대 학생독서회는 같은 지역 안에서 비슷한 목적을 수행하는 단체들과 연계투쟁을 전개했다. 원산 지역의 경우, 1930년대 학생독서회는 '준비회 - 학생독서회 - 학생책임자회 - 각 학교'로 이어지는 조직 체계를 갖추고 학교별로 조직을 세분화했다. 독서회 활동의 가장 큰 관심은 조직원의 교양 훈련이었고 이를 매개로 노동운동을 지원하는 것이었다. 1932년 5월 1일 독서회원 수십 명은 원산 지역 노동운동과 연계투쟁을 실시하고자 '메이데이 투쟁 좌담회'를 개최했다. 원산 지역 학생독서회는 1931년 9월 조직되어 1932년 4월 산업별 노동조합준비회와 연결되었지만 6월 검거되어 조직이 무너졌다.[244]

박진홍이 이끌었던 독서회도 이와 비슷한 방식으로 운영되었다. 독서회와 관련돼 일어난 사건이 RS협의회이다.

1932년 1월 8일 동덕여고보 4학년 이종희가 검거되어 취조를 받았다.

> 부내 남녀 학생들이 현재 교육제도 배척, 수업료 감하 등을 전제로 하여 금번 제3학기 초에 일제히 동맹휴학을 하려 한다는 정보를 받고 사건이 발생하기 전에 미연에 방지코저 그와 같이 남녀 학생 다수를 검거한 것으로 금번에 검거된 학생들은 거의 지난번 각 학교에서 맹휴 사건이 있을 때에 선동자로 주목받던 학생뿐이라고 한다.[245]

그리고 12일 밤 종로경찰서는 박진홍을 검거했다. 〈매일신보〉에 소개된 박진홍의 활동은 다음과 같다.

> 학생층의 책임자인 박진홍은 일찍이 동덕여고에서 맹휴 사건의 주모자로 퇴학 처분을 받은 후 부내 모 공장으로 들어가 여직공들에게 적

화사상을 고취케 하는 일방에 그의 친한 동무인 동덕여고 4학년생인 이종희와 연락을 취하여 청총 간부 박제영에게 팜플렛 수십 책을 갖다가 부내 각 여학생들에게 선포하며 불온한 사상을 고취케 하던 것이라 한다.[246]

전기 RS협의회의 중요 간부로는 지난번 동맹휴학 사건의 제일 주모자로 인정을 받아 퇴학 처분을 당한 박진홍을 비롯하여 부내 남녀 학교 생도 중 첨예 분자로만 67명이었다. 그리하여 금번에 동덕여고 4년생 이종희가 검거된 것도 역시 박진홍과 친밀한 관계를 맺고 빈번히 왕래하며 부내 남녀 학생들과 연락을 취하였다는 것이다. 박진홍은 (…) 동 협의회의 목적을 관철하기에 노력하던 것인데 전기와

1932년 첫 검거 때 박진홍

같이 동서에서 검거에 착수하게 된 단서는 제일고보 맹휴 사건 당시에 주모자를 검거하여 취조하였던 나머지 의외에 그 사실이 발각된 것이다.[247]

RS협의회 사건은 이렇다. 중국 무관학교를 졸업한 이평산은 1929년 10월 상해와 북경에 있는 한위건, 양명 등과 연락을 취해 조선에 들어왔다. 그는 1929년 광주학생사건으로 학생운동이 침체한 것을 알고 독서회를 조직하고 경성 부내의 학생들과 연락하여 1930년 6월 RS협의회를 설립했다. 여기에는 중앙고보, 휘문고보, 중동학교, 법정학교, 제일 · 제이고보, 청년회학관, 보성전문학교, 여자고보, 동덕여고보 등 경성 부내 남녀 학생들이 참가했고, 각 학교에는 독서회를 두었다. 이에 소속된 학생들은 교원 배척, 수업료 감하, 노예 교육 배척 따위를 조건으로 각 학교에서 동맹휴학을 했다. 가장 먼저 경성여자상업학교가 교원 배척을 이유로 맹휴를 시작하고 이어서 동덕여고보, 이화여고보, 보성고보, 경신고보, 중앙고보, 제일고보, 청년회학관 등이 동맹휴학을 했다.

이 사건으로 박진홍 등 7명은 기소되었고 나머지 30여 명은 증거불충분으로 불기소 혹은 기소중지되었다. 그 가운데 홍원 출생 박풍직은 옥중에서 사망했다.

RS협의회 사건은 1933년 봄부터 경성지방법원에서 예심을 받았는데 11월 16일 예심이 종결되었다. 피고 7명 가운데 이평산, 한상건, 이오남은 법원 공판으로 넘어가고 최극룡, 최삼경, 강익수, 박진홍은 증거불충분으로 면소 처분이 되었다.[248]

용산 적색노동조합 활동

1935년 1월 박진홍은 심계월의 집에서 열린 독서회 모임에 갔다가 붙잡혔다. 1935년 3월 13일 용산경찰서는 조선공산당재건동맹과 용산적색노동조합 사건 관련자들을 경성지방법원 검사국에 회부했다. 박영출, 이인행, 김순진, 공성회, 박진홍, 심계월, 허화정, 김만기, 권오상, 김윤회 등이다.

박영출은 1934년 3월 교토제국대학을 졸업하고 조선으로 돌아와 이재유, 이관술과 함께 조선 공산운동의 재건과 통일 단체 조직을 꾀했다. 마침 박영출은 서대문경찰서에 검거되었던 이재유가 탈출하여 경성에 있다는 사실을 알았다. 그는 이 사건의 관계자로 피신 중인 이관술과 서로 연락을 취해 조선 공산주의운동의 파벌 투쟁과 인텔리 계급의 실천 투쟁에 관한 의견을 나누고 남녀 노동자를 포함한 적색노동조합을 조직해 실천투쟁을 하기로 했다. 이들은 각기 일을 나눠 동양방적공장, 영등포 용산공작회사 등으로 들어가 적색노동조합을 조직하려고 활동하다가 용산경찰서에 체포되었다.

1936년 5월 30일 예심이 종결되어 공판에 회부되었고, 1936년 7월 14일 제1회 공판이 시작되었다. 박진홍과 심계월의 얼굴은 창백했지만 미소를 머금고 있었다. 방청석은 피고들의 가족과 친우들로 가득 찼다.

박영출이 가장 먼저 심리를 받았다. 박영출은 원래 공산주의에 공명하여 학문적으로 연구하던 끝에 이재유, 이관술 등과 함께 모여 조선 공산주의운동을 어떻게 진전할 것인가를 의논했을 뿐이지 예심결정서에 나온 범죄사실과 같은 실천 운동은 전혀 한 일이 없다고 부인했다.

검사는 "조선에서는 아직도 공산주의운동이 맹렬하게 전개되고 있으며 더욱이 피고들은 공성회 한 명만을 제하면 남은 피고 9명이 모두 전향한 태도가 보이지 않는다. 그들은 아무리 사건을 부인하고 있으나 범행 사실은 엄연한 것이 있으니 엄중히 처형하지 않으면 안 된다."고 논고했다.[249] 검사의 논고가 끝나자 박영출은 자리에서 일어나면서 '논고에 대하여 말할 것이 있다'고 했으나 재판장은 다음 기회에 말하라며 거절했다.

7월 16일 오전 10시부터 공판이 개정되었는데 재판장은 모든 피고에게 자유 변론을 허락했다. 박영출은 "나는 과거에 있어서 공산주의를 가장 정당한 사상이라고 믿었으며 또 장차도 그리할 것이다. 그러나 나는 지금까지 한번도 실제 운동에 참가한 기회는 가진 적이 없었다. 그럼에도 불구하고 징역 4년을 구형한다는 것은 너무나 과중한 것"이라고 주장했다.[250] 다음으로 박진홍과 심계월 등 다른 피고들도 실제 운동에는 참가한 일이 없었다고 변론했다.

용산 적색노동조합 사건 관련자들은 1936년 7월 30일 경성지방법원 제4호 법정에서 최고 징역 4년부터 1년 6개월까지의 선고를 받았다. 박진홍은 징역 1년 6개월을 받았다.

재판정에서의 박진홍 심리

박진홍은 1935년 1월 심계월의 집에서 체포될 때 이재유와 신당정에서 동거하고 있었다. 이재유는 1932년 서대문형무소에서 나온 뒤 1933년부터 산업별 적색노농조합과 반제동맹을 조직하는 활동을 벌였다.

그는 뛰어난 이론가이자 실천가였고 조선공산당 재건운동의 핵심 인물이었다. 1932년부터 1935년까지 4년 동안 여섯 차례에 걸쳐 경찰의 검거망을 피하거나 경찰서를 탈출했던 그의 신출귀몰한 행적은 일제 경찰의 관심거리였다.

박진홍은 체포되기 전까지 이재유와 함께 생활했고, 체포될 때에는 임신 중이었다. 1936년 7월 15일 박진홍의 심리가 시작되었다. 언론은 그녀를 이재유의 아내로 소개했고, 재판장은 그녀에게 다음과 같이 물었다.

> 피고는 어찌하여 공산주의운동에 공명하였으며 이재유와 동거하여 아들까지 낳게 되었느냐는 재판장의 질문에 대하여 (…) 동덕여학교 사옥 건축 문제로 진정서를 제출한 것이 말썽이 되어 퇴학 처분을 당하였다가 그만 직업전선에 나오지 아니하면 아니 될 가정 형편이므로 이곳으로 직업을 구하고 다니던 판인데 우연히 이재유의 친절한 동정에 끌리어 드디어 동거까지 하게 되었다는 것이다.[251]

> 끝으로 재판장은 이재유와 동거 생활로 어린애를 낳게 되었다는데 그애는 지금 어디 있느냐고 물은즉 피고는 비장한 얼굴로 그에 대하여는 더 묻지 말아달라고 하면서 어린애는 지금 피고의 어머니 홍씨가 기르고 있다고 답변한 것으로 오전 심리는 끝을 마치게 되었다.[252]

박진홍에 대한 심리는 이재유와의 관계와 박진홍의 아들에게 관심을 두었던 듯하다. 박진홍의 아들과 이 사건이 아무런 관련이 없는데도 심리는 이런 방식으로 진행되었고, 언론도 그것에 관심을 두고 보도했다. 「법정으로 들어가는 이재유의 애처 박진홍」, 「이재유의 애인인 박진홍 등을 심문」(〈조선중앙일보〉), 「옥중 출생의 '2세 이재유'」, 「우정이 부부애로!」(〈동아일보〉) 따위로 보도되었다.

> 박진홍은 죄없는 '제2세 이재유'를 낳게 되어 제1세는 땅 밑에서 암약을 하고 있는 대신에 '제2세 이재유'는 1년 동안 감옥살이를 하다가 지난 6월 30일에 박진홍의 어머니 홍씨가 기르기로 하여 출감하게 되었다 한다.[253]
>
> 박진홍은 (…) 이재유의 애인으로 (…) 그의 하우스키퍼가 되어 한집에 있으면서 그를 보호하여주고 있었다는 사실에 대하여 유창한 일본 내지어로 진술하고 운동에 참가한 일은 절대로 없다고 부인하였는데[254]

용수를 쓰고 법정으로 향하는 박진홍

박진홍은 법정에서 박영출 등이 주장했던 것과 비슷하게 실제 운동에 참가한 일이 없다고 주장했다. 검사는 이들이 전향 의사를 내비치지 않았다고 언짢아했다. 〈매일신보〉가 전향 대신 쓴 방도는 이렇다.

> 방청석에서 자기 할머니의 무릎에 안기어 있는 여자 피고 박진홍의 어린 아들 울음소리가 들리었다. 지척이 천 리라 용수를 쓰고 재판장의 심판을 기다리고 있는 자기 어머니 모양을 보고도 어머니라고 불러보지도 못하고 경관에게 쫓겨나가게 되었다. 그러나 그 울음소리는 끝나지 않고 법정 밖에서도 여전히 들려왔다. 이것을 보고 있는 박진홍의 눈에서도 가슴이 무너지는 듯 비애의 눈물이 어리어 있었다.[255]

박진홍은 여성 사회주의자의 비극적 사랑과 삶을 묘사하기 위한 도구로 그려졌다. 여성 사회주의자의 사랑이 얼마나 무책임하고 처참한 말로인가를 알려주는 담론과 묘사들이 법정에 가득했고, 언론도 앞다투어 그런 정서를 대변했다. '여성 사회주의자의 불온한 사랑이 얼마나 위험한가', '여성들은 이런 사랑을 어떻게 피해야 하는가'라는 친절한 안내를 굳이 할 필요가 없다. 박진홍의 모습이 그 안내서를 대변하고 있기 때문이다.

박진홍의 비극은 여기서 그치지 않고 그녀의 아들이 죽었다는 소식으로 배가 되었다. 〈매일신보〉는 「부친은 망명 중이고 모친은 철창 생활, 모친이 복역하는 중 세상에 태어나왔다가 철창 생활만 하다가 세상 떠난 가엾은 아이」라는 기사로 그 사실을 알렸다. 사회주의자였던 이재유와 박진홍 그리고 그들의 아이가 세상에 빛을 보지 못하고 떠나버렸다는 것은 결국 사회주의의 불행한 말로를 강조하기 위한 도구로 묘사되었다.

그의 사랑하는 아내로서 동 사건의 심파역을 하든 여자 박진홍이가 작년 7월 5일에 서대문형무소에서 (…) 이재유의 자식인 철안이라는 아이를 낳아서 이래 동 형무소 안에서 만 1년간 젖을 먹여 기르다가 (…) 형무소에서 나온 지 66일째 되는 4일 오후 4시에 젖이 부족하여 울던 입이 아주 말려서 절명되었다고 한다. 어두운 가운데에서 어두운 가운데로 전전하여 피신하여 다니는 그 부친 이재유는 이 일을 알 바가 없을 것인데 (…) 불운에 나서 불운에 숨 끊어진 어린 철안은 경성부청의 신체로 그 몸을 땅에 파묻힐 운명에 있다.[256]

박진홍은 임신 중에 체포되었는데 이재유를 도망시키기 위해 가혹한 고문에도 불구하고 며칠 동안 그의 거소를 말하지 않았다. 그 후유증으로 형무소에서 낳은 아이가 죽고 말았다고 한다.[257] 심문 과정에서 박진홍이 견뎌야 했던 혹독한 고문은 박헌영이 남긴 체험담에서 짐작할 수 있다.

우리들 중 누군가가 체포되기만 하면 그는 곧바로 예비심문이 이루어지는 경찰서의 비밀 장소로 끌려가게 된다. 일제 경찰은 연행된 사람으로부터 증거를 수집하기 위해 냉수나 혹은 고춧가루를 탄 뜨거운 물을 입과 코에 들이붓거나 손가락을 묶어 천장에 매달고 가죽채찍으로 때리거나 긴 의자에 무릎을 꿇어앉힌 다음 막대기로 관절을 때리거나 한다. 7, 8명의 경찰들이 큰 방에서 벌이는 축구공놀이라는 고문도 있다. 이들 중 한 명이 먼저 '희생양'을 주먹으로 후려치면, 다른 경찰이 이를 받아 다시 또 그를 주먹으로 갈겨댄다. 이 고문은 가

련한 '희생양'이 피범벅이 되어 의식을 잃고 바닥에 쓰러질 때까지 계속된다.[258]

이재유의 탈주를 도운 '그녀들'

1935년 12월 25일 경기도경찰부는 비상동원령을 내렸다. 경찰부 고등과장을 비롯해 30여 명의 형사들이 변장을 하고 오전 6시부터 우이동 일대를 포위했다. 마침내 이재유가 잡혔다. 그의 체포 소식이 알려진 때는 공판에 넘긴 1937년이었다. 그전까지는 일체의 보도가 금지되었다. 1937년 4월 30일자 〈매일신보〉 호외는 이재유가 얼마나 잘 도망다녔는가에 초첨을 두고, '적화의 흉한'이며 '음모의 화신'인 그가 체포됨으로써 20년간의 조선 사회운동의 불길이 꺼져버렸다고 기술했다.

> 실로 지금까지의 전형적인 이 방면의 운동을 근본적으로 파괴하고 파격적 존재로서 그 활동 범위를 넓혔던 것에 적화의 흉한이요 음모의 화신이었던 이재유가 마침내는 영어의 몸이 되고 마는 운명에 처해지고 만 것이다. 이리하여 20년 동안의 조선 사회운동 내지 계급투쟁운동은 그 피어났던 분화의 불길이 쇠잔하여 꺼져버리면서 그 최종 무대까지 총 붕괴가 되고 말았으니 이것으로 조선의 20여 년간의 사회운동은 총결산을 하고 마는 것이다.[259]

사실 이재유는 1934년 1월 말경 체포되어 서대문경찰서에 있었다. 동맹파업과 관련된 사람들을 잡아들였기 때문에 서대문경찰서 안은 발

朝鮮共産運動潰滅의最後陣

每日申報 號外

孤壘死守, 地下에四年
魔人李載裕畢竟就縛
赤色陰謀化身다운그行狀
二十年歷史最後巨物

學校, 工場에뿌리박은
反帝同盟과赤色勞組
李載裕企劃活躍한赤色網
檢擧만十七件 人員二五八名

最後拔根의端緒

權, 李의理論的相克
三宅敎授와의提携連絡은
鄭泰植의紹介로써

前後六次記錄的脫走
神出鬼沒, 探偵劇가튼徑路

이재유 검거

디딜 틈이 없었고 병이 든 사람도 많았다. 이재유도 병이 나서 2층 고등계실에 따로 수용되었는데 3월 중순 간수가 잠든 틈을 타서 아래층으로 내려와 경찰서 뒷문으로 탈출했다. 그러나 곧장 발각되어 정동 골목 재판소 앞에서 다시 잡혔다가 4월 14일 2차로 탈출한 뒤 경성제국대학 미야케 시카노스케 교수 집 마루 밑에 40여 일 동안 몸을 숨겼던 것이다.

체포된 이재유가 두 번의 탈출 끝에 잠적해버린 일은 일제 경찰에게 충격이었다. 일제 경찰은 그가 잠적한 뒤 1년 6개월 동안 추적했지만 번번이 놓치고 말았다. 「조선 공산운동 궤멸의 최후진」이라는 머리기사로 나온 호외는 '그를 왜 잡지 못했는가'에 초첨을 두었다. 그 답은 바로 일제가 '하우스키퍼'라고 불렀던 '그녀들' 때문이었다.

이순금은 체부정에서, 박진홍은 신당정에서, 유순희는 함흥에서 체포되었다. 일제 경찰은 이재유가 '미모의 레포를 교묘히 동원'했다고 선전했다.

> 이러한 세 사람은 다 같이 이재유의 극진한 신임을 받았음은 물론 신의를 지키는 것과 비밀을 지키는 것에 동지로서 애인으로서의 굳은 악수가 교환되었던 것이다. 이렇듯 잠행 운동을 해가던 이들의 생활에도 동지 이상의 인간으로서의 순정의 흐름은 애욕의 선풍에 휩쓸려지기도 여러 번이 있다고 한다.[260]

이렇게 여성 활동가들은 운동의 주체가 아니라 이재유에게 동원된 불쌍한 여성들로 타자화되었다. 그런데 이재유가 체포되기 전 안병춘, 정태식, 미야케, 이관술도 함께 지내면서 활동했지만 그들은 타자화되지 않았다. 이재유가 잡히기 전 안병춘은 용산공작주식회사 영등포 공장에 취업해 파업을 주도했고, 정태식은 경성제국대학 법학과를 나와 동 대학 경제연구실 연구원으로 있었으며, 미야케는 경성제국대학 교수였고, 이관술은 동덕여고보 교사로 있다가 본격적으로 조직 활동을 하던 때였다. 언론은 이재유가 잡히지 않았던 것은 '미모의 레포들' 즉 여성들 때문이라고 했을 뿐 남성들 때문이라고는 말하지 않았다. 이재유와 함께했던 이들은 남녀를 불문하고 자기 영역에서 활동을 했던 운동의 주체였다.

경성트로이카, 경성콤그룹과 여성 활동가들

1933년부터 이재유가 잡히기 전, 1935년 산업별 적색노조와 반제동맹 사건으로 경기도경찰부와 서대문경찰서의 검거와 취조는 17건, 검거 인원은 258명이었다. 이재유 그룹의 운동은 경성트로이카(1933년 8월~1934년 1월), 경성재건그룹(1934년 4월~1935년 1월), 조선공산당재건 경성준비그룹(1935년 1월~1936년 12월) 시기로 나뉜다.[261] 이재유는 1932년 12월 감옥에 나온 뒤 1933년 12월까지 여러 사람을 만났고 트로이카 방식으로 운동을 전개하고자 했다. 이재유는 법정에서 트로이카란 그 자체로서는 조직체가 아니라 동지와의 연락 관계이며 앞으로 단체로 발전시킬 계획이었다고 말했다.[262] 다른 운동 노선의 활동가들과 함께 투쟁하면서 트로이카를 형성하고, 트로이카를 활발하게 움직이면서 당 재건의 토대를 마련하려 한 것이다.[263] 이재유, 안병춘, 변홍대, 이현상, 최소복, 남만희 등이 처음으로 트로이카 운동 상부 조직을 만들었다.

경성트로이카는 1933년 9개 공장에서 연쇄적인 파업을 주동했는데 그중 네 곳이 고무신 공장이었다. 1933년 2월 경성고무 여성 노동자들의 파업을 시작으로 4월 17일 별표고무, 8월 하순 고려고무와 동명고무, 9월 19일 서울고무, 9월 20일 종연방직의 파업이 잇따랐다. 경성트로이카는 파업의 책임자로 권오상을 지정하고 이재유, 이현상, 이순금이 이를 지원했다.[264]

잇따른 파업으로 경찰의 추적이 심해져 경성트로이카 상부 조직의 활동가들이 1933년과 1934년에 걸쳐 모두 체포되었다. 이재유는 1934년 두 번의 시도 끝에 탈출에 성공한 뒤 미야케 교수의 집 마루 밑에 숨어 지내면서 미야케 교수, 정태식, 권영태 등과 함께 조직 통합을 추진하고 운동 방향을 논의했다.

1934년 5월 권영태, 미야케 교수, 정태식이 검거되자 이재유는 미야케 교수의 집을 나왔다. 그리고 박진홍을 찾아갔다. 이재유는 박진홍의 소개로 이관술을, 이관술의 소개로 박영출을 만나면서 경성재건그룹이라는 새 지도부를 구성했다. 박진홍은 유순희, 이종희, 심계월, 김복금 등을 이재유와 연결시켰다.

이 동안 박진홍은 『레닌주의 기초』, 『일본사회운동사』, 『사적유물론』, 『철학사전』, 『철학의 빈곤』, 『자본론』, 이재유가 만든 「자기비판문」, 「학교 내 활동의 기준」, 「조직 문제의 의의와 그 기준」, 「동지 획득에 관한 주의사항」, 「투지 양성을 위한 각서」, 레닌 · 리프크네히트 · 로자 룩셈부르크의 머리글자를 딴 「3L 캄파 투쟁 방침」 따위의 문건을 읽고 사회주의 이론 공부를 했다.[265] 학창 시절부터 톨스토이와 타고르를 좋아하고 이기영의 『고향』과 이태준의 단편소설을 좋아했던 그녀의 지적 호기심은 이론 학습으로 이어졌다.

1935년 1월 박영출과 박진홍이 검거되자 이재유와 이관술은 문건을 산에다 묻고 강원도에서 한 달 남짓 머무르다 다시 경기도 양주군 노해면 공덕리로 옮겼다. 이재유와 이관술은 1935년 9월부터 운동을 다시 시작했다. 그러나 이재유는 12월에 검거되어 징역 6년의 판결을 받았고, 고문과 옥중 투쟁 후유증으로 청주보호교도소에서 1944년 10월 사망했다.

경성트로이카, 경성재건그룹 시기 활동의 중심은 여성 활동가들이었다. 고무공장이나 종연방직은 대개 여성 노동자들이 중심이 된 작업장이었고 이곳에서의 동맹파업을 이끌었던 이들은 여성 노동자와 여성 노동자이면서 활동가였던 박진홍, 이순금, 유순희, 허균, 지순이, 이종희, 이효정, 이병희 등이었다. 그들은 아무개 사회주의자의 '하우스키퍼'나 '아내' 이전에 활동가이자 사회주의자였으며 페미니스트였다. 사

● 박진홍의 검거와 징역살이

연도	내용
1932년 1월	RS협의회로 검거
1933년 11월	예심 면소로 석방
1934년 5월	미야케 교수 사건으로 피검
1935년 1월	심계월의 집에서 열린 독서회로 체포
1937년 5월	치안유지법 위반 방조죄, 형기 만료
1937년 12월	조선공산당 재건그룹 사건으로 체포
1939년 7월	징역 1년 선고
1941년 말	피검
1944년 10월	무죄 판결받고 석방

회주의운동을 하면서 아무개 사회주의자들을 만나 연인이 되기도 했고 레포 활동을 했다.

박진홍의 이력을 살펴보면 삶의 중심이 어디에 있었는지 분명하게 알 수 있다.

1932년 1월 처음 검거된 이래 연안으로 망명하기까지 만 12년 동안 9년 가까운 세월을 일제의 유치장과 형무소에서 보냈다. 그중 세 번은 정식 재판을 받고 실형을 살았다. 조선연초공장, 조지아백화점 점원 등으로 일하며 생계를 꾸려나가면서 불굴의 투지로 사회주의운동을 펼쳤던 그녀는 일제강점기 가장 뛰어난 여성운동가였다.[266]

길 위에서의 불온한 사랑

박진홍은 1937년 5월 25일 서대문형무소에서 1년 6개월의 형을 마치고 나왔다. 여론은 "박진홍은 부내 소격정 163번지에 체류하고 있는 중인데 학창 시대의 우등생이었던 그의 두뇌는 보통 사람의 1배 반이나 되는 능률을 가졌다고 하니 앞으로 그의 소향은 어디로 향할 것인지"에 관심을 두었다.[267] '똑똑한 여성이 어떻게 살 것인가'라는 여론의 관심과 다르게 경기도경찰부는 박진홍에게 감시의 끈을 놓지 않았다. 그녀가 이관술과 연락할 가능성이 있었기 때문이다. 경기도경찰부는 이관술을 수배하고 그의 행방을 맹렬히 추적했지만 번번이 실패했다. 7월 19일 밤 11시경 영등포 비행장 부근에서 이관술과 박진홍이 만난다는 정보가 영등포경찰서에 탐지되었으나 이들은 바로 행방을 감추었다.

내가 ×××에서 만났을 때 그분은 바지에 등거리 적삼에 맥고모자를 쓴 범부로 등에는 궤짝을 짊어지고 그 안에서는 화장품, 실, 바늘, 빗 같은 시골 부인용의 잡화품을 하나씩 꺼내더니 나에게 선물이라며 주는데 나도 출옥한 직후고 그런 물건도 귀하였다. 길가에서 나는 ×전짜리 우동을 한 그릇씩 사 먹고 이순금 동무와의 연락 장소를 ××하고 나는 그 자리를 떠났는데 그때 잊을 수 없는 것은 조그만 궤짝 밑에 기관지가 있었던 것이다.[268]

1937년 11월 중순 박진홍은 공성회 형제, 김순진, 이순금과 함께 경기도경찰부에 검거되었다. 이들에 대한 치안유지법 위반 사건의 내용은 다음과 같다.

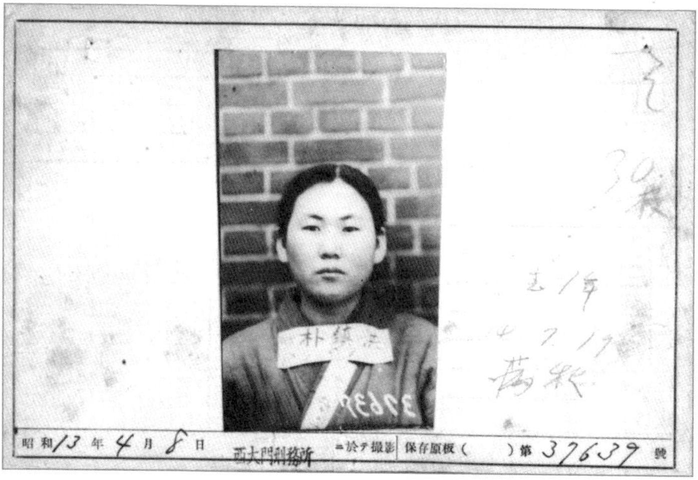

1938년 체포 당시의 박진홍

박진홍과 공성회와 김순진과 공성회의 친형 되는 공원회 등 5명이 1937년 6월부터 10월까지의 사이에 부내 계동정 2번지의 25호 당시 피고 공원회의 숙사에 과거의 조선공산당 운동은 파벌투쟁에 불과하였다, 우리는 그러한 과거를 거울 삼아서 금후 운동에 노력하자는 것과 동 9월 23일 삼청공원에서 시국 문제에 대하여 여러 가지 조언을 하였다는 것이다. 금년(1938년) 4월 1일에 경기도경 경찰부로부터 경성지방법원 검사국에 넘기어서 동 8일에 동 법원 제1예심에 회부되어 22일 예심 결정되었는데 각 피고의 성명과 죄명은 아래와 같다. 치안유지법 위반 육군형법 위반 해군형법 위반 공원회(무직), 치안유지법 위반 박진홍(무직), 공성회(공원회의 동생, 토목과 인부), 김순진(토목과 인부), 면소 이순금(무직)[269]

박진홍은 일제 경찰의 눈을 피해 여러 사람들과 만났다. 공원회, 공성회, 김순진, 안병춘, 남남덕, 조병목, 인정식 등이었다. 인정식은 일본 호에이대학을 나온 마르크스주의 농업경제학자였다. 박진홍은 여러 차례에 걸쳐 그를 만나 세계 정세를 듣기도 하고 그가 쓴 『조선의 농업기구 분석』이나 『만철조사월보』 등을 토지문제 연구 자료로 건네받아 이를 공원회에게 전달하기도 했다.[270]

1939년 박진홍은 서대문형무소에서 출소했다. 1939년 5월부터 이관술은 김삼룡, 이현상, 이순금, 정태식 등 이재유 그룹 잔류 활동가들과 함께 경성을 중심으로 활동을 시작했고,[271] 12월 영등포역에서 박헌영을 만나 조직적 결합을 제안했다. 이재유 그룹이 그랬듯이 이 새로운 조직도 스스로를 경성 지역 공산주의자 모임이란 뜻의 '경성콩그룹'

혹은 '경성콤그룹'으로 불렸다. 경성콤그룹은 1939~1941년 경성을 중심으로 경남북, 함남북 등지에 조직을 확장하면서 왕성하게 활동했으나 1940년 겨울부터 1941년 12월까지 세 차례에 걸쳐 대량 검거되었다. 검거망을 피했거나 체포되었다 출감한 조직원들은 해방이 될 때까지 소그룹 활동을 지속했다.

박진홍은 1941년 체포되었다가 1944년 무죄로 풀려났다. 그녀는 다시 활동하려고 박헌영을 찾으러 다녔는데 그때 김태준을 만났다. 김태준은 그 과정을 다음과 같이 기술했다.

> 그때에 마침 박 동지의 거취를 찾는 여자 P동지가 있었다. 얼굴이 붓고 다리가 부어 있음에도 불구하고 일제의 치안유지법 4범의 경력을 가진 그는 아직도 투지가 왕성한 데 나는 놀랐다. 나는 그가 한 개의 연약한 여자의 몸으로 그렇게 용감하게 싸워왔다는 데서 무한한 존경을 하게 되었고 그 후 몇 차례 접촉하는 동안에 그 존경은 사랑의 감정으로 변질되었다.[272]

박진홍에 대한 존경은 사랑의 감정으로 변했다. 김태준은 중국에 있는 조선인 무장대 화북조선독립동맹을 만나기 위해 연안으로 떠날 결정을 했다. 김태준과 박진홍은 1944년 11월 경성을 떠나 연안으로 향했다. 두 사람이 연안에 도착한 때는 1945년 4월이었다. 압록강을 건너 연안까지 걸어서 갔다. 그리고 해방되었다는 소식을 듣고 연안을 떠난 것이 1945년 9월이었고 11월 끝에야 서울에 닿았다. 이때도 역시 걸어서 왔다.

김태준은 1905년 평안북도 운산에서 태어났다. 경성제국대학에서 중국문학과 국문학을 공부했고 경제연구회에 들어가 사회주의 철학을 연구했다. 재학 중이던 1930년 「조선소설사」를 〈동아일보〉에 68회에 걸쳐 연재하면서 두각을 나타냈다. 이희승, 조윤제 등과 조선어문학회를 만들고 『조선어문학보』, 『조선한문학사』, 『원본 춘향전』, 『고려가사』, 『청구영언』 등을 교열해서 펴냈다. 1939년 2월부터 경성제국대학 강사로 조선문학을 강의했으며, 경성콤그룹에 들어가 인민전선부를 맡았

昭和十一年五月二十六日 (火曜日)

朝鮮民亂史話 ①

金台俊

民亂의 意義

김태준의 글 「조선민란사화」

김태준

다. 그는 한문학자이자 국문학자이면서 역사학자였다. 그런 학문적 열정도 아랑곳없이 "문학 연구니 역사 연구니 언어 연구니 하는 것은 우리 정부가 수립된 후의 일이니 당분간 이 방면의 서적은 상자에 넣어서 봉해두자"고 다짐하면서 연안으로 떠났다.[273] 해방 뒤 조선공산당 중앙위원과 문화부장, 민주주의민족전선 중앙상임위원 등을 맡았고, 국대안 반대 사건으로 경성대학 교수 자리에서 쫓겨나기도 했다. 남로당 문화부장으로 지리산 빨치산을 대상으로 문화 공작을 하다가 1949년 7월 26일 경찰특수공작대에 붙잡혀 9월 27일 대법원 군법회의에서 사형 판결을 받고 11월 초 총살형을 당했다. 김태준은 "지금 조선에서 가장 중차대한 문화 사업이 있다면 숱한 고전을 수집하여 철저하게 고증하고 정리하는 것입니다. 앞으로 용인된다면 상아탑에 돌아가 그런 일을 하면서 여생을 보내고 싶습니다."라고 최후진술을 했다고 한다.[274]

부총 문교부장으로 살기

박진홍과 김태준은 해방이 되자 다시 걸어서 아이와 함께 조선으로 돌아왔다. 그 과정이 김태준의 「연안행」에 잘 정리되어 있고, 〈독립신보〉에 실린 박진홍의 인터뷰 기사에도 소개되어 있다.

> 부총 서울시 위원장 박진홍 여사는 아직도 얼굴이 몹시 파리하고 끊임없이 가슴이 결린 증세가 있다고 한다. 건강 상태를 물어보았더니 "연안서 떠날 때 임신 만삭이었더랬어요. 나는 말을 타고 남편은 걸어서 오는데 열하성 란핀이라는 데서 오후 7시에 해산을 했지요. 그

리고 그날 밤 1시에 담가에 매여서 숭덕까지 왔는데 그때 무리한 것이 아직도 속에 남아 있군요."

1932년 이재유 씨와 함께 지하운동을 하면서 동거 생활로 들어가 옥중에서 아들 아기를 낳았으나 불행히 죽고 이번 노상에서 낳은 아드님은 잘 자란다고 한다.

"그러나 부부가 이러고 다니느라고 가정적인 단란한 맛은 통 없어요. 동덕 때부터 난 문학소녀였고 사회생활이란 그리 오래되지 못했어요. 10년의 감옥 생활을 빼면 이제 겨우 스물세 살이라니까요. 그래서 이따금씩 꿈을 그리다가 현실 앞에 깜짝 놀라곤 해요. 가정은 민주주의적이긴 합니다. 서로 다 혁명운동에 이해가 있지요. 그러나 집사람도 봉건의식이 조금은 남아 있어요. 내가 무얼 쓰면 여자가 저런 걸 쓴다고 퍽 신기하게 여겨요. 우리 부녀운동이 물론 봉건도덕에 얽매여 버리는 극우적인 현상도 잘못이지마는 너무 가정을 경멸, 파괴하고 남편을 투쟁 대상으로 삼는 것은 극좌적인 오류예요. 현 단계에 있어서는 부부가 단결해서 혁명의 기초가 되어야 할 줄 압니다."[275]

그녀는 자신을 10년 감옥 생활을 빼면 이제 겨우 스물세 살이라고 소개한다. "이따금씩 꿈을 그리다가 현실 앞에 깜짝 놀라곤 해요."라는 말에서 그녀의 삶이 어떠했는지 짐작할 수 있다. 그런데 그녀는 남편을 가리켜 '집사람'이라고 불렀다. 가부장적 이데올로기를 깨부수는 혁명적인 표현이 아닐 수 없다. 일제가 전쟁을 일으키면서 모든 사회 단체 활동을 금지하여 비합법적 활동을 이어갈 수밖에 없었던 때 혁명적 노동조합 운동과 사회주의운동을 펼쳤던 그녀였다.

조선으로 돌아온 그녀는 활동을 시작했다. 1945년 12월 28일 종로 기독교청년회관에서 조선여론사 주최로 시국 대강연회가 개최되었다. 이 강연회는 연안을 중심으로 항일 전선에서 활약한 김명시와 박진홍를 맞이하는 자리로 기획된 것이다. 박진홍은 '연안의 조선 여성', 김명시는 '중국 여성의 애국운동'이란 주제로 강연했다.

박진홍은 부총 문교부장, 민전 사회정책연구부 위원, 남조선노동당 부녀부에서 활동하면서 여러 단체의 시국 강연회에 적극적으로 참가했다. 1946년 11월 27일부터 28일까지 경운동 천도교기념관 대강당에서 열린 남조선노동당 창립 기념 강연회에서 '남조선 인민 투쟁의 의의'라는 주제로 강연했고, 1947년 2월 16일 민전 회관에서 개최된 민전선거대책위원회에 민주여성동맹 대표로 참가했으며, 1948년 4월 19일 단선단정 반대 통일정부 수립 촉진 인민대회 준비위원회에 위원으로 참

해방공간 박진홍의 모습

가했다. 그리고 8월 북으로 올라가 최고인민회의 제1기 대의원 선거에서 대의원으로 선출되었는데, 이것이 박진홍의 마지막 흔적이다.

동회를 여성들의 자치기구로!

해방공간에서 박진홍이 여성 문제와 민주주의를 어떻게 생각했는지는 『민주주의 12강』에 실린 「민주주의와 부인」에서 확인할 수 있다.

그녀는 "민주주의란 파쇼적인 모든 권력과 제도와 사상에서 해방되는 것"이라고 말했다. 일제는 파쇼적인 권력과 제도와 사상을 만들었는데, "조선 부인이 가지고 있는 봉건적 요소를 없애주기"보다는 오히려 이를 강화시켜 "부인 자신이 자기 운명을 굳게 믿도록 강요"했다는 것이다.

박진홍은 "8월 15일 해방은 조선 민족에게 1년간의 민주주의적 훈련기를 주었다"면서 민주주의적인 여성 생활을 제안했다. 그녀는 일상생활에서의 민주주의 실현은 부인이 동경하는 생활이며, 부인의 노력에 따라 전 민족의 협력으로 이루어질 과제라면서 도시, 농촌, 거리에서 그 실현 방식을 제안했다.

먼저 부인의 토지 소유와 경제권 획득, 여성의 힘으로 특별 계몽 기관의 설치, 일부일처제의 요구, 자유결혼과 연애결혼의 주장, 사회생활과 개인생활의 유지, 탁아소의 설치, 참정권과 정치의 참가, 국가와 세계의 인식 등이 이루어질 때 농촌의 민주화와 남녀평등 생활이 가능하다고 언급하면서 "민주주의 건설은 남녀가 공동한 책임을 가지고 또 공동한 행복을 위하여 공동한 노력에서만" 가능하고 이것이 현실이어야 한다고 주장했다.

또한 동일 노동, 동일 임금, 산전산후 유급휴가, 소년소녀 노동의 제한 등이 노동 부인의 가정생활을 안정시킬 것이며, 여성 노동자들이 "남자 노동자같이 자기들의 의견을 교환할 줄 알고 또 단결하고 조직할 줄 알고 또 정부에 자기들 대표를 보낼 수 있는, 또한 자기들의 지도자를 선거할 수 있는 권리와 의무를 가지게 될 때 명랑한 공장의 민주화를 위한 생활이 구체화될 것"이라고 강조했다.

가정과 걸거리에서 민주주의는 어떻게 실현될 것인가라는 문제는 다음과 같이 제기했다.

동회의 민주화, 가정의 민주화를 위하여 동민의 다수의 이익을 위하여 동민이 다 같이 협력하여 동회를 움직이고 부인이 일 가정의 주부로 가정의 민주화를 위하는 동시 부인이 동회 사업에 적극 참가하고, 동회는 부인의 요구, 가정의 요구에 응하여야 할 것이다. 한 가정에 있어서 남편은 밖에 나가 노동을 하고 부인은 집에서 가사를 볼 때, 이 도움이 필요한 것은 물론하고 부인이 어린애를 안심하고 길러서 학교에 보낼 수 있고 또 부인의 지식이 능히 그 어린애를 옳게 하려면 부인의 민주주의적 교양이 절대 필요하며 남편은 부인으로 하여금 책과 신문을 볼 시간을 가지도록 도와주며 또한 모든 기회를 이용하여 부인을 가르쳐야 할 것이다. 가정에 있어서 일 가정의 한 사람이 자기 개인의 편의와 고집을 위하여 다른 사람을 압박한다면 이것은 가정 민주화를 반대하는, 평화를 파괴하는 결과를 가져올 것이다. 정민(町民)에 대한 계몽사업, 후생사업이 각 가정의 민주화를 위한 물자적 조건을 돕는 것이며 누구보다 그 혜택을 입는 것은 부인이며 또 누구보다 그것을 주장하고 사업에 참가하여 동민의 동회를 만들 것도 부인이다.[276]

박진홍은 여성들이 '자신들의 해방을 위하여' 정치투쟁에 참가해야 한다며 그러한 투쟁의 한 방법 동회(洞會)와 정회(町會)에서 활동하라고 주문했다. 정회와 동회는 일제강점기 행정 체계였지만 해방 뒤 주민자치기구로 변화시키려는 움직임이 있었다.

서울시 인민위원회에서는 지난 3일 동 회관에서 시민생활대책위원회를 열고 긴급 문제를 토의 (…) 그 근본적 대책으로 각 정회를 단위로 해서 협동조합을 조직하기로 되었다 한다. 그리하여 협동조합 서울시연합회형성위원회를 7일 동 회관에서 열고 활발한 활동을 하게 되었는데 소비자와 생산자를 직접 연결하여서 소비자들을 울리는 중간의 모리간상배의 발포를 끊어버려서 부정한 물가를 억눌러 염가로 생활필수 물자가 소비자의 손에 들어오도록 하려는 것이다.[277]

10일 오후 2시 종로구 각 정 대표 60여 명이 종로구역소에 모이어 정회 운영에 대하여 협의하였는데 120만 시민 생활의 안정과 시정의 명랑을 위하여 우선 시장을 시민의 자유의사에 의하여 선거할 것과 일본색의 잔재인 정회 명칭을 즉시 개정할 것을 결의하였다.[278]

해방 뒤 정회를 중심으로 한 협동조합의 조직, 구호 사업, 일제 재산 조사 따위의 사업이 진행되기도 했다. 또한 미 군정에 정회를 통한 식량배급제를 요구했다. 생활필수품과 관련한 배급이나 협동조합의 조직 그리고 구호 사업 등은 여성들이 정회 활동에 적극 개입하는 계기였으리라. 부총에서 활동한 여성이 80만 명에 이르렀다는 것을 신뢰할 수 없지만[279] 터무니없는 주장은 아니라고 생각한다. 아마도 상당수의 여성들이 정회 활동을 했을 것이다. 왜냐하면 미 군정은 정회를 쌀과 생활필수품 배급 단위로 고려했기 때문이다.

이러한 경향은 한국전쟁 때도 이어진 듯하다. 9·28 수복 뒤 이승만 정권이 가장 먼저 한 일은 부역자 처벌이었는데, 서울 홍제리 학살 사건은 해외 언론에 크게 보도되어 알려졌다. 해외 언론이 이 사건에 관심을 둔 것은 아동과 여성에 대한 가해 행위 때문이었다. 서울시 경찰국 보고에 따르면, 1950년 9월 29일부터 10월 31일까지 군법회의와 서울지방법원에 송치된 여성의 비율은 각각 29.1%, 24.7%에 달한다. 여성의 비중이 대략 4명 가운데 1명 또는 그 이상이었다. 여성이 이렇게 많았던 까닭은 전쟁 때 노력 동원이나 대회 참가는 대개 여성들이 맡았기 때문인데, 그들의 죄명은 통반장 또는 여맹 간부로서 여맹 가입을 권하고, 된장이나 고추장을 거두어 인민군에게 제공했다는 것이었다.

박진홍의 발자취와 글

연도	내용
1914	함경북도 명천 출생
1928	화태공립보통학교 졸업, 상경, 4월 동덕여자고등보통학교에 입학
1930	학교 대표로 웅변대회 참가
1931	6월 4학년 재학 중 동맹휴학을 주도하여 퇴학, 8월부터 한성제면회사, 태창직물, 대창고무공장 등에 직공으로 취직해 노동운동 전개
1932	RS협의회 사건으로 검거, 치안유지법 및 출판법 위반 혐의로 기소.
1933	11월 경성지방법원에서 예심 면소로 석방
1934	이재유 그룹의 당재건운동과 관련되어 다시 검거, 5월 풀려남 적색노동조합운동에 참가
1935	1월 용산 적색노동조합 사건에 연루되어 심계월 집에서 체포 옥중에서 아들 출산
1936	징역 1년 6개월 선고받음(치안유지법 위반 방조죄)
1937	5월 출옥, 7월 이관술과 연락을 취하며 활동을 재개하다가 다시 검거
1939	출옥 후 박헌영을 만나 지하 잠적 방안 논의
1941	경성콤그룹 사건으로 피검
1944	출옥 후 경성콤그룹 사건의 동지인 김태준과 결혼 11월 김태준과 함께 경성을 출발해 1945년 4월 연안에 도착
1945	9월 연안을 출발하여 11월 하순 서울에 도착 귀국 도중 9월 러허 란핀에서 아들 출산
1946	부총 문교부장, 조선공산당 부녀부 간부로 활동, 민주주의민족전선 사회정책 연구위원
1948	월북, 8월 제1기 최고인민회의 대의원

「민주주의와 부인」

(…) 8월 15일 해방은 조선 민족에게 1년간의 민주주의적 훈련기를 주었다. 극히 소수의 부녀운동의 선배를 가졌던 조선 부녀운동의 역사를 급격히 발전시켜 조선의 각계각층의 부녀의 일상 고통 해결과 그 이익을 위하여 조선의 민주주의적 민족통일의 깃발 아래 부녀를 모이게 하여 커다란 1년간의 업적을 남겼으며 앞으로 강력히 전개될 것이다.

민주주의적인 부인의 구체적 생활 형태는 어떠한 것일까? 이것은 부인이 동경하는 생활의 표현인 동시에 이것은 역사의 발전에 따라 부인 자신들의 노력에 의하여 국가 전 민족의 협력에 의하여 이루어질 과제이며 또 현재 하나하나 이루어지고 있다.

조선 부인의 절대다수를 이루고 있는 농부 부인의 생활이 토지문제의 민주주의적인 해결에 의하여 부인도 토지를 소유하여 경제적 권리를 가지게 되어 부부가 의좋게 농사를 지어 그 결실을 같이 소유하게 될 때 또한 그들의 힘으로 그들의 무지를 깨뜨리려고 학교를 주선하고 선생을 모셔오고 정부가 이것을 협력하여 부인의 뒤떨어진 문화 수준을 높여주기 위한 특별 계몽 기관을 시설하게 될 때 부인 자신이 일부일부제(一夫一婦)를 요구하고 남편의 방탕성을 바로 잡아주고, 부인의 교양 정도가 자유결혼 연애결혼을 주장할 정도에 달할 때 또한 부인이 많은 부인들과 같이 가정으로부터 농장으로 나가서 사회생활이 그들의 지식을 넓혀주고, 자기 생활을 즐겁게 할 줄 알게 될 때, 그들은 어린것을 길러서 안심하고 학교에 보낼 수 있게 되고 또한 그들이 농토에 나가서 일할 때 그들의 아기를 맡길 탁아소가 시설되게 될 때 그리고 그들은 자기들의 대표를 마음대로 선거하여 정부에 참가시키고 정치에 참가하게 될 때 이리하여 그들의 좁은 세계는 전 민족과 전 세계 인류와 같이 세계를 인식할 때 명랑한 농촌의 민주화가 실현될 것이며 남녀평등의 생활은 이러한 조건 밑에서만 있을 수 있으며 부인의 발전의 방향이 남성을 상대하기 위한 대립적인 일이 아닐 뿐 아니라 민주주의 건설은 남녀가 공동한 책임을 가지고 또 공동한 행복을 위하여 공동한 노력에서만 된다는 것을 구체적 사실로 하는 것이다.

도시에 있어서 노동법령의 실시에 의하여 노동 부인이 동일한 노동에 동일한 임금을 받게 되고 산전산후 유급휴가 모태나 어린애 가진 부인에게 대한 가벼운 일 시키는 것 기타 14세 미만의 소년소녀를 노동을 안 시키는 제도의 실시는 부인의 몸을 건강히 해줄 것이며 노동 부인의 가정생활을 안정시킬 것이며 이리하여 영양부족의 어린것을 내버려두고 공장에 오지 않으면 안 될 슬픔에서 해방될 것이다. 그들은 남자 노동자같이 자기들의 의견을 교환할 줄 알고 또 단결하고 조직할 줄 알고 또 정부에 자기들 대표를 보낼 수 있는 또한 자기들의 지도자를 선거할 수 있는 권리와 의무를 가지게 될 때 명랑한 공장의 민주화를 위한 생활이 구체화될 것이다. 그들의 애기는 탁아소에서 그들이 젖 먹이러 돌아올 시간을 기다리게 되고 저녁이면 애기를 찾아 안고 남편이 돌아오는 가정에 있게 되는 기쁜 생활 속에서 그들도 노래를 부를 줄 알고 연극을 만들 줄 아는 문화 생활자가 될 것이며 민주주주의 사회는 이들의 노력의 보수로 이러한 생활을 얻을 권리를 주어야 할 것이다.

가두에 있어서 가정에 있어서 민주주의는 어떻게 표현될 것인가?

동회의 민주화, 가정의 민주화를 위하여 동민의 다수의 이익을 위하여 동민이 다 같이 협력하여 동회를 움직이고 부인이 일 가정의 주부로 가정의 민주화를 위하는 동시 부인이 동회사업에 적극 참가하고, 동회는 부인의 요구, 가정의 요구에 응하여야 할 것이다. 한 가정에 있어서 남편은 밖에 나가 노동을 하고 부인은 집에서 가사를 볼 때, 이 도움이 필요한 것은 물론하고 부인이 어린애를 안심하고 길러서 학교에 보낼 수 있고 또 부인의 지식이 능히 그 어린애를 옳게 하려면 부인의 민주주의적 교양이 절대 필요하며 남편은 부인으로 하여금 책과 신문을 볼 시간을 가지도록 도와주며 또한 모든 기회를 이용하여 부인을 가르쳐야 할 것이다. 가정에 있어서 일 가정의 한 사람이 자기 개인의 편의와 고집을 위하여 다른 사람을 압박한다면 이것은 가정 민주화를 반대하는, 평화를 파괴하는 결과를 가져올 것이다. 정민(町民)에 대한 계몽사업, 후생사업이 각 가정의 민주화를 위한 물자적 조건을 돕는 것이며 누구보다 그 혜택을 입는 것은 부인이며 또 누구보다 그것을 주장하고 사업에 참가하여 동민의 동회를 만들 것도 부인이다.

도시에 있어서 협동조합은 도시 소시민 부인의 경제적 이익을 위한 협조의 표현이며, 부엌의 살림살이 걱정을 동네 부인들이 공동으로 해결하기 위한 사업 중에 가장 구체적인 사업인 것이다. 가정의 민주화는 동회가 보장하게 되고 동회의 동민을 위한 구체적 사업은 민주주의 정부 수립에서만 보장된다.

부인의 생활이 부엌으로부터 해방되도록 개선되어 대중식당 공동세탁소 아동공원 등등의 시설은 부인의 가정생활에 편의를 주고 부인으로 하여금 문화적인 계몽을 받을 시간의 여유를 줄 것이며 이리하여 부인은 사회적 교양을 가지고 남편을 이해하게 될 것이고 동등한 입장에서 서로 존경하고 사랑하는 결혼 생활이 건설되어갈 것이다.

학원의 민주화를 위한 교육정책은 남녀 교육의 수준을 같이 하고 남녀의 공학이 실시되고, 여학생에 대한 봉건적 교육의 잔재인 시대에 맞지 않는 재봉 시간만 많이 두는 제도가 고쳐지고 학원에서부터 여자의 언론에 대한 자유, 또한 이 권리를 잘 쓸 수 있도록 집회, 독서회 등을 개최하여 훈련시켜야 하며, 여학생의 부끄러워하는 인형 같은 생활이 청산되고, 남자와 같이 진리 탐구와 문화에 대한 세련이 민주주의적인 품성을 갖추게 되어야 하며 이들이야말로 새로운 민주주의 국가 건설의 새 일꾼으로 설 수 있는 요소들이며 이들이 가정에 들어가고 사회에 나가고 민족 사업에 참가할 때 조선의 민주주의가 실현될 것이다. 이만큼 학원의 민주화를 위한 여학생 자신들의 임무가 크며 교육자 자신들의 임무가 큰 것이다.

부인이 농촌에서, 도시에서, 학교에서 그 경제적 정치적 문화적으로 남녀평등의 구체적 내용을 갖추게 될 때 민주주의가 부인의 생활 속에 살아날 것을 우리는 모든 사실을 통하여 볼 수 있다. 그리고 부인은 농촌에 있어서 남편과 같이 토지문제의 해결을 위하여 싸우면서 자신이 가진 봉건사상을 없애기 위하여 노력하여야 할 것이며 무서운 용기를 내어 부인의 일을 부인이 해결하도록 부인 간의 단결을 위하여 조직활동에 참가하며 농민조합 활동에 참가하여, 선각자는 앞서서 후진을 깨우쳐주고 이끌고 나가야 하며, 민주주의를 배우며 하나하나 발휘하여 나가도록 하여야 할 것이다.

도시에 있어서 진보적인 노동법령이 실시되도록 노동 부인은 공장에서 남자 노동자와 협력하고 그들의 도움을 받아 뒤떨어진 지식을 넓히고 노동조합에 적극 참가하여 부인의 특수한 요구를 내놓고 싸워야 할 것이며, 또한 부인 자신이 가지고 있는 절대 맹목적 복종의 관념과 자신의 힘을 인정하지 않는 여자니까 하는 실망적인 정신을 버리도록 노력하여야 할 것이며, 가두의 소시민 부인들과 협력하여 협동조합을 세우고 서로 도와가는 사업에 참가하여 훈련과 계몽을 쌓아야 할 것이다. 가두에 있어서 지식 여성의 민주주의적 교양과 애국적이고 희생적인 열성은 이들 농촌과 공장의 부인들의 무지를 깨쳐줄 가장 큰 힘을 가졌으며 또한 임무를 가졌다고 볼 수 있다. 이들 자신의 해방은 부녀 전체의 해방에서만 받을 수 있고, 그것은 즉 자신들이 가진 지식의 기능이 이러한 사업 속에서 비로소 아름다운 지식이고 좋은 기능으로 빛나는 것이다. 몰라서 답답하던 부인들이 배움의 기쁨을 가지고, 또한 그들의 살림이 풍성하여질 모든 방법을 서로 이야기할 수 있게 하는 교사의 책임을 진 것이 조선의 지식 여성일 것이다.

아기를 안은 어머니들이 모든 고통을 호소해 올 때 그들의 협의 대상이 되어야 지식 여성의 가치가 빛나는 것이다. 부인이 깨쳐서 동회도 민주화하고 농촌도, 도시도, 국가 전체가 해방될 수 있을 것이니 나라 없고, 자유 없는 양심적 문화 여성 자신의 해방을 위하여서도 누구보다 용기 있게 선도자가 되어야 할 것이며 농촌에로 공장에로 부녀계몽대가 되어야 할 것이다.

지식 여성 자신 조선 부인의 절대다수인 근로 부인이 흘리는 땀을 흘려야 하며 이들의 말을 배워 이들의 말로써 민족과 민주를 가르치며 근로 부인의 딱딱해진 손을 붙잡고 글쓰기도 가르치고 이들의 순진한 정신을 배우기도 하여야 할 것이다.

이러한 각 분야에 있어서 부인의 구체적인 노력은 조선의 민주주의 정부 수립에 의하여만 그 성과를 거둘 수 있으며 이 사실은 한 개의 이론이 아니고 현실인 것이다. 국가 제도가 부인의 해방을 위한 법령과 모든 시설을 등한히 할 때 부인의 민주주의적 발전은 생각만인 것이요, 그것은 꿈의 세계인 것이다. 여기에 부인이 자신들의 해방을 위하여 정치투쟁에 참가하는 의의와 필요가 있는 것이다.

민주주의 정권 수립은 부녀가 남자와 같이 자기의 지도자를 투표 선거할 권리를 가지게 되어야 하며, 부녀는 어떠한 지도자가 인민을 위한 지도자가인가 자기의 지도자를 아무 구속 받을 것 없이 자유로 택할 수 있어야 할 것이다. 그 지도자는 인민 속에서 나와서 인민을 지도하여야 하며 경제적 정치적 문화적으로 고통을 가진 부인의 이익을 위하여 부인의 앞에서 인민의 앞에 설 지도자여야 한다.(여기에서 우리 부녀는 남성에 대한 쌓여진 울분에서 여성의 지도자만이 남성에 대항하여 여성을 위한 정치를 할 수 있다는 그릇된 생각을 가져서는 안 되며 민주주의는 남성과 여성을 갈라놓는 것이 아니라는 것을 알아야 할 것이다.)

부인은 가장 전제적이고 억압적인 것을 미워하며 또한 반대하여야 한다. 정부 수립에 있어서 악질적인 지도자가 참가하는 것을 반대하여야 하며 일상 정치 계몽에 의하여 누가 부인을 해치는 지도자며 인민을 해치는 지도자인가를 배워야 하며, 또한 이것을 강하게 반대할 용기를 길러야 하며 부인의 이러한 의사를 강력하게 정부 수립에 반영시켜야 할 것이다.

부인은 전쟁을 누구보다 미워하고 무서워한다. 몸서리치는 쓰라린 경험, 남편을 잃고 아들을 빼앗기는 전쟁, 하등 부인의 이익을 위하지 않는 전쟁을 일으키는 자는 인민의 적이며 민주주의 적인 것이다.

부인은 일절 폭력을 미워한다. 민주주의적 해결 방법은 인민의 앞에서 옳은 의견을 내놓고 인민의 비판을 바라는 것이며 정치적 야심을 만족시키기 위한 테러 방법은 일제의 잔재이며 파쇼의 잔재이다. 누구보다 부인은 이것을 강력히 반대하게 되며 완강히 주장하여 파쇼를 배격하고, 테러를 배격하는 법령 실시를 위하여 정부 수립에 부인의 의사를 반영하여야 한다.

부인은 자기들을 해방시키려 하고 또 시킬 수 있는 지도자와 정당이 어떠한 것인가를 알아야 하며 용감히 이러한 정당을 지지하여야 한다. 민족의 해방, 계급의 해방의 임무를 다하려고 민족과 같이 계급과 같이 굶주리고 애쓰는 전위부대는 항상 이민족의 압박 밑에서 더욱 강력하게 싸워나가고, 피 흘리고, 사업을 계승하여 정치 훈련의 공로를 쌓은 선배들이며 또한 이러한 선배의 뒤를 따르는 새 일꾼들이다.

자칭 애국자 운운하는 자 많고 더욱이 부인들의 단체 중에 부인을 옳지 못하게 반민주를 고조하는 지도자들을 비판할 줄 알고 반대할 줄 알아야 한다. 또한 이것을 강력하게 정부 수립에 반영하여야 한다.

부인은 세계 민주주의 노선을 알아야 한다. 특히 조선 민족의 나갈 길을 밝혀준 모스크바 삼상 회의 원칙을 알아야 하며 이것을 지지하여야 하며 소미공동위원회가 삼상 회의 결정을 실천하도록 적극 협력하고, 부인의 의견을 강력히 주장하여야 한다.

소련, 미국, 중국, 동구라파의 부인들은 세계가 다시 전쟁에 들어가지 않도록 그들은 자국의 민주주의를 건설자로, 세계 민주주의 건설자

평화의 일꾼으로, 공장에서, 농촌에서, 가정에서 노래를 부르며 힘을 합하고 있다. 진보적인 민주주의 국가 여성들을 본받으려면 삼상 회의 결정을 지지하여야 한다.

부인은 각계각층을 망라한 민주주의적 민족통일적 부녀 단체를 결성하여 또한 진보적인 정당과 대중 단체와 우의를 맺어야 하며 이리하여 민주주의민족전선의 깃발 밑에서 자신들의 해방, 민족의 해방을 외치고 따라가야 할 것이다. 미소 양국의 군대와 인민에게 8월 15일 1주년 기념을 맞이하면서 감사를 드리면서 조선 민족의 1년간 민주주의 발전의 업적을 회고하여보자.

『민주주의 12강』, 문우인서관, 1946

여성 대중은 민족해방운동을 위해 열심히 싸웠다

이순금

李順今

1912~?

여성 대중은 민족해방운동을 위해 열심히 싸웠다

이순금(李順今, 1912~?)

이관술의 동생

이순금은 1912년 경상남도 울주군 범서읍에서 아버지 이종락과 어머니 김남이 사이에서 태어났다. 이종락은 결혼을 세 번 했는데 첫 번째 부인에서 이관술이, 세 번째 부인 김남이에서 이순금이 태어났다. 이순금의 어머니는 식당을 해서 번 돈으로 이순금을 뒷바라지했다.

이순금은 1929년 3월 언양보통학교를 졸업하고 경성으로 올라왔다. 이관술은 어릴 때부터 똑똑했으며 도쿄 유학을 마치고 돌아왔는데, 그런 오빠를 따라 이순금도 공부하기를 바랐을 게다. 경성에 올라온 이순금은 1929년 4월 실천여학교에 입학했다가 이듬해 이관술이 교사로 있던 동덕여자고등보통학교로 옮겼다.

이순금의 삶에서 오빠 이관술은 빠질 수 없는 사람이다. 이관술은 1902년 경상남도 울산에서 태어나 서울 중동고등보통학교를 졸업하고

동덕여고보 졸업 때 이순금

이관술

일본으로 유학해 도쿄고등사범학교 지리역사과를 마쳤다. 유학 시절부터 사회주의에 관한 많은 책을 읽었고, 동덕여고보에서 교편을 잡으면서부터 민족문제와 사회문제에 관심을 가졌다. 이관술은 이재유가 잡히기 전까지 함께 지냈으며, 그 뒤 경성재건그룹, 경성콤그룹 등에서 활동하면서 홍길동을 방불케 할 정도로 일제 경찰을 따돌렸던 인물이다.

이순금은 학교에서 박진홍, 이종희 등을 만나면서 사회주의 이론을 학습하는 독서회에 합류했다. 그녀는 감정이 풍부하고 활달한 성격으로 누구하고나 쉽게 친해지는 편이었으며, 성적은 중간 정도였다. 친구들이 이순금의 집에 자주 놀러 갔는데, 그때 이순금의 집에는 울산에서 가져온 말린 전복이나 생선, 그리고 귤, 바나나 같은 귀한 과일이 준비되어 있을 정도로 여유로운 생활을 했다.

1931년 7월 어머니 김남이가 사망했다. 1931년 6월 동맹휴학 사건이 터지고 어머니가 다음 달에 사망했으므로 이순금은 맹휴에 전적으로 매달릴 수 없었으리라. 1931년 동덕여고보 맹휴 때 이순금이 앞장서지 않았던 까닭은 아마도 어머니의 사망과 관련 있는 듯싶다. 어머니의 사망 뒤, 이순금은 어머니가 남겨준 재산으로 상당히 자유롭게 활동했다.

RS협의회와 반제동맹경성준비위

1932년 2월 15일 종로경찰서는 치안유지법과 보안법 위반으로 RS협의회 관련 사건을 경성지방법원 검사국에 송치했다. 송치된 사람은 19명이고 미체포되거나 기소중지, 불기소를 받은 사람은 19명으로 이 사건과 관련된 사람은 38명이었다. 이때 박진홍은 송국되었고 이순금은 불기소 처분, 이종희는 기소중지 처분을 받았다.

이순금은 1932년 3월 이종희, 이효정과 함께 동덕여고보를 졸업했다. 그리고 4월 19일 RS협의회 사건과 격문 배부 사건에 관련되어 종로경찰서에 검거되었다.

> 시내 종로경찰서 고등계에서는 메이데이를 앞두고 사상 방면의 관계된 인물을 감시하는 동시에 예비검속에 착수한 모양으로 긴장미를 띄우고 대활동을 개시하였는데 지난 10일경에 동덕여고보 출신 이순금을 검거함에 따라서 각 방면의 청년을 검속한 것은 요전 종로서에서 검거한 'RS사건'에 관련된 것으로서 일시 검속한 청년 몇 명은 석방하고 전기 이순금 외 23명을 취조하고 있다.[280]

이순금은 5월 9일 치안유지법 위반으로 경성지방법원 검사국에 송치되었다. 이순금이 송치된 까닭은 다음과 같다.

> 이순금은 지난번에 동서에서 송국한 RS협의회의 여자 측 리더이던 박진홍과 연락을 취하여 부내 각 여자학교에 적화사상을 취하여왔으며 또 공산주의에 관한 불온 격문을 배부하였는데 당시에 동서에는 이순금을 검거하려고 하였으나 이순금은 교묘히 몸을 피하여 있다가 체포되기 전 수일 전에 돌아온 것을 경찰에서 탐지하고 그와 같이 검거하게 된 것이다.[281]

이순금은 불기소 처분을 받고 풀려났다. 그러다 1933년 2월 조선반제동맹 경성지방 조직준비위원회 사건으로 다시 검거되었다.

조선반제동맹 경성지방 조직준비위원회(반제동맹경성준비위)는 1932년 7, 8월부터 반제국주의운동과 노동운동을 하려고 공장과 학교를 중심으로 활동을 시작했다. 준비위원회는 재조선 일본인 활동가들과 모스크바 공산대학 졸업생 그리고 경성제국대학 반제동맹 관계자들이 조직했다. 이들은 혁명적 노동조합을 조직하는 한편 반제동맹경성준비위를 결성해 상해에서 열리는 태평양노동조합 주최 반제대회에 조선 대표를 보내려고 했다. 10월 중순 공장부와 학생부가 설치되었고, 이관술이 합류하면서 동덕여고보 독서회를 비롯하여 학생을 중심으로 한 독서회 조직이 13개로 늘었다.

적색노동조합 경성지방 대책위원회 위원이었던 양성호는 경성제국대학 의학부 학생인 혼다 지카오를 소개받아 독서회(오르그연구회)를 조직하려 했다. 혼다 지카오는 양성호와 가끔씩 연락하던 중 1933년 1월 10일 이원봉과 몇 차례 만났다. 그리고 1월 21일 이원봉과 이원봉이 소개한 이순금을 만났다. 이들은 재동 61번지 이순금의 집에서 『공장에서의 조직 활동』이라는 책을 읽고 실천에 활용하자고 결의하고 이날은 시사 문제를 검토하고 헤어졌다. 그 뒤 이원봉이 검거되었고 혼다 지카오는 이순금과 연구회를 지속하다가 둘 다 검거되면서 오르그연구회는 끝이 났다. 오르그연구회는 적색노동조합 경성지방 대책위원회 산하 독서회로, 이론 연구와 공장에서 활동하기 위한 실천을 준비하는 역할을 했다.

이순금은 1933년 2월 무렵 검거되었고, 3월 11일 경성지방법원 검사국으로 송치되었다. 43명 가운데 이순금, 이원봉 등 16명이 구속 송치되었고 나머지 27명은 불구속되었다.

3월 22일 경성지방법원 예심에 회부되었는데 송국자 43명 가운데 35명은 불기소 처분으로 석방되었다. 이순금과 이원봉도 증거가 없어 불기소 석방되었고, 이관술은 기소 처분을 받았다. 이관술을 비롯한 8명은 '반제동맹을 조직하고 다시 노동부와 독서회를 두고 적화운동을 한 사실이 명백하여' 치안유지법 위반으로 경성지방법원 예심으로 넘겨졌다.

조선공산당재건동맹

1935년 8월 24일 3년 동안 보도 금지로 묶여 있던 사건이 오전 12시에 해금되어 언론에 보도되었다. 이 사건은 서대문경찰서의 검거로 시작

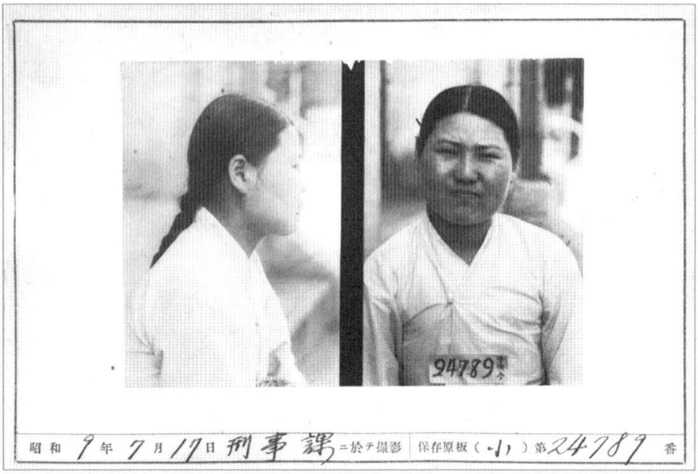

1934년 검거 때 이순금

조선공산당재건동맹 관련자들이 법정으로 향하는 모습과 방청하러 온 가족들

돼 경기도경찰부가 총본부가 되어 1933년 9월 25일부터 1934년 7월까지 경기, 평남, 강원 등 8도에서 428명이 검거되어 그중 110명이 송국되었다. 이는 적색노동조합, 적색농민조합, 학생적색독서회, 반제동맹, 레닌학교 졸업생 비사(秘社), 전국평의회, 산업별 적색노동조합 등 7대 비밀결사가 조직되어 조선공산당을 재건하려고 했다고 신문에 발표되었다. 경무국에서 발표한 사건의 내용은 다음과 같다.

> 이재유는 제4차 조선공산당 사건으로 검거되어 소화 7년(1932년) 12월 출옥하였으나 하등 개전의 정이 없이 출옥하자 구 동지와 좌익 청년의 규합에 분주하고 (…) 일방으로 소화 8년(1933년) 7월경부터 이현상, 변홍대, 이순금 등도 공히 적색노동조합의 조직에 분주하고 소화제사, 서울호모, 조선견직물, 종방공장 등에 계속 발생한 쟁의를 선동하여 직공의 획득에 노력하고 영등포의 공장노동자에 대한 적극적 활동을 기획[282]

경기도 지사가 경무국장에게 보낸 문건에서는 이순금을 이렇게 보았다.

> 1933년 2월 반제동맹 사건에 관계하여 검거 송치되었으나 기소유예 처분에 부쳐졌으나, 그 뒤 조금도 반성의 마음 없이 범죄의 뜻을 계속하며 조선의 공산화를 꾀해 이재유, 안병춘, 이경선 등 공산혁명분자와 연락하며 실천운동에 암약하고 있다.[283]

이순금은 적색노동조합을 조직하려고 경성공업소나 영등포 공장 등지에서 공장노동자들을 만났다.

> 1934년 1월경 경성부 오리엔탈호모 공장의 직공으로 근무하는 강기정, 경성호모공장 여공 김복녀와 김순덕과 회합할 제 피고인 이순금으로부터 적색노동조합 조직 활동을 하려면 산업별 조직의 필요한 것을 교시받고 또 소속 공장에서 동지를 획득할 것을 종용받고서 김복녀, 김순덕 등과 함께 이것을 수락하고 그 목적 사항의 실행에 관하여 협의했다.[284]

이순금이 조직했다는 적색노동조합 조직은 다음과 같다.

● 이순금 관련 적색노동조합 조직도

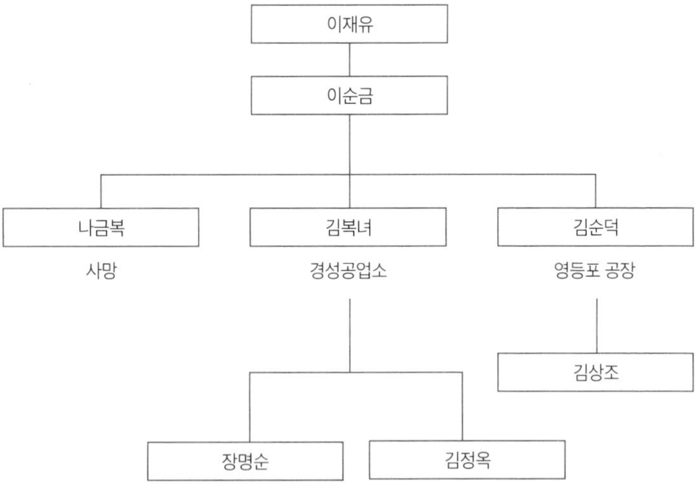

이순금은 김복녀와 활동했던 상황을 재판 과정에서 다음과 같이 진술했다.

> 김복녀가 세상 사람들이 책을 읽고 신문을 보기도 하는 것이 제일 부럽다고 말하면서 여자가 있으면 글자를 가르쳐 달라고 해서 그것을 승낙했습니다. 며칠 후에 자신의 공장에 자기처럼 글자를 배우고 싶다고 하는 사람이 있는데 같이 가르쳐주시겠습니까라고 말하기에 저는 한 사람을 가르치나 두 사람을 가르치나 시간은 같이 드니까 좋다고 말하고 세 사람을 모아서 지식 정도를 알아보았을 뿐입니다. 그리고 언제였는지는 잘 모르겠습니다만 이재유에게서 아는 여공이 있으면 자기에게 알려 달라고 부탁을 받은 것 같은 기억은 있지만, 예심결정서처럼 이재유가 그들에게 공산주의 의식을 주입하라고는 말하지 않았습니다. 그리고 그 부탁을 이행하기 위하여 그 사람들을 가르치려고 한 것은 결코 아닙니다. 마침 이재유가 부탁하고 동시에 김복녀가 그렇게 말하기에 승낙하였던 것입니다. 무지한 사람 배우고자 마음먹은 사람을 가르치는 것은 좋은 일이라고 생각하였던 것입니다.[285]

조선공산당재건동맹 사건 관계자들은 7차에 나뉘어 송국되었다. 1934년 12월 7일 경성제제국대학 미야케 시카노스케 교수에 대한 분리 공판이 경성지방법원에서 개정된 것을 시작으로 제2차로는 강릉 중심의 권인갑 등 15명에 대한 공판이 1935년 7월 10일에 있었고, 제3차로는 8월 6일 최선규 등 9명의 공판이 있었으며, 제4차로 경성 중심의 권영태, 이순금 등 34명의 공판이 1935년 11월 23일 개정되었다.[286] 이순금은 징역 2년 구형, 2년 판결을 받았다.

이순금은 1937년 7월 15일 서대문형무소에서 만기 출소하자마자 박진홍과 연락해 공산당 재건운동에 나섰다가 또 검거되었다. 경기도 경찰부에 검거된 공원회 형제와 박진홍 등 5명에 대한 치안유지법 위반 사건은 1938년 4월 22일 예심이 결정되어 이순금은 면소가 되고 박진홍, 공원회, 공성회, 김순진은 모두 공판에 회부되었다.[287]

이순금은 어머니의 재산을 상속받은 것도 있고 결혼한다면 2,000원 정도의 결혼 지참금을 집에서 받을 수가 있으니 그 돈을 운동 자금으로 활용하자고 박진홍과 논의했다.[288] 이에 박진홍은 적극적으로 중매에 나섰고, 이순금은 김순진과 약혼하고 결혼식 날짜까지 잡았다. 그런데 1937년 12월 모두 검거된 것이다.

1938년 검거 때 이순금

이순금은 1940년 무렵부터 김삼룡과 동거하면서 경성콤그룹 조직원들 사이의 연락을 담당했다. 1941년 9월 경성콤그룹 사건으로 관련자들이 대거 검거될 때 이순금도 일본 경찰의 수배를 받았으나 소재지 불명으로 기소중지되었다. 이순금은 박헌영과 함께 전라남도 광주로 피신하여 은둔하면서 레포로 활동했다. 그녀는 이재유 그룹과 경성콤그룹에서 활동을 지속했다.

사회주의 여성운동가를 왜곡하다

〈매일신보〉는 1935년 8월 24일 호외로 경무국이 발표한 조선공산당재건동맹 사건을 알렸다. 이때 가장 큰 관심을 받은 인물은 이재유였다. 그런데 이재유보다 더 언론의 관심에 노출된 대상은 여성운동가들이었다. 박진홍, 이순금, 유순희가 그들이다. 「동덕 학창 시대 유명한 세 짝패 사상선상의 애욕화」, 「언청이 아내」, 「적마의 꼬임에 걸려 옥리에 썩는 재화」 등 그녀들에 대한 기사 제목은 무지한 여성, 지식인 여성의 잘못 들어선 길, 남자 잘못 만나 인생을 허비한 여성, 욕망에 뒤덮인 여성 따위로 '현모양처'와 대비되는 팜므 파탈의 여성 판타지가 동원되었다.

박진홍을 소개한 기사를 읽어보자.

> 적화 공작에 극력 활동하던 이재유는 어떠한 인물인가. 그는 (…) 변태적 생활 (…) 에피소드를 소개하면 이때껏 공산주의운동자로서 '하우스키퍼'를 가진 자는 오직 이재유뿐으로서 활동 당시 동대문 외에 거주하며 그의 언청이 아내 박진홍이와 동거하여 야경단에 가담 '딱

딱이'를 치며 극히 선량한 촌민으로 온건한 청년이라는 칭호를 들어가며 경찰관서에 출입하여 정세를 관망하였었다 한다.[289]

박진홍을 '하우스키퍼'이자 '언청이 아내'로 묘사했는데, 이는 사실이 아니다. 박진홍은 '언청이'가 아니기 때문이다. 그런데도 왜 이렇게 묘사했는가? 장애에 대한 편견을 이용하여 이 사건을 더욱 비극적으로 알리기 위함인 듯하다. 여기에 젠더 차별까지 곁들었다. 장애와 젠더라는 시선으로 비극과 혐오를 조장한 것이다. 신출귀몰한 이재유의 '아내'가 장애가 있는 여성이라는 이미지로 사회주의 여성을 폄훼하고 있다. 곧 여성 사회주의자의 이미지가 어떻게 재생산되는지 짐작할 수 있다.

정종명을 소개할 때, 박진홍 또는 이순금을 소개할 때 그들의 연인에 대한 호칭은 '남편'이다. '사회주의자인 남편 신철의 영향을 받은 정종명', '김삼룡의 부인 이순금', '이재유의 부인 박진홍', 이런 식이다. 그녀들은 단 한 번도 연인과 가족관계를 이루지 않았고, 함께 일할 때 옆에서 적극적으로 지지하고 감정을 공유했을 뿐이다. 누구든지 감옥에 가거나 떠나면 그것으로 관계는 정리되었다. 그들의 관계는 불안전하고 언제나 유동적이었다.

1937년 5월 1일 이재유가 드디어 송국되었다. 〈매일신보〉는 4월 30일자 호외로 이재유와 관련한 인물과 사건 등에 관한 기사를 실으면서 '동덕 시대 우수한 성적', '법정의 모성애'라며 박진홍의 비극을 다시 불러왔다.

> 이재유의 동지요 베터하프이었던 박진홍은 (…) 동덕여고보에 재학하던 당시 즉 소화 3년부터 소화 5년까지의 사이에 학생운동 혹은 반제동맹의 레포 노릇을 했었는데 그의 머리가 명석함이라든지 또는 공부의 재주 있는 것이 단연 발군의 형세이어서 학교 성적은 동덕여고보 개교 이래의 제일가는 성적이었다고 한다. 그만큼 공부에 수재이었고 총명하였던 관계로 동덕학교 당국자는 그의 적화를 애석하여 마지않았다고 한다.[290]

박진홍을 '언청이 아내'에서 '동덕의 수재'로, 그리고 '임신과 형무소에서의 출산, 아이의 죽음'으로 인한 비극적 모성애를 대표하는 것처럼 그렸다. 여기에 그치지 않고 선정성을 첨가해서 자극하기도 했다. '레포싸롱'이라며 「학창 시대 유명한 세 짝패 사상선상의 애욕화」라는 기사에서 이순금, 박진홍, 유순희를 이렇게 소개했다.

> 이재유를 중심으로 여러 사건을 전후해서 삼몽녀의 활약이라는 것은 자못 뚜렷하였고 또한 미묘한 관계까지 있었던 마침 이재유 한 사람에 대한 3인녀의 레포, 하우스키퍼 또는 유일한 투쟁의 반려자인 애인으로서 이들의 투지와 애정은 남에게 지지 않는 바가 있다.[291]

또 「여자 삼대 쓸쓸한 집, 역력한 생활 고투」라는 기사에서 "이관술의 하우스키퍼로 있으면서 또한 애처로서의 충직을 다하던 박선숙이란 여자는 현재까지도 돌아오지 않는 이관술을 기다리고 어린 딸로부터 쓸쓸한 공규를 지키고 있다."며 이관술과 그의 연인 박선숙의 이야기도

전했다.[292] 박선숙은 동덕여고보를 졸업했고 1930년 서울 지역 만세시위와 관련되어 기소되었다.

여성 사회주의자의 사랑과 연애

이순금이 이재유를 만난 것은 1933년 4월이었다. 이재유는 경성트로이카를 조직하려고 여러 사람을 만나고 다니던 때였는데 경제적으로 어려운 데다가 결핵까지 걸려 힘든 삶을 살아가고 있었다. 이재유를 만났을 때 이순금은 익선동 기와집에서 살았다. 그녀는 이 집을 팔아 이재유를 경제적으로 도왔다. 그때 서울 변두리의 집 한 채 값이 500~600원이었는데 이때 판 집값이 2,000원이었다.[293] 그녀는 이재유와 동지이자 연인으로서 함께 활동했다.

그런데 이순금이 체포된 뒤 이재유는 박진홍을 찾아갔고, 두 사람은 동거하기 시작했다. 이 때문에 이순금과 박진홍이 감옥에서 만났을 때 약간의 갈등이 있었다고 전해진다. 1937년 5월과 7월에 각각 석방된 박진홍과 이순금은 이재유를 둘러싼 관계를 정리하고자 했다. 이재유의 옥바라지를 계속하던 박진홍은 이순금이 새로운 사람을 만나 결혼하면 자신도 이재유와의 관계를 정리할 수 있었기에 적극적으로 이순금의 중매에 나섰다. 이순금과 박진홍은 둘 다 이재유의 운동 노선에 동의했지만, 이재유가 자신들과의 연애를 부인한 데에는 함께 비판적 자세를 취했다.

언론은 '아지트키퍼'를 남성 사회주의 운동가의 여자로만 보도했고, 이재유는 그들을 연인이 아닌 함께 운동하는 동지로서만 인정했으며, 판사는 공판 과정에서 박진홍과 이순금에게 공사(公私) 관계 모두를 추궁했다.[294] 아무개 사회주의자 여성은 자신을 아무개 사회주의자의 '하우스키퍼'라고 소개한 적이 없다. 이 용어는 재판정에서, 언론에서 그녀들을 부르는 데 사용되었다. 이순금과 박진홍은 이재유와 동거해서 활동가가 된 것이 아니다. 마찬가지로 모든 여성 사회주의자들은 남성에 의해, 남성을 위한, 남성을 통해 사회주의자가 된 것이 아니다. 이는 이순금의 진술서나 박진홍의 생각에서 잘 드러나 있다.

> 사회과학뿐만 아니라 모든 과학에 대해서도 호기심을 가지고 지식욕이 큽니다. (…) 지금까지 사회과학은 하나의 상식과 같은 것이라고 생각하는데 그런 것을 경찰서에서 금하는 데 대단히 반감을 가지고 있었습니다. 2년간의 생활에서 지식욕에 대해서도 나 자신에 대해서도 확실하게 파악할 수 있었습니다. 그리고 세상의 남성에 대해서 공포심을 가지고 일생 독신으로 지낼 각오를 하고, 나의 앞날을 개척하기 위해 일정한 직업 기술을 가지지 않으면 안 된다고 생각해서 이 속에서 시험 준비를 하였습니다.[295]

그들은 독서회 활동을 하고, 책을 읽고, 공장에 들어가고, 검거되고, 취조받고, 고문받고, 징역살이를 하면서 자연스럽게 '사회주의자'라는 정체성을 갖게 된 것이다. 이순금은 지적 호기심과 금지에 대한 반감에서 사회과학 책을 읽기 시작했고, 이는 운동가의 삶으로 이끌었다. 박진홍은 남성 사회주의자들이 여성을 도구화하고, 감성과 이성을 분리하는 태도에 문제를 제기했다. 박진홍의 이런 면모는 해방공간 〈독립신보〉의 인터뷰 기사에도 잘 드러나 있다. 그녀는 남편인 김태준을 '집사람'으로 소개하는데, 이를 두고 김성동은 "그렇게 말하는 여성을 본 적이 없으니, 참으로 혁명적인 표현"이라고 평했다.[296]

이순금과 박진홍은 1930년대 초반부터 1945년 해방될 때까지 독서회, RS협의회, 반제동맹, 적색노동조합, 조선공산당재건동맹, 이재유 그룹, 경성콤그룹 등에서 활동했다. 다른 활동가들의 소식을 전해주기도 하고, 뒤치다꺼리도 하고, 조직을 만들기도 하고, 유인물을 만들면서 사회주의운동을 펼쳤다. 그들은 1930년 서울 여학생 만세운동 이후의 학생 맹휴를 통해 배출된 여성으로서 1930년대 중반 조선공산당 재건운동과 일제 말기 경성콤그룹 관련자로서 끝까지 일제에 맞섰다.

해방, 남조선노동당 부녀부장

이순금은 1945년 8월 조선공산당 재건준비위원회 결성에 참여하고 9월 6일 개최된 조선건국준비위원회 제1회 전국인민대표자대회에서 여성으로서는 유일하게 전국인민위원으로 추대되었다. 그 뒤 인민공화국 노동부원, 남조선노동당 중앙위원으로 선출되어 부녀부에서 일했다. 이는 해방 당시 이순금이 박헌영의 측근이었기 때문이다. 1942년부터 해방까지 박헌영이 주로 광주에 숨어 있을 때, 이순금은 광주에 머물면서 박헌영의 지시를 지하 조직에 전달하는 역할을 했다.

1945년 12월 23일 전국부녀총동맹 결성 대회 2일째, 여운형의 축사가 있은 뒤 박진홍의 국제정세 보고와 이순금의 국내정세 보고가 이어졌다. 이날 이순금은 중앙대표위원으로 뽑혔고, 조직부장을 맡았다.

이순금은 여성의 현실과 그 의미를 다음과 같이 인식했다.

현재 우리 조선 여성 일반은 어떠한 처지에 있는가를 살펴보자. 봉건적 노예 생활에서 착취 압박 빈궁 실업 무지와 미신과 몽매에서 굶주리었으며 신음하였고 허덕이었으며 시어머니의 혹독한 간섭과 남녀의 무리한 일방적 압제와 가정적 구속 밑에서 인간 수준 이하의 생활을 감수하는 비참한 형편이었다. 사회와 공장에서는 동일 노동에도 불평등한 임금을 받게 되고 과거 36년 동안 봉건적 착취와 압박의 식민지 정책에 있어서 강도적 일본 제국주의의 가장 온순한 착취의 대상물이 되었다. 어찌 이것뿐이랴. 친애하는 여성 동포들, 일본 제국주의의 잔인무도한 폭정과 착취는 우리 조선 여성을 인격 소유한 인간으로 취급치 않고 상품 중에도 더러운 한 노리개로서 인간 시장에서 인신매매와 공창제도를 강요할 뿐 아니라 (…) 장려하여왔다.
이러한 모든 조건은 우리 여성으로 하여금 경제적 사회적 정치적 자유를 가지지 못하게 하였다. 우리 여성 특히 근로 여성들은 과거의 일제의 압박과 착취의 지배를 반항하고 싸우지 않을 수 없었고 놈들의 백색 테러하에서도 공장에서 농촌에서 근로 여성 대중은 생활개선을 위하여 또한 반일적 민족해방을 위하여 용감히 싸워왔던 것이다. 우리 근로 여성 대중도 조선의 해방과 토지를 위한 조선해방운동의 한 역할을 노렸다는 사실을 우리는 높이 소리칠 수 있는 영광을 가진 것을 무한히 기뻐한다.[297]

이순금은 일제의 지배로 여성이 경제적·사회적·정치적 자유를 갖지 못했지만 이를 벗어나려고 일제의 착취에 저항해 용감히 싸워왔다고 지적했다. 특히 공장과 농촌의 근로 여성들이 민족해방운동에서 큰 역할을 했다고 자랑스러워했다. 그리고 민족해방운동의 한 역할을 했기 때문에 해방 뒤 여성들은 자신들의 지위를 향상하고 구속에서 벗어나려면 각종 사회단체에 적극적으로 참가하여 국가 건설에 뛰어들어야 한다고 독려했다. 그녀는 "과감히 민주주의를 위한 투쟁을 전개함으로써만 자기의 지위를 해방할 수 있을 것이다."라면서 먼저 민족문제와 토지문제와 싸워야 함을 강조했다.

해방공간에서 그녀가 쓴 글은 「조선 여성에게」라는 짧은 글 이외에 「오빠 이관술 동지, 검거 소식을 듣고서」가 있다. 이관술은 1946년 7월 6일 조선정판사 위조지폐 사건으로 체포되어 11월 28일 무기징역을 선고받고 상고했으나 1947년 4월 11일 상고가 기각되었다. 서대문형무소에 수감되었다가 대전형무소로 이감되었고, 한국전쟁 때 대전형무소 재소자 정치범 학살이 일어난 1950년 7월 3일 대전 산내에서 총살당했다.

이 글에서 이순금은 "해방 조선에서 오빠와 같은 애국자를 다시 그 자유를 뺏는다 함은 아무리 하여도 정말 같지 아니하다."라며 자신이 왜 오빠의 뒤처리를 맡았는지 다음과 같이 말했다.

> 1937년 7월 18일이었다. 내가 감옥에서 나온 지 2일 만에 여의도에서 그를 만나게 되었다. 그는 삼베 고의적삼을 입은 서울 농부로 가장하고 삽을 둘러메고 오는데 멀리서는 잘 알아볼 수가 없었다. 나는 그때 오빠의 위대한 혁명가의 면목을 느꼈다. 오빠는 나에게 안부 한

> 마디 외에는 곧 투쟁을 계속하기를 명령하였다. 나는 위대한 혁명가를 오빠로서 동지로서 가졌다는 것을 무한히 감격하였다. (…) 이 당시 오빠는 기술 문제와 여비 관계로 고물장수로 가장하여 고물 속에 출판물을 넣어 가지고 자전거로 각지에 배부한 일이 많았다. 한번 지방을 다녀오면 의복은 말 못할 만큼 누추하고 건강은 심히 약하였다. 참말로 오빠는 열과 성의 화신이라고 나는 항상 감복하였다. (…) 나는 ×실한 이 애국자의 모든 뒤치다꺼리를 할 때 그 뒤치다꺼리가 확실히 우리 민족해방운동의 한 사업인 것을 항상 만족히 생각하고 항상 기쁨으로 처리하였었다.[298]

그녀는 「조선 여성에게」라는 글에서 '여성들이 민족해방운동을 했다'는 사실이 너무나 기쁘고 자랑스럽다고 강조했다. 그리고 이관술, 박헌영 등의 뒤치다꺼리가 민족해방운동의 한 사업이라고 말했다. '최후의 만찬은 누가 차렸을까'라며 과정을 중시하는 로잘린드 마일스의 주장처럼 그녀의 주장은 뒤치다꺼리가 없다면, 이어주는 선이 없다면, 다음 단계로 이어갈 수도 없고 결과도 없는 운동 현실을 깨닫게 한다. 그런 점에서 민족해방운동을 비롯한 모든 활동이 어떻게 움직이는가를 깊게 고려할 필요가 있다.

이순금은 1947년 무렵 월북한 것으로 추정된다. 1955년 박헌영의 재판에 증인으로 참석하여 눈물을 흘렸다고 하는데, 월북자이면서 북한 사회의 숙청 바람에 휩쓸리지 않고 살아남은 듯하다. 1989년 사로청 지도위원과 인민회의 대의원을 지낸 것으로 전해진다.[299]

이순금의 발자취와 글

연도	내용
1912	경상남도 울산 출생
1929	3월 언양공립보통학교 졸업, 4월 실천여학교에 입학
1930	동덕여자고등보통학교로 전학, 반제동맹 동덕여고보 책임자
1932	3월 동덕여자고등보통학교 졸업. 5월 'RS협의회 사건'에 연루되어 검거되었으나 불기소 처분
1933	1월 오르그연구회에 참여. 2월경 일본경찰에 검거되어 3월 경성지방법원 검사국에서 기소유예 처분. 경성고무공장 여공들을 동지로 획득하여 적색노동조합을 조직하기 위해 노력
1934	1월 검거
1935	12월 경성지방법원에서 징역 2년 선고
1937	7월 만기 출옥. 출옥 후 운동자금 조달 혐의로 검거
1938	6월 경성지방법원에서 예심 면소
1939	경성콤그룹에 참여
1941	9월 일본경찰의 수배를 받았으나 소재 불명으로 기소 중지. 이후 박헌영과 함께 전라남도 광주로 피신하여 은둔하면서 경성콤그룹 조직원들 간의 연락 활동에 종사
1945	조선공산당 재건준비위원회 결성에 참여. 9월 조선중앙 서기국원이 되었고 조선인민공화국 선동부원으로 선정. 12월 조선부녀단체대표자대회 소집준비위원회 준비위원
1946	2월 민주주의민족전선 결성 대회에 참석하여 중앙위원, 부총 조직부. 11월 남조선노동당 중앙위원이자 부녀부장
1947	월북
1955	박헌영 재판에 증인으로 참석

「조선 여성에게」

친애하는 천오백만의 여성 동포들이여, 우리 민족을 여성을 압박하고 착취하던 일본 제국주의의 철쇄는 끊어졌다. 8월 15일은 해방의 기쁜 날이다. 조선 민족해방사상에 가장 잊지 못할 감격인 이날 조선 민족은 민족적 환희를 이기지 못하였다. 그러나 이것은 한순간적 감격에 그쳐서는 안 된다. 우리 조선의 완전한 독립, 완전한 민족적 해방, 완전한 민주주의적 주권의 수립, 이 과업이 실시되기 전에는 우리 천오백만 여성의 해방은 물론이요 생활개선도 지위 향상도 가져 올 수 있을 것이다. 즉 민족문제 토지문제, 이 근본적인 전체 문제가 해결되는 마당에서만 여성 문제도 해결될 것이다. 그러면 현재 우리 조선 여성 일반은 어떠한 처지에 있는가를 살펴보자. 봉건적 노예 생활에서 착취 압박 빈궁 실업 무지와 미신과 몽매에서 굶주리었으며 신음하였고 허덕이었으며 시어머니의 혹독한 간섭과 남녀의 무리한 일방적 압제와 가정적 구속 밑에서 인간 수준 이하의 생활을 감수하는 비참한 형편이었다. 사회와 공장에서는 동일 노동에도 불평등한 임금을 받게 되고 과거 36년 동안 봉건적 착취와 압박의 식민지 정책에 있어서 강도적 일본 제국주의의 가장 온순한 착취의 대상물이 되었다. 어찌 이것뿐이랴. 친애하는 여성 동포들, 일본 제국주의의 잔인무도한 폭정과 착취는 우리 조선 여성을 인격 소유한 인간으로 취급치 않고 상품 중에도 더러운 한 노리개로서 인간 시장에서 인신매매와 공창제도를 강요할 뿐 아니라 더욱이 저이들의 소위 공정한 법률로써 합법화한 공공연하게 대대적으로 장려하여 왔다.

이러한 모든 조건은 우리 여성으로 하여금 경제적 사회적 정치적 자유를 가지지 못하게 하였다. 우리 여성 특히 근로 여성들은 과거의 일제의 압박과 착취의 지배를 반항하고 싸우지 않을 수 없었고 놈들의 백색 테러하에서도 공장에서 농촌에서 근로 여성 대중은 생활개선을 위하여 또한 반일적 민족해방을 위하여 용감히 싸워왔던 것이다. 우리 근로 여성 대중도 조선의 해방과 토지를 위한 조선해방운동의 한 역할을 노렸다는 사실을 우리는 높이 소리칠 수 있는 영광을 가진 것을 무한히 기뻐한다. 이렇게도 조선 여성을 억압하고 착취하는 잔인무도한 일본제국주의의 철쇄를 끊어주고 우리 삼천만 민족을 해방해준 세계 평화를 애호하는 민주주의 국가군(소·영·미·중)에 대하여 무한한 감사를 드리어야 한다. 친애하는 여성 동포들, 뒤떨어진 우리들의 지위 향상을 위하여 구속과 압박을 박차고 경제적 사회적 정치적 문화적 완전한 해방을 확보하기 위하여 각 사회단체에 적극적으로 참가하며 신국가 건설에 있는 힘을 다 제공하여야 한다. 이 모든 사업에 자기의 이니셔티브를 발휘하여 과감히 민주주의를 위한 투쟁을 전개함으로써만 자기의 지위를 해방할 수 있을 것이다. 그리고 또한 우리 조선 여성들은 민주주의 선진 국가 여성들과 긴밀한 연락을 가지기에 노력하며 그들 여성들에게 많이 배워야 한다.

『여성공론』 창간호, 1946

「오빠 이관술 동지, 검거 소식을 듣고서」

나는 이 검거의 소식을 듣고 의아심을 가지지 않을 수 없으며 아무리 생각하여도 참말로 들을 수 없다. 해방 조선에서 오빠와 같은 애국자를 다시 그 자유를 뺏는다 함은 아무리 하여도 정말 같지 아니하다. 이것은 남매간이라는 사정에서가 아니요 조선의 자유 독립을 위하여 전 민족해방운동을 위하여 특히 근로인민의 이익과 생활 향상을 위하여 잔인무도한 일제 경찰 밑에서 20년간 개인의 생명과 지위와 가정을 희생하고 지하에서 토막 속에서 감옥 속에서 혈전고투 해온 진정한 애국주의자임을 구체적 투쟁 속에서 가장 잘 알려 확실히 인정하기 까닭이다.

오빠 이관술 동지는 1930년부터 조선민족해방투쟁에 그 몸을 바쳤으니 일제 경찰 놈들의 혹독한 총칼이 그의 전신에 집중하였으나 사회에서나 감옥에서나 놈들의 앞에서나 민족 속에서나 장소를 불문하고 낮이나 밤이나 일심전력 전 민족의 이익을 위하여 행동하여 투쟁하였었다.

그러므로 그의 생활은 반생을 통하여 혁명적이었으며 과감하고 용감하였으며 사(死)를 두려워하지 않았다. 그는 항상 말하였다.

'정의를 위하여 전 민족을 위하여 죽음은 가장 ×을 죽음이며 사(死)를 각오한 때에는 ××도 쓰라림도 무서운 총칼도 다 극복되는 것이며 가장 최후 한 행동을 행할 수 있다'고. 그는 과연 그렇게 투쟁하였으며 그 행동은 말과 조금치도 틀림없이 일치하였다.

그의 20년간 비합법적 지하투쟁 생활에서 몇 가지를 말함으로써 이번 검거가 얼마나 해방 조선에서는 있을 수 없는 일인 것을 설명하고자 한다. 1935년 이재유 동지와 경성을 중심하여 당재건운동에 있어 학교와 가두를 책임지고 활동하다가 놈들에게 발각되었다. 오빠는 그때 지하생활로 들어가지 아니할 수 없었다. 눈은 산골에 쌓이어 있고 삭풍은 사람의 뼛속까지 베이는 듯 추웠다. 수수한 외투를 유일한 방한구로 하여 이 눈 쌓인 산골짝에서 사흘 동안이나 절식하고 뒷일을 수습하기에 성공하였다. 의정부에서 ×××××라는 별명을 들어가며 남선 전재민으로 가장하고 토끼 닭을 기르며 호박 고추 등의 밭농사를 지어가면서 『적기』라는 비밀 출판물을 발간하였다. 그때 썼던 등사판은 두 동지의 ××이었다. 이 등사판 제작을 성공하기에 동지는 3개월이 걸렸었다. 과학자가 아닌 두 동지의 손으로 이 등사판의 제작이 성공된 것은 오빠의 애국심이 과학을 정복하였다는 증명임을 나는 단언한다. 이리하여 경성을 중심으로 근로인민의 속에서 반일민족해방을 힘차게 선전하였다. 때마침 이재유 동지가 가두 연락에서 놈들 손에 체포되자 오빠에 대한 놈들의 추적은 너무도 심하였다. 부득이 오빠는 경성 지방을 떠나 남선 일대로 망명 생활을 하게 되어 '박물장수'로 가장하였다. 그러나 오빠는 이 일도 쉬임 없이 지방 동지들을 찾아 이 직업 계속하였다.

1937년 7월 18일이었다. 내가 감옥에서 나온 지 2일 만에 여의도에서 그를 만나게 되었다. 그는 삼베 고의적삼을 입은 서울 농부로 가장하고 삽을 둘러메고 오는데 멀리서는 잘 알아볼 수가 없었다. 나는 그때 오빠의 위대한 혁명가의 면을 느꼈다. 오빠는 나에게 안부 한마디 외에는 곧 투쟁을 계속하기를 명령하였다. 나는 위대한 혁명가를 오빠로서 동지로서 가졌다는 것을 무한히 감격하였다. 잠깐 이야기하는 동안에 소낙비가 쏟아져서 한강물이 범람하여 건너지 못하게 되었다. 밤 되기를 기다려서 배를 타고 올 계획이었으나 이것이 불성공되고 여의도파출소에 검거되었다. 오빠는 나에게 일을 위하여 그곳을 탈출할 결심을 말하였다. 나는 물이 많아 귀신이라도 건너지 못할 것을 말하였다. 그때 그는 비장한 결심을 보이고 놈들이 잠든 틈을 타서 그곳을 탈출하였다. 나는 나중에 말을 들으니 그는 몸을 던져 마포 편을 향하여 헤엄치기 시작했다. 캄캄한 밤! 창대같이 퍼붓는 소낙비! ××같이 그 비가 흐르는 탁류 격랑에 그는 몇 번이 기절하고 혼절하면서도 이를 악물고 구사일생으로 도강 탈출에 성공하였으며 그 후 일 헌병과 경찰은 제아무리 초인적 용력이 있다 하여도 강물 속 귀신이 되고 말았으리라고 단념하였다. 대강의 조류를 정복하고야 만 것은 오직 민족을 사랑하는 백절불굴의 투지가 기어코 성공하고야 만 것이 아니고 무엇이랴! 그 후 그는 경성을 중심하여 노동자 속에서 투쟁을 계속하였다. 1938년 12월부터 김삼룡 김원용 동무들을 비롯하여 공장 가두학교 등에 힘있는 기반을 닦았다. 이것이 콤그룹의 기초 조직이었다. 처음에는 『프롤레타리아』라는 기관지를 발행하다가 『코뮤니스트』로 개칭하였다. 오빠는 이 출판물의 총책임자였다. 1940년 박헌영 동지가 이 조직을 지도하게 되자 오빠는 이 월간 출판물의 책임자로서 이 비밀 출판물을 남선 일대와 청진, 성진, 함흥 등 북선 일대와 경인간에 ××한 배포망을 조직하여 노동자 농민들에게 배부하였다. 이 당시 오빠는 기술 문제와 여비 관계로 고물장수로 가장하여 고물 속에 출판물을 넣어 가지고 자전차로 각지에 배부한 일이 많았다. 한번 지방을 다녀오면 의복은 말 못할 만큼 누추하고 건강은 심히 약하였다.

참말로 오빠는 열과 성의 화신이라고 나는 항상 감복하였다. 나는 ×실한 이 애국자의 모든 뒤치다꺼리를 할 때 그 뒤치다꺼리가 확실히 우리 민족해방운동의 한 사업인 것을 항상 만족히 생각하고 항상 기쁨으로 처리하였었다. 1941년 정월에 오빠는 드디어 놈들의 손에 검거되었다. 일제의 야만 살인적 고문에도 불구하고 끝까지 비밀을 지키고 ×지한 사람도 내지 않은 것은 그의 투사를 더욱 빛나게 하였다. 그러나 감옥 투쟁에서 거의 죽게 되자 놈들도 송장 치르기 싫어 결국 보석되었다. 그의 건강은 참으로 위독하였다. 누가 보든지 절망적이었다. 그러나 백절불굴의 주인공은 병마에 굴복할 그가 아니었다. 그는 결심하였다. 어떻게 살려고 조선민족해방투쟁에 좀 더 도움이 되지 못하고 지금 죽는다는 것은 죄악이다. 우리 민족을 위하여 살아야겠다. 이 굳세인 의지력 앞에는 병마도 드디어 굴복하고야 말았다. 건강이 조금 회복되어 몸을 움직일 수 있게 되자 그는 또다시 지하활동에 들어갔다. 이때는 전시 계엄령 상태로서 지하 생활이 가장 곤란한 어마어마한 때였다. 숱 굽는 직업, 솥땜쟁이, 남의 집 심부름꾼! 이런 가지가지의 고생을 하면서 혁명투쟁을 여전히 계속하였다. 이러한 사투 속에서 8·15해방이 닥쳐왔다.

오빠의 활동은 나는 아니 쓰려 한다. 그것은 조선 인민이 나보다 더 잘 아는 까닭이다. 다만 내가 힘있게 주장하는 것은 8·15 이후에 있어서도 진정한 애국자로서 민주주의를 위하여 독립을 위하여 불면불휴 그 열과 성을 다하여 일한 것은 누구나 다 아는 바라는 것이다. 이러한 애국자를 민족으로부터 빼어감은 무슨 이유인가! 더욱이 추악한 죄명까지 씌워 잡아간다 함이야 꿈엔들 상상할 일인가! 나는 주장한다. 위대한 애국자 이관술 동지를 즉시 석방하라고! 해방된 조선에 있어서 진정한 애국자인 우리 오빠의 몸에 아무도 결코 손을 대지 못할 것이다!

<현대일보>, 1946년 7월 15일

● 유영준의 해방 뒤 단체 활동

일자	내용
1945년	
9월 1일	조선인민공화국 경성시 인민위원회 고문
12월 10일	건국부녀동맹, 조선부녀단체대표자대회 소집준비위원회 개최
12월 21일	독립동맹 환영 준비위원회 참가
12월 22~24일	조선부녀총동맹(부총) 결성 대회, 위원장으로 선임
1946년	
1월 19일	민주주의민족전선(민전) 결성 준비위원
2월 14일	인민당·신한민족당·공산당·독립동맹·조선민주당 등 5당 대표, 3·1절 기념 행사 전국준비위원회 조직, 대회위원으로 선임
2월 15일	민전 결성 대회 임시집행부 상임의원으로 선임
3월 3일	민전 사회정책연구위원 선임
3월 8일	부총, 서울 중앙기독교청년회관에서 국제부인데이 축하식 개최 '천오백만 여성은 조선 민주주의화를 위하여 싸우자'는 개회사를 함
3월 14일	조선경제고문 제1차 회의 개최, 위원으로 참가
3월 20일	민전 외교 문제 전문연구위원회에 참가
4월 17일	조선공산당 중앙위원회 선전부, 공산당 창립 제21주년 기념일을 맞이하여 기념 행사에서 축사
4월 20일	조선민족혁명당(김약산)·부총(유영준)·조선청년총동맹(이호제) 등 미소공동위원회 제5호 코뮤니케에서 제시된 선언서에 각기 서명하여 공동위원회에 제출
5월 8일	민전, 독일이 연합국에 무조건 항복한 5월 8일을 전승일로 기념 대회 거행 결정, 준비위원으로 참가
5월 7일	이준 열사 추념대회 준비회 결성, 발기인으로 참가
6월 16일	수원 민전 주최 '민주주의 대강연회' 참가
6월 22일	부총, 공창 폐지 건의문 작성 및 '공창 폐지와 사회 대책'에 관한 좌담회 개최

7월 19일	민전, 여운형 습격 테러 대책 긴급회의 소집 허헌·김원봉·백남운·유영준·장건상·이여성 등이 하지 중장과 러치 소장을 방문
8월 5일	부총 서울지부 대회에서 축사
8월 8일	부총, 8·15 기념 행사 준비와 관련한 중앙집행위원회 개최, 12일 서울시 부녀대회에 애국촉성부인회, 여자국민당 및 부녀 단체와 합동하여 기념일을 개최하기로 결정 단체 교섭은 유영준과 김원주로 결정
8월 11일	인민당 3주년 기념식에서 축사
8월 13일	조·중문화협회 발족회에서 축사
8월 15일	민족해방의 날 기념 대회에서 강연
8월 17일	민전 기념식 서울운동장에서 거행, 집행위원으로 선정
8월 23일	부녀동맹 1주년 창립 기념식에서 개회사
8월 30일	민전 기념 강연회에서 기념사
9월 1일	국제청년데이 기념 대회에서 축사
9월 2일	재일조선인연맹 서울지부·반일운동자후원회 공동 주최 동경진재피학살동포 추도식에서 추도사
9월 6일	포고 2호 위반으로 군정 재판에 회부, 국제청년데이 축사가 문제 되어 구금 중 석방
9월 16일	민전 의장단회의에 참가, 합당 문제와 좌우합작 문제 그리고 박헌영·이강국 체포령에 관한 대책 등 긴급 과제 토의
12월 10일	남조선노동당 제1회 중앙감찰위원 연석회의 개최, 중앙위원으로 선임
12월 26일	부총 1주년 기념식 거행
1947년	
1월 13일	미 24군 사령부인 반도호텔 앞, 1백여 명의 부인들이 모임 부총 각 구역 대표 백 명과 민전 각 산하 단체의 대표들로서 하지 중장 회견을 요구
1월 15일	남조선노동당 창립 축하 대회에서 축사
1월 28일	남로당 위원장 허헌, 기독교의 원로 김창준 목사와 회담
1월 29일	민전 확대중앙위원회에서 임시집행부로 선임
1월 30일	민전 확대중앙위원회에서 상임위원으로 선임
2월 10일	부총 제2회 전국 대회 개최
2월 11일	부총 제2회 전국 대회 제2일, 중앙위원회 위원장으로 선임 남조선민주여성동맹(여맹)으로 개칭
2월 16일	민전 선거대책위원, 여맹 참가, 부위원장으로 선임

3월 1일	민전 주최 3·1운동 28주년 기념 시민대회를 오전 11시 30분부터 남산 광장에서 거행, 명예의장에 선출
3월 8일	여맹 주최 국제부인데이 기념식에서 개회사
4월 8일	여맹 위원장 유영준 외 6명의 대표, 러치 장관을 방문하여 이번 검거된 민전 의장단 김원봉 이외의 간부들 군정재판 회부에 항의와 테러 박멸을 요구
4월 17일	여맹 위원장 유영준 외, 하지 중장을 방문하여 세 가지 조건의 실천을 요청
4월 19일	여맹, 메이데이 기념 준비위원회 조직
5월 4일	여맹 주최 모자원유회를 창경원에서 개최, 개회사
5월 18일	민전, 미소공위 속개 임정 수립 촉진 시민대회 개최를 위한 준비위원회 결성 부위원장으로 선출
5월 23일	민전, 미소공동위원회 속개 축하 및 민주주의 임시정부 수립 촉진 시민대회를 거행하기로 결의(6월 1일). 경무부장이 부위원장 유영준과 총무부장 김광수를 불러 일체 정치적 집회를 금지할 방침이므로 동 대회 중지 요구
6월 1일	민전, 미소공위 속개 임정 수립 촉진 시민대회 개최
6월 2일	여맹, 서울시 부녀 2만 3,000여 명의 연판장을 가지고 덕수궁으로 미소공위 양국 대표단을 방문. 유영준과 정칠성, 원스 소좌를 방문하고 민청해산령 취소, 집회금지령 취소, 여맹의 합법적 활동에 대한 불법 간섭 제거, 애국자 석방 등을 요청
6월 16일	서울시 민전 1주년 기념 대회에서 축사
6월 17일	여맹, 공위 협의에 참가할 것을 정식으로 결정, 참가 대표로 피선
7월 21일	「우리 민족의 대손실」이라는 담화 발표
7월 28일	공위 경축 임정 촉진 인민대회 개최, 임시집행부 선거로 의장에 유영준 참가
8월 3일	고 몽양 여운형 인민장 거행, 식사를 함
8월 27일	종로서에 피검
1948년	
3월 25일	북조선정당사회단체대표자의 명의로 초청을 받은 정당사회단체대표자연석회의에 민전 소속 단체 참가를 결정
3월 31일	남북 회담에 관한 정식 서한을 북조선민전으로부터 전달받음
4월 9일	민전 산하 각 단체 평양으로 출발, 여맹 10명 포함
4월 19일	남조선민주주의민족전선, '단선단정 반대 통일정부 수립 촉진 인민대회 준비위원회'를 개최, 부회장 선출
5월 29일	여맹, 위원장 유영준 명의로 국회 수립에 반대한다는 성명서 발표

● 정종명의 강연 활동

일자	장소	주최와 후원	강연 주제
1921년			
7월 2일	경성	중앙여자엡윗청년회	현금 조선 사회에서 남녀동등을 실현치 못함은 남자의 결점인가 여자의 결점인가
1923년			
7월 5일	경성	경성고무여자직공조합 주최, 조선노동연맹회 후원, 연설회	경성고무여자직공조합의 맹휴 문제
7월 20일	함경 회령	여자고학생상조회 순회강연단	아들과 딸을 똑같이 사랑하라
8월 1일	함경 길주	여자고학생상조회 순회강연단	여자의 번민과 고통
8월 8일	함경 이원	여자고학생상조회 순회강연단	여성으로 본 남성
8월 15일	함경 함흥	여자고학생상조회 순회강연단	빈자와 여성
8월 17일	함경 원산	여자고학생상조회 순회강연단	여성운동으로 본 남성
8월 20일	함경 철원	여자고학생상조회 순회강연단, 철원소년회 후원	빈자와 여성
8월 22일	함경 철원	여자고학생상조회 순회강연단	우리의 급무는 교육
8월 30일	경남 웅천	여자고학생상조회 순회강연단	우리는 평화스럽게 살아보자
10월 21 - 22일	경기 금릉	금릉청년회, 김천고등보통학교 설립 목표로 함	문화운동과 현대 교육제도
1924년			
1월 1일	부산	부산노동동맹회 제3회 정기 총회	노동 문제에 관한 감상담
1월 15일	마산	마산노동동우회, 사상 문제 강연회	남성에 대한 일시(一矢)
2월 18일	황해 서흥	여자고학생상조회 순회강연단	현대 사회와 무산 여성
2월 19일	황해 사리원	여자고학생상조회 순회강연단, 봉산청년회 후원	현대 사조와 여성
2월 21일	황해 안악	여자고학생상조회 순회강연단, 안악읍 각 단체와 신문지국 후원	현대 여자의 번민과 고통
2월 22일	황해 신천	여자고학생상조회 순회강연단, 신천청년회·기독여자청년회·신천구락부·동아일보 신천지국 후원	고학생의 생활
2월 25일	황해 해주	여자고학생상조회 순회강연단, 해주여자청년회 후원	여성이 본 현 사회

2월 27일	황해 옹진	여자고학생상조회 순회강연단	현대 사조와 조선 여성
2월 28일	황해 장연	여자고학생상조회 순회강연단	여성의 반역
3월 1일	황해 은율	여자고학생상조회 순회강연단, 은율 기독여자청년회 후원	여자해방을 근본적으로 하라
3월 4일	평안 진남포	여자고학생상조회 순회강연단	근대 사조와 조선 여성
3월 6일	평양	여자고학생상조회 순회강연단	우리 여자의 살림살이
3월 7일	평안 성천	여자고학생상조회 순회강연단	아들과 딸을 똑같이 사랑하라
3월 13일	평안 숙천	여자고학생상조회 순회강연단	조선 여자의 사명
3월 14일	황해 안주	여자고학생상조회 순회강연단, 안주 8개 단체 후원	여자가 본 현 사회
3월 15일	평안 정주	여자고학생상조회 순회강연단, 3개 단체 후원	여자의 설움
3월 16일	평안 박천	여자고학생상조회 순회강연단	여자의 반역
3월 17일	평안 선천	여자고학생상조회 순회강연단	시대 사조와 조선 여성
3월 18일	평안 신의주	여자고학생상조회 순회강연단	우리 여자의 새 살림살이
3월 24일	평양	신흥청년동맹 순회강연단, 사상 강연	여권 확장
4월 19일	경기 인천	신흥청년동맹 순회강연단, 사상 강연	수평선상에서 본 여성상
8월 15일	전남 광주	광주노동공제회 주최, 사상 문제 대강연회	현대 경제조직과 여성해방
9월 22일	경기 인천	여자고학생상조회, 인천 한용청년회·인천노동총동맹회·제물포청년회 후원, 사상 강연	현 사회제도와 여성해방운동
10월 2일	경성	여성동우회 주최, 여성해방강연회	여성해방의 목표
11월 7일	경성	사상 단체 대강연회	노서아 부인운동
1925년			
3월 20일	경성	여성동우회	
3월 21일	강화	강화 무명동맹 강연회	현대 여성 생활과 사명
3월 27일	경성	경룡신문배달조합 강연회	의문의 사회상
4월 3일	황해 사리원	조선기근구제회 봉산후원회	구생의 도
4월 9일	충북 영동	황간청년회, 회관 건축으로 강연	오인의 사명
9월 19일	경북 경주	경주청년회 주최	우리도 다 같이 잘살아봅시다

10월 4일	경북 김천	김천군 아천면 청년회 조직과 창립 총회	축사
10월 5일	경북 김천	금릉유아원에서 여자청년회 발기회	여성 관련 좌담
11월 25일	경남 마산	마산청년회, 여성 문제 강연회	여성이 본 사회상
12월 12일	황해 봉산	봉산군 신원 우리회 주최, 사상 강연회	천하의 난사(難辭)
12월 25일	전북 금산	여자고학생상조회, 동정 강연	
		1926년	
2월 5일	경성	광주청년회 성토회 연설회	자본벌에 투항한 광주청년회
4월 1일	황해 재령	재령청년회·무산청년회, 여성 문제 대강연회	천하의 난해사(難解事)
4월 25일	전남 광양	광양여자청년단·광영청년회 주최, 여성 문제 대강연회	현대 경제조직과 여성해방
4월 26일	전남 순천	순천청년회·순천여자청년회 주최, 여성 문제 대강연회	남자에게 보내는 살
4월 27일	전남 벌교	전남 벌교 무이단	현대 조선 여성의 생활 지위
4월 30일	전남 고흥	고흥 청년회 강연회 개최 좌절, 청년회관에서 환영회를 열고 의견 교환	
5월 6일	경남 삼천포	삼천포 청년회 주최	현대 우리 생활과 사명
5월 9일	경남 고성	고성청년회, 여성 대강연회 개최 좌절, 좌담회 형식으로 변경 개최	
5월 26일	경남 진주	양화직공조합 창립 4주년 기념식	현대 사회의 불합리와 무산자 단결
6월 5일	경남 함안	함안청년회, 여성 문제 대강연회	현 경제조직과 조선 여성의 지위
8월 17일	함경 원산	원산청년회, 하기 여성 대강연회	
		1927년	
3월 8일	경성	조선여성동우회, 중앙여자청년동맹과 연합 대강연회	국제무산부인데이를 기념하라
3월 12일	경기 용인	용인청년회	현대 경제조직과 여성해방
4월 23일	함경 원산	원산여자청년회 주최, 강연회	여성으로 본 사회상
4월 25일	함경 함흥	함흥여자청년회, 여성 문제 강연회	여성으로 본 사회론

4월 27일	함경 영흥	영흥청년회 주최, 사상 대강연회	부인의 지위와 사명
6월 6일	평양	여성동맹 주최, 대강연회는 6~7일 개최	부인운동의 과거 현재 및 장래(조선 여성운동)
6월 9일	평남 안주	안주노동조합 주최	
7월 28일	경성	근우회 제1회 하기 부인 강연회	여성운동의 진로
8월 24일	전북 전주	근우회 전주지회, 창립 기념 강연	조선 여자의 지위 향상과 단결
		1928년	
7월 7일	경성	동아청년회 2주년 기념 강연	조선 청년(여성)의 당면 문제
		1929년	
3월 16일	경성	근우회 경성지회, 강연회	
4월 14일	경성	경성출판노조 주최, 신춘 강연대회	노동운동과 여성
7월 2일	황해 개성	근우회 개성지회 주최, 여성 문제 강연회	조선 여성의 당면 문제
		1930년	
7월 19일	경기 인천	근우회 인천지회 창립 기념식	조선 여자의 당면한 임무
10월 23일	경남 동래	근우회 동래지회, 경찰 중지	여성운동의 근본 문제
10월 31일	경남 통영	강연회 개최, 경찰 금지	여성해방운동의 근본 문제
11월 15일	경남 통영	근우 통영지회 부흥 대회	
		1931년	
4월 17일	평양	조선노총 평양출판노동조합 주최, 범사회문제 대강연회	부인운동의 본질 - 근우회의 해소론을 제창

● 정칠성의 강연 활동

일자	장소	주최와 후원	강연 주제
1925년			
3월 7일	대구	대구여자청년회, 국제부인데이 기념 강연	국제부인데이의 의의
6월 13일	경성	조선여자흥학회, 남녀연합토론회 개최할 때 남자 편에 참가	신사회를 건설함에는 여자냐 남자냐
11월 6일		군사교육 반대 대연설회	
1927년			
5월 26일	평양	평양청년동맹, 천도교당에서 여청 문제 강연회 근우회 발회로 6월 6일 개최	여성의 설움
6월 9일	황해 안주	평안도 안주노동조합	
8월 1일		근우회, 하기휴가 이용해 전 조선 순회 강연 예정, 정칠성 참가	
10월 9일	경성	신간회 경성지회, 강연회 개최	신간회와 여성운동
12월 8일	경성	경운동 천도교기념관에서 강연회 개최	신간회와 여성운동
1928년			
3월 16일	대구	근우회 대구지회, 여성 문제 대강연회	
5월 11일		근우회 창립 1주년 기념식 기념 강연	근우회 창립 1주년 기념식을 마치며
5월 21일	황해 겸이포	조선·중외·동아일보 지국 주최 사회문제 대강연회, 금지당함	
5월 22일	황해 황주	신간회 황주지회 주최, 사회 문제 대강연회, 강연 도중 중지당함	여성운동과 신간회
6월 2일	경북 영천	근우회 영천지회 설립준비위원회, 정칠성의 취지 설명	
7월 7일	경성	동아청년회 2주년 기념 강연	노동청년의 할 일
7월	경기 인천	신간회 중앙본부, 지방 순회 강연에서 인천 지역 맡음	

8월 16일	경북 청도	청년동맹 주최, 강연 금지 당함	
9월 9일	울산	울산여자청년회 주최	여자의 불평과 남자의 각성
9월 16일	대구	근우회 대구지회 주최, 중외·동아일보 지국 후원, 강연 중 경관의 주의로 중단	여성으로 본 현 사회
		1929년	
3월 7일	경성	아현청년회, 신춘 여성 문제 대강연회	부인과 사회
5월 23일	평양	근우회 서조선 순회 강연	근우회 운동의 의의
5월 25일	평안 진남포	여성 문제 강연	근우회 운동의 의의
5월 29일	평안 의주		근우회 운동의 의의
6월 14일	경기 인천	인천 내리 예배당에서 강연회 개최	조선 여성운동의 의의
7월 15일	경성	경운동 천도교기념관, 각 지방 순회 대회 보고와 강연회	
8월 3일	황해 안악	안악학우회 창립 10주년 기념 강연회, 정칠성 강연 도중 금지	
11월 18일	경남 진주	근우회 진주지회	

● 정칠성의 해방 뒤 활동

연도	일자	내용
1945	9월 5일	건국부녀동맹 전국 대회 준비위원회 개최, 위원으로 정칠성 외 35명 취임
	9월 1일	조선건국준비위원회 경성지회 상임위원회, 경성시 인민위원
	10월 5일	조선혁명자구원회 결성, 조사위원
	11월 21일	전국인민위원회대표자대회, 건국부녀동맹 정칠성 축사
	12월 6일	조선사회문제대책중앙협의회 결성, 중앙위원
	12월 12일	전국청년총동맹 결성식, 건국부녀동맹 정칠성 축사
	12월 21일	독립동맹 환영 준비위원회, 위원
	12월 22일	조선부녀총동맹 결성대회, 임시집행부 선거로 들어가 의장에 유영준·정칠성·허하백·이명덕·권복해·김광호 선임
1946	2월 10일	조선독립동맹 제1회 환영회, 부총 대표 정칠성 환영사
	2월 18일	민주주의민족전선 중앙상임의원
	8월 19일	부총, 중앙위원과 시내 각 대표 50여명이 정칠성·고명자 인솔로 이재동포수용소 방문과 위문
	8월 31일	삼당합당촉진위원회 총무부에 참가
1947	2월 4일	3·1기념 행사 민전 중심으로 준비위원회, 위원
	2월 11일	부총 제2회 전국 대회, 사회를 맡음
	2월 16일	민전선거대책위원, 여맹 대표로 참가
	3월 4일	민전, 테러폭압반대대책위원회 전형위원
	3월 8일	국제무산부인대회 사회를 맡음
	3월 26일	여맹 정칠성·조원숙·유금봉, 군정장관 러치 소장과 사법부장 김병로를 방문하고 남녀평등권에 관한 의안 제출
	6월 2일	유영준·정칠성, 군정청으로 원스 소좌를 방문하고 민청해산령 취소, 집회금지령 취소, 여맹의 합법적 활동에 대한 불법 간섭 제거, 애국자 석방 등을 요청
	7월 21일	구국대책 제1회 상임위원회, 재정부에서 활동
	7월 22일	몽양 여운형 선생 인민장 장의위원회, 접대부 부장으로 활동
	7월 25일	미소공동위원회를 방문, 양국 대표에게 '진정한 애국자만 참례할 수 있는 통일정부가 수립되게 하여주기 바란다'는 메시지 전달
1948	4월 19일	남조선민주주의민족전선, 단선단정 반대 통일정부 수립 촉진 인민대회 준비위원회 위원

주

1 김미덕, 『페미니즘의 검은 오해들』, 현실문화연구, 2016, 11쪽.
2 록산 게이, 『나쁜 페미니스트』, 노지양 옮김, 사이행성, 2016, 18쪽.
3 안체 슈룹 글 · 파투 그림, 『페미니즘의 작은 역사』, 김태옥 옮김, 숨쉬는책공장, 2016, 5쪽.
4 스테퍼니 스탈, 『빨래하는 페미니즘』, 고빛샘 옮김, 민음사, 2014, 269쪽.
5 정희진, 『페미니즘의 도전』, 교양인, 2005, 80쪽, 118쪽, 149쪽.
6 벨 훅스, 『모두를 위한 페미니즘』, 이경아 옮김, 문학동네, 2017, 260쪽.
7 권김현영 외, 『페미니스트 모먼트』, 그린비, 2017, 159쪽.
8 앞의 책, 29쪽.
9 이유미, 『지금 여기 페미니즘』, 사회운동, 2015, 9쪽.
10 치마만다 응고지 아디치에, 『우리는 모두 페미니스트가 되어야 합니다』, 김명남 옮김, 창비, 2016, 51쪽.
11 조앤 W. 스콧, 『페미니즘 위대한 역설』, 공임순 · 이화진 · 최영석 옮김, 앨피, 2006, 56~59쪽.
12 앞의 책, 52쪽.
13 우에노 치즈코 · 조한혜정, 『경계에서 말한다』, 사사키 노리코 · 김찬호 옮김, 생각의나무, 2004, 58쪽. "일본의 여성해방과 페미니즘은 결코 수입품이 아니다. 일본의 여성해방과 그것이 탄생하는 데는 충분한 그 나름의 문맥과 사상이 있었다."라는 우에노 치즈코의 말을 인용했다.
14 앞의 책, 227쪽.
15 홍종희, 「위대한 인민의 지도자 - 유영준 선생론」, 『여성공론』 제4호, 1947, 33쪽(『아단문고 미공개 자료 총서 22』, 소명출판, 2014).
16 「여류 혁명가를 찾아서(1) - 유영준 여사 편: 폭동이래도 좋고 소동이래도 좋지만 살려는 권리를 달라」, <독립신보>, 1946년 11월 13일.
17 주청풍, 「출옥기 박두(迫頭)한 최근 양근환」, 『삼천리』 제3권 제11호, 1931, 35쪽. 유영준이 아이를 데리고 왔을 때 큰딸 정자는 네 살, 작은딸 애자는 두 살이었는데, 작은딸은 이듬해에 사망했다(<매일신보>, 1921년 8월 12일; <매일신보>, 1922년 3월 6일).
18 「부모의 슬하를 떠나 조선에 온 양근환의 애아 2명」, <매일신보>, 1921년 8월 12일.
19 조선통신사, 『1948년 조선연감』, 보성사, 1947, 469쪽.
20 <대한매일신보>, 1908년 7월 29일.
21 「각성한 부인의 장래 - 유영준 여사 담(談)」, <매일신보>, 1921년 2월 26일.
22 「동경 유학 중의 여학생 강연단」, <동아일보>, 1920년 7월 7일.
23 「여학생 강연단 대구에서 대환영」, <동아일보>, 1921년 8월 21일.
24 유영준, 「새해를 맞으면서 나의 희망과 포부 - 깨끗하게 살아보았으면」, <동아일보>, 1926년 1월 1일.

25 조선총독부,『조선위생풍습록』, 신종원·한지원 옮김, 민속원, 2013, 5쪽.
26 「'조선인의 위생관'을 읽고」, <중외일보>, 1927년 2월 3일.
27 최은경,「일제강점기 조선 여자 의사들의 활동 - 도쿄여자의학전문학교 졸업 4인을 중심으로」,『코기토』 제80호, 부산대학교 인문학연구소, 2016, 310쪽.
28 「문제 중 수도에서 부정한 벌레가 나와」, <동아일보>, 1928년 2월 28일.
29 「새해를 맞으면서 나의 희망과 포부 - 새 조선의 어머니들 말씀」, <동아일보>, 1926년 1월 1일.
30 유영준,「내가 본 나, 명사의 자아관」,『별건곤』 제29호, 1930, 56쪽.
31 「명사숙녀 결혼 초야의 첫 부탁, 첫날밤에 무엇을 말했나」,『별건곤』 제16~17호, 1928, 64쪽.
32 「신춘의 새 희망 - 구식 부인도 회합에 참석하라」,『별건곤』 제11호, 1928, 27쪽.
33 「여의 좌담회」,『신가정』 1934년 11월호, 40쪽(『아단문고 미공개 자료 총서 7』, 소명출판, 2014).
34 유영준,「조선의 여의학교」, <기독신보>(최은경, 앞의 글, 305~306쪽 재인용).
35 「여자의전교 기성운동」, <동아일보>, 1934년 4월 22일.
36 「태중의 여자의전 다시 백지상태로」, <매일신보>, 1938년 4월 5일.
37 최은경, 앞의 글, 308쪽.
38 「여의 좌담회」, 45쪽.
39 「새해와 그들! 그들과 새해」, <매일신보>, 1931년 1월 1일.
40 유영준,「연전 최활 씨의 '나의 혼인관'을 읽고(상)」, <중외일보>, 1927년 1월 22일.
41 「여의 좌담회」, 37~38쪽.
42 유영준,「연전 최활 씨의 '나의 혼인관'을 읽고(하)」, <중외일보>, 1927년 1월 23일.
43 광산,「신여성과 정조 문제(1)」, <동아일보>, 1927년 4월 2일.
44 광산,「신여성과 정조 문제(3)」, <동아일보>, 1927년 4월 5일.
45 앞의 글.
46 광산,「신여성과 정조 문제(4)」, <동아일보>, 1927년 4월 6일.
47 광산,「신여성과 정조 문제(5)」, <동아일보>, 1927년 4월 7일.
48 조앤 W. 스콧, 앞의 책, 7쪽.
49 광산,「신여성과 정조 문제(7)」, <동아일보>, 1927년 4월 9일.
50 유영준,「광산 씨의 신여성 정조관(제1회)」, <동아일보>, 1927년 4월 14일.
51 유영준,「광산 씨의 신여성 정조관(제2회)」, <동아일보>, 1927년 4월 15일.
52 유영준,「광산 씨의 신여성 정조관(제4회)」, <동아일보>, 1927년 4월 17일.
53 「남편 재옥·망명 중 처의 수절 문제」,『삼천리』 제10호, 1930, 40쪽.
54 「문란한 여학생 풍기에 대한 선생 제씨의 의견」, <중외일보>, 1927년 1월 9일.
55 「중외일보에 대한 사회 각 방면의 희망, 친절한 제명사의 고견(3)」, <중외일보>, 1926년 11월 19일.
56 유영준,「먼저 사회제도에 항의함이 당연한 일」, <매일신보>, 1928년 1월 13일.
57 앞의 글.
58 유영준,「부인의 지침」,『인민평론』 제2호, 1946, 64쪽.
59 「여류 혁명가를 찾아서(1) - 유영준 여사 편」, <독립신보>, 1946년 11월 13일.

60 「조선임헌 초안은 '인간의 헌법, 여성의 헌법'(1)」, <우리신문>, 1948년 4월 3일.

61 「조선임헌 초안은 '인간의 헌법, 여성의 헌법'(2)」, <우리신문>, 1948년 4월 4일.

62 <조선인민보>, 1946년 5월 27일; <중앙신문>, 1946년 7월 25일.

63 「헌법 축조 토의」, <독립신보>, 1948년 9월 8일.

64 <현대일보>, 1946년 6월 9일.

65 유영준, 「민주주의 임시정부와 우리 여성」, 『여성공론』 제4호, 1947, 11쪽(『아단문고 미공개 자료 총서 22』, 소명출판, 2014).

66 「전국부녀총동맹 결성 대회」, <서울신문>, 1945년 12월 23일, 25일.

67 「공창을 폐지하자, 부총서 건의문 작성」, <중앙신문>, 1946년 6월 24일.

68 「여류 혁명가를 찾아서(1) - 유영준 여사 편」, <독립신보>, 1946년 11월 13일.

69 백운거사, 「행방 탐색」, 『삼천리』 제4권 제7호, 1932, 14쪽.

70 박노아, 「상상기(想像記) 만나보기 전과 만나본 후 인상기, 정종명 씨」, 『별건곤』 제27호, 1930, 64쪽.

71 「가인 춘추」, 『삼천리』 제4권 제10호, 1932, 47쪽.

72 정종명, 「오호 동지, 채그리고 선생의 최후」, 『삼천리』 제7호, 1930, 29쪽; 「막사과 공대 교수 채그리고리 씨 영면, 작야(昨夜) 세전의원에서」, <중외일보>, 1930년 4월 21일.

73 임원근, 「옥중기(2)」, 『삼천리』 제9호, 1930, 48쪽.

74 초사, 「현대 여류 사상가들(3) - 붉은 연애의 주인공들」, 『삼천리』 제17호, 1931, 16~17쪽.

75 「조선 각계 인물 온파레드」, 『혜성』 제1권 제6호, 1931, 83쪽.

76 김경재, 「옥중 생활 로맨스, 꽃다발 가지고 온 여자」, 『삼천리』 제4권 제10호, 1932, 39쪽.

77 앞의 글, 39쪽.

78 「피녀(彼女)들의 옥중 통신」, 『여인』 창간호, 1932, 46쪽(『아단문고 미공개 자료 총서 25』, 소명출판, 2014).

79 정종명, 「빈궁, 투쟁, 고독의 반생」, 『삼천리』 제2호, 1929, 35쪽. 박정선은 징역 1년을 선고받았다.

80 최은희, 『한국 근대여성사(하)』, 추계최은희문화사업회, 2003, 131쪽.

81 이꽃메, 「일제강점기 산파 정종명의 삶과 대중운동」, 『의사학』 제21권 제3호, 대한의사학회, 2012, 554쪽.

82 「3·1절을 앞두고 떠오르는 ○○기록 - 강기덕 씨 담(談)」, <경향신문>, 1950년 2월 26일.

83 「간호부의 협회 발기」, <동아일보>, 1924년 1월 22일.

84 「성교육 가부(可否) 문제 비판 및 대책 3」, <중외일보>, 1927년 1월 11일.

85 「성교육 문제 좌담회」, 『여성지우』 제1권 제2호, 1929, 41~42쪽(『아단문고 미공개 자료 총서 23』, 소명출판, 2014).

86 앞의 글, 45~46쪽.

87 「사상 문제 대강연」, <동아일보>, 1924년 8월 18일.

88 「여성 강연 해산」, <시대일보>, 1924년 10월 3일.

89 「정종명 여사 일행 재령 여성 강연의 성황」, <매일신보>, 1926년 4월 7일.

90 「여성 대강연회 경찰의 중지로 해산」, <시대일보>, 1926년 5월 16일.

91 「허가하였던 강연회 금지」, <동아일보>, 1926년 6월 10일.

92 「본보 평양지국 후원 여성 문제 강연회 대성황리에 해산 명령」, <중외일보>, 1927년 6월 8일.

93 「무리한 해산」, <동아일보>, 1927년 6월 16일.

94 「정종명 귀경」, <동아일보>, 1930년 11월 8일.

95 「남녀 가부편의 대토론, 남녀동등이란 연제를 두 편이 서로 격렬히 토론한 그날 광경」, <매일신보>, 1921년 7월 4일.

96 정종명, 앞의 글, 35쪽.

97 같은 글, 35쪽.

98 「과거 10년에 한 일 장래 10년에 할 일」, 『삼천리』 제4호, 1930, 14쪽.

99 앞의 글, 14쪽.

100 「문패의 내력담 7-타고난 팔자지만 세상도 야속해요」, <동아일보>, 1926년 1월 8일.

101 이애숙, 「정종명의 삶과 투쟁-민족과 여성의 해방을 위해 싸운 한 여성투사 이야기」, 『여성』 제3호, 한국여성연구소, 1989, 262쪽.

102 강만길·성대경 엮음, 『한국 사회주의운동 인명사전』, 창작과비평사, 1996, 257쪽.

103 「배전의 성의로 여성운동을 지도할 터-준비위원 정종명 씨 담(談)」, <중외일보>, 1928년 5월 13일.

104 「황해 경기 경찰부 연락 작조 북부 대수색」, <동아일보>, 1928년 10월 18일.

105 「소위 강신호 사건 검속자 속속 방면」, <매일신보>, 1928년 10월 25일.

106 「동맹휴교 사건 재판 기록 3-서울 여학생 동맹휴교 사건(2) 증인 정종명 신문조서」, 국사편찬위원회, 『한민족독립운동사자료집』 제51권, 2002.

107 김준엽·김창순, 『한국공산주의운동사 5』, 청계연구소, 1986, 309쪽.

108 「어린이날을 기회한 모종 계획이 탄로」, <동아일보>, 1931년 4월 28일.

109 「용산서 사건 총단락」, <매일신보>, 1931년 8월 20일.

110 「개정 벽두부터 말썽, 방청 금지」, <매일신보>, 1934년 4월 24일.

111 「옥리의 투철한 자각은 과거의 오류를 청산-강문수, 정종명 등 대개 전향」, <매일신보>, 1934년 5월 2일.

112 앞의 가사.

113 「'여러분 덕분으로 건강하게 출옥'-26일에 출옥한 정종명 씨 담(談)」, <조선중앙일보>, 1935년 7월 27일.

114 「삼천리 기밀실」, 『삼천리』 제7권 제9호, 1935, 21쪽.

115 김경일 외, 『한국 근대 여성 63인의 초상』, 한국학중앙연구원 출판부, 2015, 375쪽.

116 정종명, 앞의 글, 35쪽.

117 정종명, 「불평 비분, 과거나 현재나 다를 것이 없습니다」, <동아일보>, 1925년 1월 1일.

118 앞의 글.

119 정종명, 「남자에 대한 시비-남성은 오직 야심뿐」, 『별건곤』 제19호, 1929, 130쪽.

120 「근우경지 정기 대회 성황」, <중외일보>, 1930년 3월 17일.

121 「중외일보에 대한 사회 각 방면의 희망-친절한 제명사의 고견(6)」, <중외일보>, 1926년 11월 24일.

122 정종명, 「선구 여성들의 신년 신기염 - 자기의 처지를 버리자 협동전선을 위해서」, <동아일보>, 1928년 1월 1일.

123 벨 훅스, 앞의 책, 125쪽.

124 정종명, 「경제조직과 여성의 지위: 여성들은 경제 독립이 있어야 한다」, 『실업지조선』 제1년 제1호, 1929, 34~35쪽.

125 정종명, 「선구 여성들의 신년 신기염 - 자기의 처지를 버리자 협동전선을 위해서」, <동아일보>, 1928년 1월 1일.

126 「내외대관, 해소냐 분립이냐 중대한 위기에 선 운동선」, 『동광』 제20호, 1931, 3~4쪽.

127 정종명, 「금후의 조선 희망의 거화 - 붙투로 타개」, <동아일보>, 1929년 1월 1일.

128 「신여성의 신년 신신호」, 『동광』 제29호, 1931, 70쪽.

129 「의분 공분 심담 구상 통쾌!! 가장 통쾌하였던 일」, 『별건곤』 제8호, 1927, 58쪽.

130 「화류계의 기마열」, <매일신보>, 1918년 3월 5일.

131 「기생 기마 금지」, <매일신보>, 1918년 3월 27일.

132 정칠성, 「저명 인물 일대기」, 『삼천리』 제9권 제1호, 1937, 39 - 40쪽.

133 정요섭, 『한국여성운동사』, 일조각, 1974, 92~93쪽.

134 정칠성, 앞의 글, 40쪽.

135 박순섭, 「1920~30년대 정칠성의 사회주의운동과 여성해방론」, 『여성과역사』 제26집, 한국여성사학회, 2017, 253쪽.

136 「여류 문장가의 심경 타진」, 『삼천리』 제7권 제11호, 1935, 102~103쪽.

137 송연옥, 「야마카와 기쿠에와 황신덕: 제국일본과 식민지 조선의 여성 리더의 만남과 엇갈림」, 『여성과 역사』 제15집, 한국여성사학회, 2011, 164쪽.

138 박순섭, 앞의 글, 255쪽.

139 「여성운동의 전위대들」, 『신가정』 1933년 4월호, 52~53쪽(『아단문고 미공개 자료 총서 2』, 소명출판, 2014).

140 정칠성, 「엄동설한에 없지 못할 털실옷의 의의」, <동아일보>, 1934년 11월 10일.

141 「초청안 - 세계적 정치가 · 사상가 · 문호 · 과학자」, 『삼천리』 제7권 제11호, 1935, 34쪽.

142 「철환천하한다면」, 『삼천리』 제8권 제2호, 1936, 11쪽.

143 「우리의 제일주의는?」, 『삼천리』 제8권 제2호, 1936, 51쪽.

144 정칠성, 「여성운동에 공헌하라」, <중외일보>, 1929년 9월 29일.

145 정칠성, 「문제는 대중의 요구를 이행하는 여부에」, <중앙일보>, 1931년 11월 27일.

146 「궁금한 그 사람 그 뒤」, 『삼천리』 제8권 제11호, 1936, 180쪽.

147 「대구서 긴장, 유학생 검거 모종 계획을 하다가 발각?」, <매일신보>, 1931년 9월 11일.

148 「피검된 남녀 11명 대개 사상 전과자」, <매일신보>, 1933년 10월 24일.

149 박갑동, 「내가 아는 박헌영」, 이정박헌영전집편집위원회, 『이정 박헌영 전집 8』, 역사비평사, 2004, 1605쪽.

150 김성동, 『꽃다발도 무덤도 없는 혁명가들』, 박종철출판사, 2014, 256쪽.

151 김은실, 「콜론타이의 여성 인권과 자유의 정치사상」, 『민주주의와 인권』 제9권 3호, 전남대학교5 · 18연구소, 2009, 106쪽.

152 <조선일보>에 1928년 11월 9일부터 11월 15일까지 6회에 걸쳐 연재되었다.

153 배상미, 「식민지 조선에서의 콜론타이 논의의 수용과 그 의미」, 『여성문학연구』 제33호, 한국여성문학학회, 2014, 302쪽.

154 정칠성, 「'적련' 비판, 콜론타이의 성도덕에 대하여」, 『삼천리』 제2호, 1929, 8쪽.

155 정칠성, 「연애의 고민상과 그 대책」, 『조선지광』 1931년 1월호(김성동, 앞의 책, 254~255쪽 재인용).

156 「명사의 멘탈 테스트(1) - 근우회 중앙위원장 정칠성 씨」, 『삼천리』 제2호, 1929, 7쪽.

157 「남편 재옥·망명 중 처의 수절 문제」, 39~40쪽.

158 앞의 글, 39~40쪽.

159 「풍문첩」, 『별건곤』 제35호, 1930, 155쪽.

160 다언생, 「비중비화, 백인백화집」, 『별건곤』 제69호, 1934, 21쪽.

161 정칠성, 「청춘을 아끼는 가인 애사」, 『삼천리』 제7권 제3호, 1935, 105쪽.

162 정칠성, 「동지 생각」, 『삼천리』 제7권 제3호, 1935, 101쪽.

163 관상자, 「각계 명남명녀, 뒤로 본 인물학」, 『별건곤』 제63호, 1933, 7쪽.

164 김경일 외, 앞의 책, 379쪽.

165 박순섭, 앞의 글, 250쪽.

166 김경일 외, 앞의 책, 380쪽; 박혜란, 「1920년대 사회주의 여성운동의 조직과 활동」, 이화여자대학교 대학원 석사학위 논문, 1992, 31쪽.

167 「황주 강연회 연사 둘다 중지, 그대로 해산」, <동아일보>, 1928년 5월 23일.

168 정칠성, 「계몽운동에 주력」, <조선일보>, 1931년 1월 1일.

169 「과거 10년에 한 일 장래 10년에 할 일」, 『삼천리』 제4호, 1930, 10쪽.

170 「가정부인 문제 좌담회」, <중외일보>, 1930년 1월 2일.

171 정칠성, 「조선의 남편들이여 여성 계몽에 힘쓰는가?」, <독립신보>, 1946년 11월 14일.

172 『여성공론』 제4호, 1947, 24쪽(『아단문고 미공개 자료 총서 22』, 소명출판, 2014).

173 「8·15사건 관계자」, <동아일보>, 1947년 11월 22일.

174 김경일 외, 앞의 책, 382쪽.

175 「4월 16일을 '여자 날'로 결정」, <동아일보>, 1927년 5월 29일.

176 정칠성, 「부녀절을 맞이하여(상)」, <독립신보>, 1948년 3월 7일.

177 정칠성, 「국제무산부인데이 유래(하)」, <독립신보>, 1947년 3월 8일.

178 정칠성, 「나는 왜 이렇게 됐나, 나는 왜 도로 장발을 했나」, 『별건곤』 제47호, 1932, 21쪽.

179 「내가 다시 태어난다면?」, 『삼천리』 제1호, 1929.

180 정칠성, 「'적련' 비판, 콜론타이의 성도덕에 대하여」, 4~5쪽.

181 「신여성의 신년 신신호」, 70쪽.

182 정칠성, 「의식적 각성으로부터: 무산 부인 생활에서」, 『근우』 제1권 제1호, 1929, 37쪽(『아단문고 미공개 자료 총서 18』, 소명출판, 2014).

183 정칠성, 「계급적으로 기만하는 미신을 청산할 것이다」, <중앙일보>, 1932년 1월 2일.

184 「여류 문장가의 심경 타진」, 104쪽.

185 「생활문화를 말하는 좌담회」, 『생활문화』 제1권 제2호, 1946. 1945년 12월 12일 생활문화사가

주최한 좌담회는 박경호(음악가), 임학수(시인), 배상명(상명고등여학교 교장), 김호식(숙명여전 교장), 김영택(여자의전 소아과장), 정칠성(조선부녀총동맹), 생활문화사 측 장운표, 박용덕, 곽종원 등이 참석했다.

186 「건국 도상 중대한 과제인 천오백만 여성의 나갈 길」, <자유신문>, 1946년 1월 1일.

187 앞의 글.

188 충청남도 논산군 강경에서 태어났다는 말도 있다.

189 이성우, 「사회주의 여성운동가 고명자의 생애와 활동」, 『인문학연구』 제84호, 충남대학교 인문과학연구소, 2011, 250쪽.

190 초사, 앞의 책, 17쪽.

191 「여자청년동맹 근화학교에 질문, 학생 출학 사건으로」, <시대일보> 1925년 10월 5일.

192 서산학인, 「조선 사회운동 개관을 축, 1년 총수확기(8)」, <동아일보> 1926년 1월 8일.

193 박철하, 「고려공산청년회의 조직과 활동(1920~1928)」, 한국역사연구회, 『한국근현대청년운동사』, 풀빛, 1995, 132쪽.

194 김준엽·김창순, 앞의 책, 362쪽.

195 우동수, 「조선공산당 재건운동과 코민테른 – 동방노력자공산대학 졸업자들의 활동을 중심으로」, 한국역사연구회, 『일제하 사회주의운동사』, 한길사, 1991, 577쪽.

196 고명자, 「고리키 옹 회견기」, <조선중앙일보>, 1936년 6월 22일.

197 초사, 앞의 글, 17쪽.

198 「민중운동 선동차 격문 수천 장 등사」, <동아일보>, 1931년 2월 1일.

199 「각분한 조직체를 통일 공산당 결성에 매진」, <동아일보>, 1930년 4월 8일.

200 「공대 출신 고명자 취조, 근우회 신정균 씨도 취조 중」, <중외일보>, 1930년 3월 22일.

201 「김○야와 도화동서 은거 생활하여 검거된 고명자의 내력」, <중외일보>, 1930년 3월 26일.

202 「용산서 고명자 경찰부에 이송」, <중외일보>, 1930년 4월 7일.

203 「고명자 1명만 집행을 유예, 재판장의 장내 훈계를 받고 홍조 띠며 감사」, <매일신보>, 1931년 10월 29일.

204 「사건의 발단은 신고생(新高生) 취조」, <동아일보>, 1932년 5월 31일.

205 이정박헌영전집편집위원회, 『이정 박헌영 전집』, 역사비평사, 2004, 101~102쪽.

206 「김형선 등의 치안유지법 위반 사건 검거에 관한 건 – 경고비(京高秘) 제3975호의 1」, 『사상에 관한 정보철 6』, 1933.

207 고명자, 「여자 전문 웅변대회에 대한 여성의 감상」, <조선중앙일보>, 1935년 12월 10일.

208 이성우, 앞의 글, 262쪽.

209 고명자, 「추야장간 긴밤 책읽기 좋은 때 총후 생활을 위한 건전한 것을 읽자 – 주부의 향상이 곧 가정의 향상」, <매일신보>, 1942년 10월 1일.

210 <자유신문>, 1946년 1월 1일.

211 김정옥, 「부총의 방송을 듣고」, <동아일보>, 1946년 7월 31일.

212 박봉애, 「중대 기로에 봉착 우리는 뭉치자」, <가정신문>, 1946년 8월 15일.

213 고명자, 「부녀와 삼상회의」, 『신세대』 1946년 3월호, 61~62쪽(김남식·이정식·한홍구 엮음, 『한국현대사 자료 총서 14』, 돌베개, 1986).

214 고명자, 「자주독립과 부녀의 길 - 부녀 위안의 날을 맞으면서」, 『신천지』 1946년 5월호, 88~90쪽(김남식·이정식·한홍구 엮음, 『한국현대사 자료 총서 8』, 돌베개, 1986).

215 고명자, 「문화, 부녀의 진로」, <독립신보>, 1946년 8월 15일.

216 고명자, 「조선 부녀운동의 당면 과제」, 『인민평론』 제2호, 1946, 66~72쪽.

217 「고명자 송청」, <부인신문>, 1950년 2월 7일

218 <산업신문>, <연합신문>, <서울신문>, 1950년 5월 28~29일(국사편찬위원회, 『자료 대한민국사』 제17권).

219 <연합신문>, 1950년 5월 29일.

220 Execution of Political Prisoners in Korea, Report no. R-189-50, Records of the Army Staff G-2 ID File, Box 4622, RG319, NARA(진실·화해를위한과거사정리위원회, 『2010년 상반기 조사보고서』 제5권, 2010, 222~223쪽 재인용).

221 「부인 노동자의 요구」, 『전국노동자신문』 제30호, 1946년 8월 30일.

222 「근로 여성 좌담회 - 우리들의 당면 임무」, 『여성공론』 창간호, 1946, 47~51쪽.

223 그녀는 양잠교사 면허증이 있어 1928년 철원군 무장면에서, 1929년 춘천원 잠종소에서, 1931년 철원군 동송면에서, 1932년 철원군 업면에서 단기 양잠지도원으로 일했다고 한다.

224 남신동, 「최초의 사회주의 학교, 경성고학당」, 역사학연구소, 『노동자, 자기 역사를 말하다』, 서해문집, 2005, 309쪽.

225 「허균 양 피검」, <중외일보>, 1930년 8월 7일.

226 「여자고학생상조 임시 총회」, <중외일보>, 1930년 9월 18일.

227 「13명은 불기소 처분, 9명은 예심에 회부」, <동아일보>, 1933년 1월 22일.

228 「철원 독서반 사건」, <조선중앙일보>, 1933년 6월 1일.

229 「치안유지법 위반·보안법 위반 사건 검거의 건 - 강고비(江高秘) 제160호」, 『사상에 관한 정보철 2』, 1933년 6월 12일.

230 「동문서(東門署)에서 주모자 엄탐」, <동아일보>, 1933년 10월 21일. 심파라는 말은 동조자 또는 지지자란 뜻이다. 소학관(小學館) 일본대백과사전에 따르면, 혁명적 전위 정당의 이념이나 정책을 지지하고 행동도 함께 하지만 당원이 아닌 협력자를 지칭한다고 한다.

231 「서울고무회사 여직공 120명 돌연 맹파」, <동아일보>, 1933년 9월 20일.

232 앞의 기사.

233 「불량품 검사에 유례없이 가혹」, <동아일보>, 1933년 9월 21일.

234 앞의 기사.

235 「신년에 희망과 요구」, <동아일보>, 1933년 1월 2일.

236 「3명 또 검속, 동문서(東門署) 계속 활동」, <동아일보>, 1933년 9월 24일.

237 「여고 제복 벗고 고무 직공으로」, <동아일보>, 1935년 8월 24일.

238 「국제공산당 예심 결정 전문(5)」, <동아일보>, 1935년 8월 28일.

239 「조공재건 사건 34명 대공판 개정 벽두부터 파란」, <조선중앙일보>, 1935년 11월 23일.

240 「전선(全鮮) 각 여학교 지상 토론 대회 - 졸업한 여학생은 농촌으로 갈까? 도회로 갈까?」, 『여성지우』 제2권 제3호, 1930, 49쪽(『아단문고 미공개 자료 총서 24』, 소명출판, 2014).

241 「적마의 꼬임에 걸려 옥리에 썩는 재화」, <매일신보>, 1937년 4월 30일.

242 「이사 전횡을 이유 삼아 동덕여교생 맹휴」, <매일신보>, 1931년 6월 8일.

243 「교육과 보건 문제, 동덕교의 교사 신축 요구, 학생들이 보건시설 확충 등 요구코 동맹휴학」, <동아일보>, 1931년 6월 11일.

244 이상섭, 「1930년대 항일 학생운동에 대한 일 고찰」, 동국대학교 대학원 석사학위 논문, 1993, 13~14쪽.

245 「3학기 초를 기하여 일제 맹휴의 음모」, <매일신보>, 1932년 1월 10일.

246 「여직공이 되어 주의를 선전, 학교에서 퇴학당하여 나온 박진홍의 전후 활동」, <매일신보>, 1932년 2월 4일.

247 「제일고 맹휴가 발각이 단서, 박진홍 이하 6명 학생이 협의회 중요 간부」, <매일신보>, 1932년 2월 15일.

248 「알·에쓰협의회 사건 7명의 예심 종결」, <매일신보>, 1933년 11월 17일; 「R S 협의회 7명의 예종」, <조선중앙일보>, 1933년 11월 18일.

249 「10명의 피고 중에서 9명이 비전향자」, <조선중앙일보>, 1936년 7월 16일.

250 「박영출 등 각 피고의 자유 변론을 개시」, <조선중앙일보>, 1936년 7월 17일; 「읍아성 처량한 법정, 9피고 전향 언명」, <매일신보>, 1936년 7월 17일.

251 「'공산주의운동에 참가한 일은 없소' 여자 피고 박진홍의 사실 부인」, <매일신보>, 1936년 7월 16일.

252 「옥중 출생의 '2세 이재유' 어머니 공판에 방청」, <동아일보>, 1936년 7월 16일.

253 「우정이 부부애로!」, <동아일보>, 1936년 7월 16일.

254 「이재유의 애인인 박진홍 등을 심문」, <조선중앙일보>, 1936년 7월 16일.

255 「읍아성 처량한 법정, 9피고 전향 언명」, <매일신보>, 1936년 7월 17일.

256 「부친은 망명 중이고 모친은 철창 생활, 모친이 복역하는 중 세상에 태어나왔다가 철창 생활만 하다가 세상 떠난 가엾은 아이」, <매일신보>, 1936년 9월 6일.

257 김경일, 『이재유-나의 시대 나의 혁명』, 푸른역사, 2007, 187쪽.

258 박헌영, 「죽음의 집, 한국의 감옥에서」(임경석, 「박헌영과 김단야」, 『역사비평』 2000년 겨울호, 128~129쪽 재인용).

259 「조선 공산운동 궤멸의 최후진」, <매일신보>, 1937년 4월 30일.

260 「삼전된 레포싸롱 호반려의 3인녀, 동덕 학창 시대 유명한 세 짝패 사상선상의 애욕화」, <매일신보>, 1937년 4월 30일.

261 박한용, 「일제강점기 조선 반제동맹 연구」, 고려대학교 대학원 박사학위 논문, 2012, 269쪽.

262 김경일, 앞의 책, 69쪽.

263 최규진, 『조선공산당 재건운동』, 한국독립운동사연구소, 2009, 97쪽, 143~144쪽.

264 안재성, 「한국노동운동사 1」, 삶이보이는창, 2008, 141쪽.

265 김성동, 앞의 책, 281쪽.

266 김경일 외, 앞의 책, 195쪽.

267 「이재유 사건 25일 기연 속속판」, <매일신보>, 1937년 6월 3일.

268 「시골 부인용의 잡화품을 진 이씨는 명랑한 혁명가-박진홍 여사 담(談)」, <현대일보>, 1946년 7월 10일.

269 「치유법 위반 공원회 등 유죄」, <매일신보>, 1938년 6월 23일.

270 김성동, 앞의 책, 285쪽.

271 이애숙, 「'이재유 그룹'의 당재건운동(1933~1936년)」, 한국역사연구회, 『일제하 사회주의운동사』, 한길사, 1991, 154~155쪽.

272 김태준, 「연안행」, 『김태준 전집 3』(영인본), 보고사, 1990, 436쪽.

273 앞의 글, 435쪽.

274 김성동, 앞의 책, 296쪽.

275 「여류 혁명가를 찾아서-박진홍 여사 편: 부부가 단결하여 혁명의 기초 세우자」, <독립신보>, 1946년 11월 14일.

276 박진홍, 「민주주의와 부인」, 이강국 외, 『민주주의 12강』, 문우인서관, 1946, 262~263쪽.

277 「정회 단위로 협동조합」, <자유신문>, 1945년 12월 6일.

278 「종로 각 정(町) 대표들 정회 개혁 등 협의」, <자유신문>, 1945년 12월 17일.

279 문경란, 「미 군정기 한국 여성운동에 관한 연구」, 이화여자대학교 대학원 석사학위 논문, 1988, 52쪽.

280 「메이데이 앞두고 예비검속 개시?」, <중앙일보>, 1932년 4월 24일.

281 「시내 각 여학교 생도에 적화사상을 선전」, <매일신보>, 1932년 5월 9일.

282 「사건의 개요 경무국 발표」, <동아일보>, 1935년 8월 24일.

283 「성대(城大) 교수 미야케 시카노스케(三宅鹿之助)를 중심으로 한 선내(鮮內) 적화공작 사건 검거에 관한 건-경고특비(警高特秘) 제2410호」, 『경찰정보철 공(拱)』, 1934년 8월 31일.

284 「권영태 등 34명 예심 결정 전문(5)」, <동아일보>, 1935년 8월 28일.

285 이순금, 「진술서」, 1935년 12월(이상경, 「1930년대 사회주의 여성에 관한 연구」, 『성평등연구』 제10집, 가톨릭대학교 성평등연구소, 2006, 68쪽 재인용).

286 「권영태 등 34명 명일부터 공판 개정」, <동아일보>, 1935년 11월 22일.

287 「치유법 위반 공원회 등 유죄」, <매일신보>, 1938년 6월 23일.

288 김경일 외, 앞의 책, 341쪽.

289 「언청이 아내」, <매일신보>, 1935년 8월 24일.

290 「동덕 시대 박진홍 우수한 성적」, <매일신보>, 1937년 4월 30일.

291 「삼전된 레포싸롱 호반려의 3인녀, 동덕 학창 시대 유명한 세 짝패 사상선상의 애욕화」, <매일신보>, 1937년 4월 30일.

292 「여자 삼대 쓸쓸한 집, 역력한 생활 고투」, <매일신보>, 1937년 4월 30일.

293 장성운, 「공산주의자로 항일운동, 사상적 동지들과 부부의 연 이어가」, <경상일보>, 2013년 6월 2일.

294 장영은, 「아지트키퍼와 하우스키퍼-여성 사회주의자의 연애와 입지」, 『대동문화연구』 제64집, 성균관대학교 대동문화연구원, 2008, 203쪽.

295 이순금, 「진술서」(이상경, 앞의 글, 66~67쪽 재인용).

296 김성동, 앞의 책, 280쪽.

297 이순금, 「조선 여성에게」, 『여성공론』 창간호, 1946, 15~16쪽.

298 이순금, 「오빠 이관술 동지 검거 소식을 듣고서」, <현대일보>, 1946년 7월 15일.

299 김경일 외, 앞의 책, 342쪽.

참고문헌

- 국사편찬위원회(한국역사정보통합시스템, http://www.koreanhistory.or.kr/)
- 독립기념관(한국독립운동정보시스템, https://search.i815.or.kr/main.do)

⊙ 자료

- 「김형선 등의 치안유지법 위반 사건 검거에 관한 건 - 경고비(京高秘) 제3975호의 1」, 『사상에 관한 정보철 6』, 1933(국사편찬위원회)
- 「성대(城大) 교수 미야케 시카노스케(三宅鹿之助)를 중심으로 한 선내(鮮內) 적화공작사건 검거에 관한 건 - 경고특비(警高特秘) 제2410호」, 『경찰정보철 공(拱)』, 1934년 8월 31일(국사편찬위원회)
- 「안창호의 사망에 관한 건 - 경고특비(京高特秘) 제512호의 3」(독립기념관)
- 「이갑이 안창호에게 보낸 편지」(1911년 4월 3일)(독립기념관)
- 「적색노동조합사건 검거에 관한 건 2 - 경룡고비(京龍高秘) 제3226호」, 『경찰정보철 공(控)』, 1934년 4월 30일(국사편찬위원회)
- 「치안유지법 위반·보안법 위반 사건 검거의 건 - 강고비(江高秘) 제160호」, 『사상에 관한 정보철 2』, 1933년 6월 12일(국사편찬위원회)

⊙ 신문

<가정신문>, <경상일보>, <경향신문>, <대한매일신보>, <동아일보>, <독립신보>, <서울신문>, <산업신문>, <시대일보>, <매일신보>, <부인신문>, <여성신문>, <연합신문>, <영남일보>, <우리신문>, <인민평론>, <자유신문>, <전국노동자신문>, <조선중앙일보>, <조선인민보>, <조선일보>, <중외일보>, <중앙일보>, <중앙신문>, <현대일보>

⊙ 잡지

『국민보』, 『동광』, 『별건곤』, 『삼천리』, 『실업지조선』, 『혜성』(국사편찬위원회)
『근우』, 『신가정』, 『여성공론』, 『여성지우』, 『여인』, 『여자지남』, 『여자계』(아단문고 기획실, 『아단문고 미공개 자료총서』, 소명출판사, 2014)
『신세대』, 『신천지』(김남식·이정식·한홍구 엮음, 『한국현대사 자료 총서』, 돌베개, 1986)
『생활문화』, 『인민평론』

⊙ 단행본

- 강만길·성대경 엮음, 『한국 사회주의운동 인명사전』, 창작과비평사, 1996.
- 국사편찬위원회, 『자료 대한민국사』 제17권, 2001.
- 국사편찬위원회, 『한민족독립운동사자료집』 제51권, 2002.

- 권김현영 외, 『페미니스트 모먼트』, 그린비, 2017.
- 김경일, 『이재유 - 나의 시대 나의 혁명』, 푸른역사, 2007.
- 김경일, 『이재유 연구: 1930년대 서울의 혁명적 노동운동』, 창작과비평사, 1993.
- 김경일 엮음, 『한국민족해방운동자료집』, 영진문화사, 1993.
- 김경일 외, 『한국 근대 여성 63인의 초상』, 한국학중앙연구원 출판부, 2015.
- 김남식 · 이정식 · 한홍구 엮음, 『한국현대사 자료 총서』, 돌베개, 1986.
- 김미덕, 『페미니즘의 검은 오해들』, 현실문화연구, 2016.
- 김성동, 『꽃다발도 무덤도 없는 혁명가들』, 박종철출판사, 2014.
- 김준엽 · 김창순, 『한국공산주의운동사 5』, 청계연구소, 1986.
- 김태준, 『김태준 전집 3』(영인본), 보고사, 1990.
- 록산 게이, 『나쁜 페미니스트』, 노지양 옮김, 사이행성, 2016.
- 문준영, 『법원과 검찰의 탄생』, 역사비평사, 2010.
- 박용옥, 『한국 여성 항일운동사 연구』, 지식산업사, 1996.
- 벨 훅스, 『모두를 위한 페미니즘』, 이경아 옮김, 문학동네, 2017.
- 성대경 엮음, 『시대를 앞서 간 사람들』, 선인, 2014.
- 손석춘, 『박헌영 트라우마: 그의 아들 원경과 나눈 치유이야기』, 철수와영희, 2013.
- 스테퍼니 스탈, 『빨래하는 페미니즘』, 고빛샘 옮김, 민음사, 2014.
- 안재성, 『한국노동운동사 1』, 삶이보이는창, 2008.
- 안체 슈룹 글 · 파투 그림, 『페미니즘의 작은 역사』, 김태옥 옮김, 숨쉬는책공장, 2016.
- 안태정, 『조선노동조합전국평의회』, 현장에서 미래를, 2002.
- 우에노 치즈코 · 조한혜정, 『경계에서 말한다』, 사사키 노리코 · 김찬호 옮김, 생각의나무, 2004.
- 의료정책연구소, 『우리나라 근현대여성사에서 여의사의 활동과 사회적 위상』, 대한의사협회 의료정책연구소, 2012.
- 이유미, 『지금 여기 페미니즘』, 사회운동, 2015.
- 이임하, 『해방공간, 일상을 바꾼 여성들의 역사』, 철수와영희, 2015.
- 이정박헌영전집편집위원회, 『이정 박헌영 전집』, 역사비평사, 2004.
- 임경석, 『이정 박헌영 일대기』, 역사비평사, 2004.
- 전명혁, 『1920년대 한국사회주의 운동연구』, 선인, 2006.
- 정요섭, 『한국여성운동사』, 일조각, 1974.
- 정희진, 『페미니즘의 도전』, 교양인, 2005.
- 조선희, 『세 여자 1, 2』, 한겨레출판, 2017.
- 조선총독부, 『조선위생풍습록』, 신종원 · 한지원 옮김, 민속원, 2013.
- 조선통신사, 『1948년 조선연감』, 보성사, 1947.
- 조앤 W. 스콧, 『페미니즘 위대한 역설』, 공임순 · 이화진 · 최영석 옮김, 앨피, 2006.
- 진실 · 화해를위한과거사정리위원회, 『2010년 상반기 조사보고서』 제5권, 2010.
- 최규진, 『조선공산당 재건운동』, 한국독립운동사연구소, 2009.
- 최은희, 『한국 근대여성사(하)』, 추계최은희문화사업회, 2003.
- 치마만다 응고지 아디치에, 『우리는 모두 페미니스트가 되어야 합니다』, 김명남 옮김, 창비, 2016.

⊙ 논문

- 고유경, 「알렉산드라 콜론타이의 여성관 연구」, 고려대학교 대학원 석사학위 논문, 2003.
- 권명아, 「총후 부인, 신여성, 그리고 스파이 - 전시 동원체제하 총후 부인 담론 연구」, 『상허학보』 제12집, 상허학회, 2004.
- 김도형, 「국제공산주의 김단야의 삶」, 『역사비평』 1993년 겨울호.
- 김은실, 「콜론타이의 여성 인권과 자유의 정치사상」, 『민주주의와 인권』 제9권 제3호, 전남대학교 5·18연구소, 2009.
- 김철영, 「광주학생독립운동의 전국 확산과 신간회」, 전남대학교 대학원 석사학위 논문, 2015.
- 김태준, 「연안행」, 『김태준 전집 3』(영인본), 보고사, 1990.
- 김혜미, 「혁명을 꿈꾼 문학소녀」, 『새가정』 2009년 11월호.
- 남신동, 「최초의 사회주의 학교, 경성고학당」, 역사학연구소, 『노동자, 자기 역사를 말하다』, 서해문집, 2005.
- 노지승, 「젠더 노동 감정 그리고 정치적 각성의 순간 - 여성 사회주의자 정칠성의 삶과 활동에 대한 연구」, 『비교문화연구』 제43집, 경희대학교 비교문화연구소, 2016.
- 문경란, 「미 군정기 한국 여성운동에 관한 연구」, 이화여자대학교 대학원 석사학위 논문, 1988.
- 박순섭, 「1920~30년대 정칠성의 사회주의운동과 여성해방론」, 『여성과역사』 제26집, 한국여성사학회, 2017.
- 박철하, 「고려공산청년회의 조직과 활동(1920 - 1928)」, 한국역사연구회, 『한국근현대청년운동사』, 풀빛, 1995.
- 박한용, 「일제강점기 조선 반제동맹 연구」, 고려대학교 대학원 박사학위 논문, 2012.
- 박혜란, 「1920년대 사회주의 여성운동의 조직과 활동」, 이화여자대학교 대학원 석사학위 논문, 1992.
- 배상미, 「식민지 조선에서의 콜론타이 논의의 수용과 그 의미」, 『여성문학연구』 제33호, 한국여성문학학회, 2014.
- 송연옥, 「야마카와 기쿠에와 황신덕: 제국일본과 식민지 조선의 여성 리더의 만남과 엇갈림」, 『여성과 역사』 제15집, 한국여성사학회, 2011.
- 신상숙, 「'루트거스 광장'을 넘어서: 3·8 세계 여성의 날의 복합적 기원과 한국의 수용 맥락」, 『페미니즘연구』 제10권 제1호, 한국여성연구소, 2010.
- 신영숙, 「근우회에 관한 일 연구」, 이화여자대학교 대학원 석사학위 논문, 1978.
- 양지수, 「1920년대 후반 사회주의계열 학생운동연구」, 연세대학교 대학원 석사학위 논문, 2006.
- 우동수, 「조선공산당 재건운동과 코민테른 - 동방노력자공산대학 졸업자들의 활동을 중심으로」, 한국역사연구회, 『일제하 사회주의운동사』, 한길사, 1991.
- 이꽃메, 「일제강점기 산파 정종명의 삶과 대중운동」, 『의사학』 제21권 제3호, 대한의사학회, 2012.
- 이상경, 「1930년대 사회주의 여성에 관한 연구」, 『성평등연구』 제10집, 가톨릭대학교 성평등연구소, 2006.
- 이상섭, 「1930년대 항일 학생운동에 대한 일 고찰」, 동국대학교 대학원 석사학위 논문, 1993.
- 이성우, 「사회주의 여성운동가 고명자의 생애와 활동」, 『인문학연구』 제84호, 충남대학교 인문과학연구소, 2011.

- 이애숙, 「'이재유 그룹'의 당재건운동(1933~1936년)」, 한국역사연구회, 『일제하 사회주의운동사』, 한길사, 1991.
- 이애숙, 「일제 말기 반파시즘 인민전선론 - 경성콤그룹을 중심으로」, 『한국사연구』 제126호, 한국사연구회, 2004,
- 이애숙, 「정종명의 삶과 투쟁 - 민족과 여성의 해방을 위해 싸운 한 여성투사 이야기」, 『여성』 제3호, 한국여성연구소, 1989.
- 이임하, 「한국전쟁기 부역자 처벌」, 서중석 외, 『전쟁 속의 또다른 전쟁』, 선인, 2011
- 이준식, 「2005년에 다시 기억하는 혁명가 김단야의 삶」, 『내일을 여는 역사』 2005년 겨울호.
- 임경석, 「박헌영과 김단야」, 『역사비평』 2000년 겨울호.
- 임경석, 「잡지 『콤무니스트』와 국제선 공산주의그룹」, 『한국사연구』 제126집, 한국사연구회, 2004.
- 장성운, 「공산주의자로 항일운동, 사상적 동지들과 부부의 연 이어가」, <경상일보>, 2013년 6월 2일.
- 장영은, 「아지트키퍼와 하우스키퍼 - 여성 사회주의자의 연애와 입지」, 『대동문화연구』 제64집, 성균관대학교 대동문화연구원, 2008.
- 최은경, 「일제강점기 조선 여자 의사들의 활동 - 도쿄여자의학전문학교 졸업 4인을 중심으로」, 『코기토』 제80호, 부산대학교 인문학연구소, 2016.

사진자료